118pr Abb.: rh

Rainer Höh

DIE SCHÖNSTEN ROUTEN DURCH DIE PROVENCE

„Viel mehr wirst du in den Wäldern finden als in den Büchern. Die Bäume und Felsen lehren dich Dinge, welche dir kein Lehrer jemals sagen kann.“

Hl. Bernhard im Kloster Sénanque

REISE KNOW-HOW IM INTERNET

Aktuelle Reisetipps und Neuigkeiten
Ergänzungen nach Redaktionsschluss
Büchershop und Sonderangebote

www.reise-know-how.de
info@reise-know-how.de

Wir freuen uns über Anregung
und Kritik.

REISE KNOW-HOW

116pr Abb.: rh

DIE SCHÖNSTEN ROUTEN DURCH DIE

Rainer Höh

Die schönsten Routen durch die Provence

erschienen im Reise Know-How Verlag Peter Rump GmbH, Bielefeld
Osnabrücker Straße 79, 33649 Bielefeld

Herausgeber: Klaus Werner

2., aktualisierte Auflage 2008

Gestaltung: K. Werner
Fotos: der Autor
Landkarten: Anna Medvedev, Catherine Raisin
Druck und Bindung: Wilhelm & Adam, Heusenstamm

ISBN 978-3-8317-1758-3
Printed in Germany

Dieses Buch ist erhältlich in jeder Buchhandlung Deutschlands, Österreichs, der Schweiz, Belgiens und der Niederlande. Bitte informieren Sie Ihren Buchhändler über folgende Bezugsadressen:

Deutschland: Prolit GmbH, Postfach 9, D-35461 Fernwald (Annerod)
sowie alle Barsortimente
Schweiz: AVA-buch 2000, Postfach 27, CH-8910 Affoltern
Österreich: Mohr Morawa Buchvertrieb GmbH, Sulzengasse 2, A-1230 Wien
Niederlande, Belgien: Willems Adventure, www.willemsadventure.nl

Wer im Buchhandel trotzdem kein Glück hat, bekommt unsere Bücher auch über unseren Büchershop im Internet: www.reise-know-how.de

Wir freuen uns über Kritik, Kommentare und Verbesserungsvorschläge. Alle Informationen in diesem Buch sind vom Autor mit größter Sorgfalt gesammelt und vom Lektorat des Verlages gewissenhaft bearbeitet und überprüft worden. Da inhaltliche und sachliche Fehler nicht ausgeschlossen werden können, erklärt der Verlag, dass alle Angaben im Sinne der Produkthaftung ohne Garantie erfolgen und dass Verlag wie Autor keinerlei Verantwortung und Haftung für inhaltliche und sachliche Fehler übernehmen.
Die Nennung von Firmen und ihren Produkten und ihre Reihenfolge sind als Beispiel ohne Wertung gegenüber anderen anzusehen. Qualitäts- und Quantitätsangaben sind rein subjektive Einschätzungen des Autors und dienen keinesfalls der Bewertung von Firmen oder Produkten.

INHALTSVERZEICHNIS

VORWORT

Die Provence ist eine magische Landschaft der Sonne und des Lichts. Seit über zwei Jahrhunderten zieht sie Besucher und Urlauber aus dem kälteren und raueren Norden an. Und bis heute hat sie ihren Zauber nicht verloren: den Zauber ihrer Kulturschätze und ihrer steinernen Bergdörfer; den Zauber des „Savoir-vivre", das nirgendwo in Frankreich so gepflegt wird wie unter ihrer mediterranen Sonne. Und nicht zuletzt den Zauber ihres Lichts und ihrer Farben, der Maler und Fotografen zuhauf in dieses „Imperium der Sonne" lockte und lockt.

Ich danke Martine Chazelle, die mich bei der Arbeit an diesem Buch unterstützt hat – mit Recherchen, Reiseplanung, Telefonaten und viel „énergie magique".

Aber wo beginnt sie, diese Provence, und wo hat sie ihre Grenzen?! Das weiß wohl keiner so genau. Und verlassen Sie sich drauf: Ich kann es Ihnen auch nicht sagen! Schaut man sich die Provence-Reiseführer an, von denen es ja wahrlich nicht eben wenige gibt, so stellt man fest, dass kaum zwei davon genau das gleiche Gebiet beschreiben. Zwar überschneiden sie sich alle in einem Kernbereich. Das Land zwischen Avignon, Arles und Aix-en-Provence, die Alpilles, das Plateau de Vaucluse und der Luberon dürfen natürlich nirgends fehlen. Aber daneben hat jeder seine eigene Auffassung, was er noch dazurechnen oder weglassen will: Die Camargue ist fast überall dabei, während die Baronnies der Drôme Provençale fast nie erwähnt werden. Manche lassen gar die Haute Provence entfallen und greifen dafür weit in den Gard hinein – andere gehen bis hoch in die Süd- und See-Alpen hinauf oder nehmen kurzerhand die gesamte Côte d'Azur mit hinzu. Das sind aber keineswegs nur die Launen der Reisejournalisten. Tatsächlich gibt es eine ganze Reihe verschiedener Definitionen: historische und kulturelle Grenzen, Verwaltungsgrenzen und touristische Grenzen – und jede davon verläuft etwas anders. Die meisten Besucher kommen das Rhone-Tal herunter – und finden sich irgendwann in der Provence wieder. Irgendwann hat man einfach das Gefühl: Jetzt bin ich da. Aber ab wo nun?! Wo beginnt sie, die Provence? Bei Orange – oder erst ab Avignon? Bei Montélimar, bereits bei Valence – oder womöglich gar schon kurz hinter Vienne? Weder noch, vermute ich. Die Provence hat keine klaren geografischen Grenzen. Sie beginnt im Kopf und im Herzen der Besucher, denn die Provence ist mehr als eine geografische Region, eine Landschaft oder ein Kulturraum – sie ist eine Atmosphäre, eine Lichtstimmung, ein Lebensgefühl. Das ist es, was ihren Zauber ausmacht!

Und doch – will man ein Buch über die Provence schreiben, so muss man wohl oder übel irgendwo damit anfangen und irgendwo aufhören. Die Entscheidung ist gar nicht einfach. Für dieses Buch habe ich mich in erster Linie daran orientiert, welche Gegenden für Reisemobilisten besonders geeignet, interessant und empfehlenswert sind und welche der angrenzenden Regionen eher ein eigenes Buch erfordern, das zukünftig in der gleichen Reihe erscheinen wird. Nach Westen ist die Abgrenzung recht klar: die Rhone. Wir haben nur gelegentlich kleine Sprünge über den Fluss hinweg gemacht –

aber nicht wie andere Publikationen bis nach Nîmes, zum Pont du Gard oder gar in die Ardèche oder in die Cevennen. Im Osten habe ich natürlich die Verdon-Schlucht mit einbezogen und den azurblauen Lac de Ste.-Croix; bin bis Digne-les-Bains und Sisteron gegangen, östlich bis Castellane und nach Süden via Thoronet bis in das Massif des Maures. Weiter nordöstlich beginnen die See- und Süd-Alpen, die wiederum „ein Buch für sich" sind. Ebenso die südlich anschließende Côte d'Azur – sofern sie überhaupt für Reisemobile zu empfehlen ist. Die Küste zwischen Toulon und Marseille jedenfalls bietet für Wohnmobile nur sehr begrenzte Möglichkeiten und ist bis auf ein oder zwei lohnende Abstecher nicht besonders zu empfehlen. Das Gleiche gilt erst recht für die Millionenmetropole Marseille, die ich nicht etwa vergessen oder aus Bequemlichkeit unterschlagen habe, sondern weil ich der Meinung bin, dass sie sich für eine Wohnmobilreise beim besten Willen nicht eignet. Ich habe versucht, über das örtliche Office de Tourisme wenigstens einen Parkplatz ausfindig zu machen, der für Wohnmobile geeignet und halbwegs sicher ist. Fehlanzeige! Selbst diese Stelle, die von Berufs wegen eventuelle Möglichkeiten besser kennen muss als irgendjemand sonst, konnte nichts empfehlen. Also kann ich es auch nicht. Die in diesem Buch beschriebenen Routen führen zwar von zwei Seiten bis an die Vororte von Marseille heran – und wer möchte, den hindert nichts daran, beide quer durch die Stadt hindurch miteinander zu verknüpfen, aber ich habe über Marseille nichts zu sagen, was nicht längst in anderen Reiseführern steht (weder über Parkmöglichkeiten, noch über Stellplätze oder Ver-/Entsorgungsstationen für Reisemobile) – und deshalb sage ich denn lieber gar nichts.

Rainer Höh

ZU DEN ROUTENBESCHREIBUNGEN

Eines der größten Probleme – und auf jeden Fall eine der mühsamsten Arbeiten – vor einer Wohnmobilreise in unbekannte Regionen ist nach meiner Erfahrung die Routenplanung. Wie fahre ich am besten, um auch alle Orte und Attraktionen, die mich interessieren, zu sehen? Wo liegen diese überhaupt, und welche Route erlaubt mir, sie optimal und ohne endloses Hin und Her zu verknüpfen? Man kann Tage und Wochen mit der Planung verbringen, Bücher und Karten wälzen oder auf gut Glück durch die Landschaft kreuzen – und egal wie man es macht: Meistens merkt man erst hinterher (oder gar erst nach einer zweiten Reise), was man unterwegs alles übersehen hat, woran man ahnungslos vorbeigefahren ist und wie man es hätte besser machen können.

Deshalb haben wir uns dafür entschieden, die Reiseführer dieser Reihe an vorbereiteten Routen zu orientieren. Wenngleich Ihnen dies die Arbeit der eigenen Routenplanung nicht ganz abnehmen mag, so wird es sie doch zumindest erheblich erleichtern. Ich habe alle Erfahrungen meiner Provence-Reisen und sehr viel Zeit am Schreibtisch und über Landkarten darin investiert, diese Routen auszuarbeiten. Trotzdem können es natürlich immer nur Vorschläge sein, denn was dem einen wichtig ist, interessiert den anderen einen feuchten Kehricht – oder umgekehrt. Jeder hat seine eigenen Präferenzen und setzt seine eigenen Schwerpunkte. Deshalb würde ich persönlich es mit Routenvorschlägen genau so machen, wie ich es auch mit Kochrezepten mache: Ich koche selten ganz ohne – aber fast nie genau nach Rezept! Rezepte und Routenvorschläge sind Hilfen und Anleitungen, die einem viel Mühe und langes Herumprobieren ersparen und die Orientierung erleichtern können, aber sie sind weder Gesetze noch allein selig machende Dogmen. Wählen Sie aus, variieren und kombinieren Sie nach Herzenslust – genau wie beim Kochen!

Wie Sie rasch feststellen werden, haben wir uns bei der Beschreibung der Routen in erster Linie auf solche Aspekte konzentriert, die für Reisende mit dem Wohnmobil relevant sind und die man in üblichen Reiseführern für gewöhnlich nicht findet: Straßenzustand, Hindernisse wie Tunnel, Engstellen oder Brücken, Park-, Rast- und Picknickplätze, Ver- und Entsorgung, Wohnmobil-Stellplätze und Parkmöglichkeiten für die Stadtbesichtigung. Natürlich sind auch alle wesentlichen Sehenswürdigkeiten und sonstigen Attraktionen entlang der Strecke kurz beschrieben, damit Sie wissen, was es wo und wann zu sehen gibt – und damit Sie beurteilen können, ob es Sie interessiert oder nicht. Den Reiseführer völlig ersetzen sollen und können diese Beschreibungen nicht. Wer mehr über die einzelnen Städte, über ihre Geschichte, über Bauwerke und Baumeister etc. wissen möchte, dem empfehlen wir, zusätzlich z. B. den Provence-Reiseführer von *Ines Mache* und *Stefan Brandenburg,* der im gleichen Verlag erschienen ist.

Und schließlich haben wir versucht, für einzelne Routen einen ungefähren „Zeitbedarf" anzugeben. Dies kann natürlich nur der groben und relativen Orientierung dienen. Wer alles nur durch die Frontscheibe besichtigt, der braucht nicht halb so lang – wer gelegentlich wandern, baden, ausgiebiger besichtigen oder einen gemütlichen Kaffee trinken will (was alles sehr zu empfehlen ist!), der kann pro Route mühelos ein Vielfaches dieser Zeit verbringen. Keinesfalls sollten Sie meinen, alle Routen in einem einzigen Pfingsturlaub abfahren zu müssen. Lassen Sie sich lieber Zeit. Wählen Sie aus. Genießen Sie. Wer weniger anschaut, sieht oft mehr!

Routenübersicht

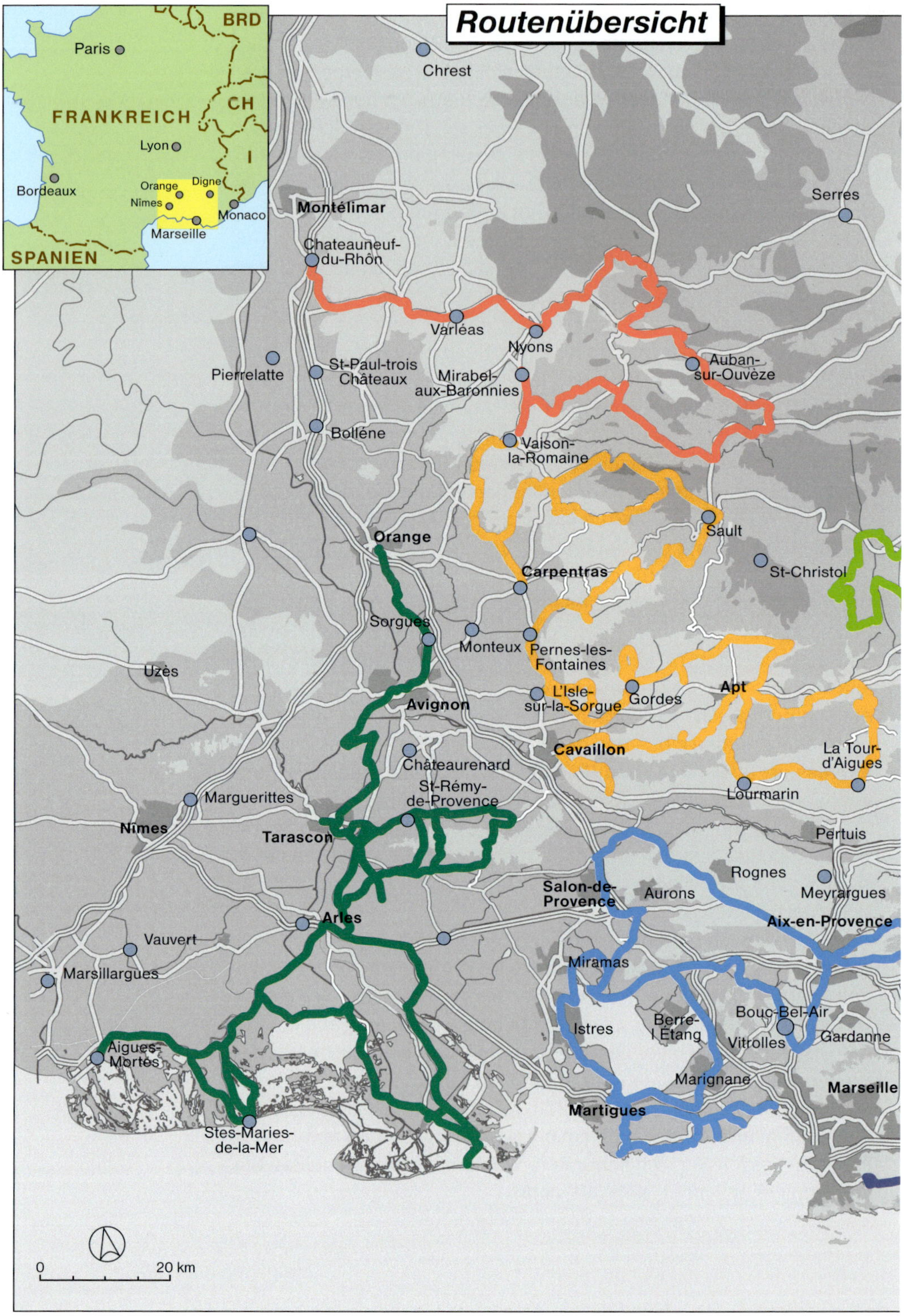

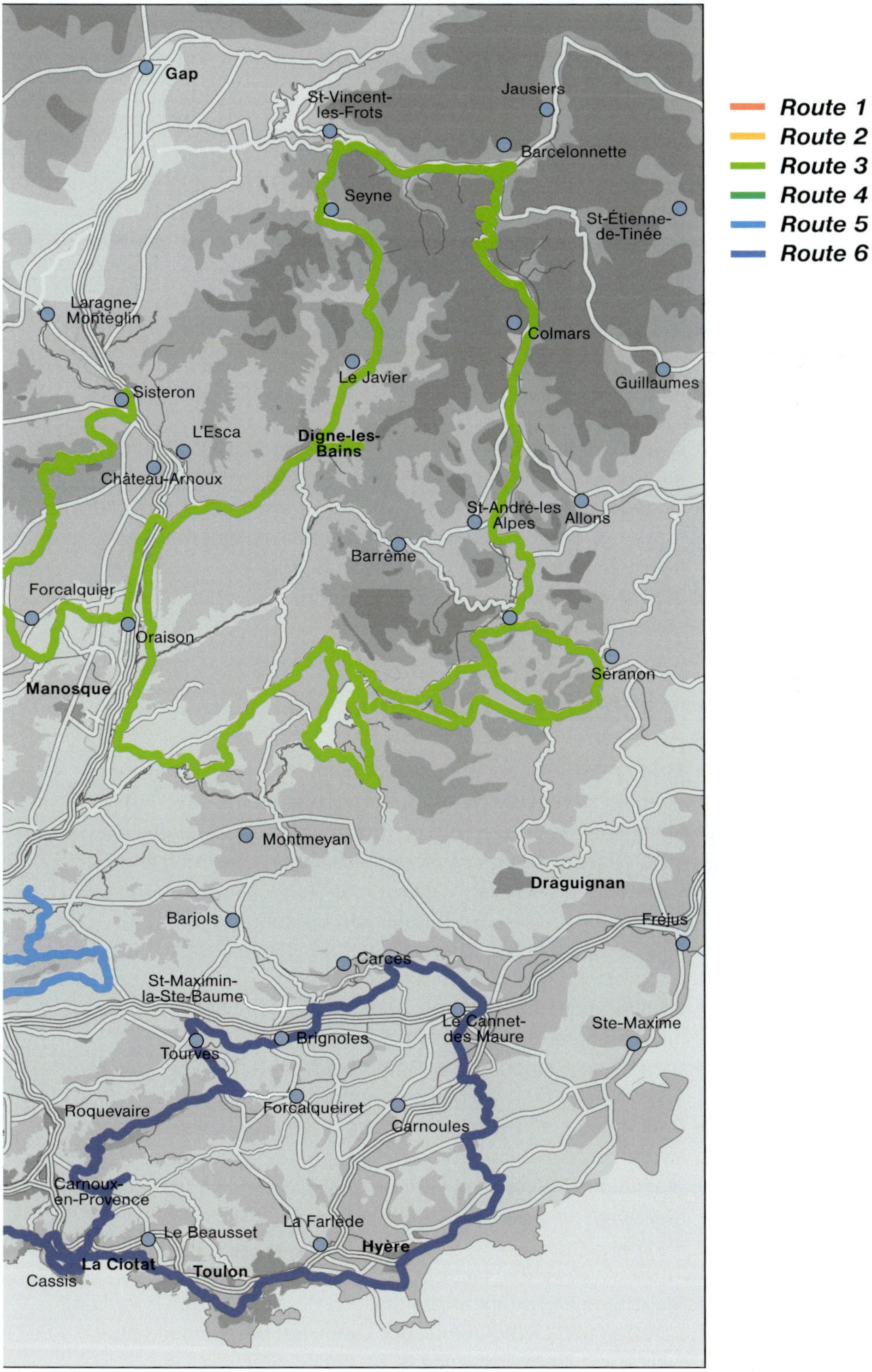
Gap
St-Vincent-les-Frots
Jausiers
Barcelonnette
Seyne
St-Étienne-de-Tinée
Laragne-Monteglin
Colmars
Le Javier
Guillaumes
Sisteron
L'Esca
Digne-les-Bains
Château-Arnoux
St-André-les Alpes
Allons
Barrême
Forcalquier
Oraison
Manosque
Séranon
Montmeyan
Draguignan
Barjols
Fréjus
Carces
St-Maximin-la-Ste-Baume
Le Cannet-des Maure
Ste-Maxime
Brignoles
Tourves
Roquevaire
Forcalqueiret
Carnoules
Carnoux-en-Provence
Le Beausset
La Farlède
Hyère
La Ciotat
Toulon
Cassis
Route 1
Route 2
Route 3
Route 4
Route 5
Route 6

DIE HIGHLIGHTS DER PROVENCE

DIE SCHÖNSTEN BERGDÖRFER

- **Séguret** – am Hang der Dentelles gelegenes Weindorf mit dem ganzen Ensemble provenzalischer Dorfromantik (s. S. 73)
- **Les Baux** – in den Alpilles gelegen und **das** Bergdorf schlechthin; wirklich sehenswert – aber nicht zur Hauptsaison! (s. S. 155)
- **Gordes** (Luberon) – Bilderbuch-Provence-Städtchen mit Winkelgassen, Treppen und Terrassen; perfekt restauriert – aber im Sommer überlaufen (s. S. 88)
- **Roussillon** (Luberon) – eng auf dem Hügel zusammengedrängte Häuser leuchten in warmen Ockertönen (s. S. 90)
- **Saignon** (Luberon) – klassisches Village perché um zwei eindrucksvolle Felsen (s. S. 95)
- **Moustiers-Ste.-Marie** (Verdon) – das Provence-Dorf mit der wohl eindrucksvollsten Felsenkulisse (s. S. 129)
- **Oppède-le-Vieux** (Luberon) – von Künstlern und Schriftstellern restauriertes Bergdorf ähnlich Gordes, aber weniger überlaufen und mit mehr urprünglichem Charme (s. S. 99)
- **Montbrun-les-Bains** (Baronnies) – alter Badeort mit Festung am steilen Hang (s. S. 62)

DIE SCHÖNSTEN LANDSCHAFTEN

- **Mont Ventoux** – der Aussichtsberg der Provence schlechthin, aber bei klarem Wetter oft furchtbar überlaufen (s. S. 79)
- **Montagne de Lure** – Fortsetzung des Ventoux-Gebirges mit herrlichen Wäldern, noch besserer Aussicht und viel ruhiger (s. S. 112)
- **Luberon** – als Naturpark geschützte Berge mit Zedernwald, Schluchten, Felsen und pittoresken Bergdörfern (s. S. 94)
- **Montagne de la Ste. Baume** – ursprüngliche Berglandschaft mit artenreichen Mischwäldern (s. S. 216)
- **Verdon-Schlucht** – eine der spektakulärsten Schluchten Europas mit atemberaubenden Ausblicken (s. S. 133)
- **Camargue** – amphibische Sumpflandschaft und Vogelparadies im Rhone-Delta; fasziniert trotz Zerstörungen noch immer (s. S. 168)
- **Calanques** – einzigartige aber zunehmend belastete Küstenlandschaft bei Marseille (s. S. 214)
- **Massif des Maures** – Küstenberge mit exotisch anmutenden Kastanien- und Korkeichenwäldern (s. S. 220)
- **Alpilles** – malerisches Miniaturgebirge, das zum Inbegriff für die Provence geworden ist (s. S. 154)
- **Montagne Sainte Victoire** – die von Cézanne wegen ihrer Landschaften und Lichtstimmungen verehrten Berge unmittelbar östlich von Aix-en-Provence (s. S. 191)

DIE SCHÖNSTEN TOUREN

- **Montagne Sainte Victoire** – Rundstrecke rings um die Bergkette (s. S. 191)
- **Corniche Sublime** und **Route des Crêtes** – Panoramastraßen über der Verdon-Schlucht (s. S. 133)
- **Corniche des Crêtes** – Küstenroute auf den höchsten Klippen Frankreichs (s. S. 213)
- **Lac de Ste.-Croix** See-Rundfahrt – für alle, die ein Badeufer suchen (s. S. 130)
- **Massif de la Ste. Baume** – herrliche Bergstrecke besonders zwischen Gémenos und Plan d'Aups (s. S. 216)
- **Mont Ventoux Straßen** – zum höchsten Punkt der Provence (s. S. 79)
- **Gorge de la Nesque** – nicht ganz so spektakulär wie der Verdon aber auch nicht halb so touristisch (s. S. 82)
- **Rundfahrt durch die Alpilles** – für alle, die gerne Landschaft und Kultur kombinieren (s. S. 154)

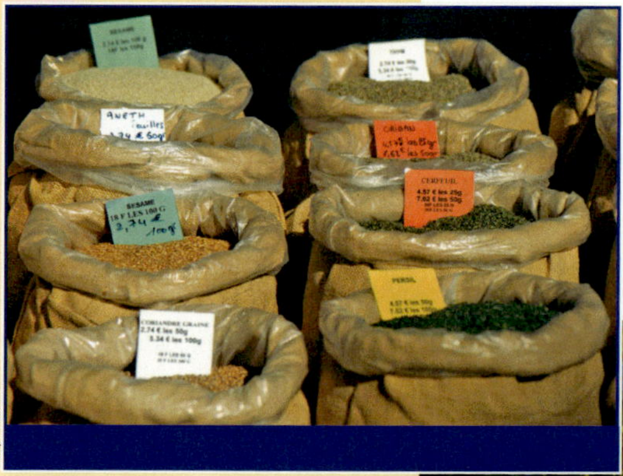

119pr Abb.: rh

042pr Abb.: rh

040pr Abb.: rh

039pr Abb.: rh

PRAKTISCHE REISETIPPS A–Z

043pr Abb.: rh

ANREISE

Als Wohnmobilist hat man's doch schön: Man steigt ein, fährt los – und der Urlaub beginnt. Und wer in die Provence möchte, der muss noch nicht einmal Alpenpässe überqueren, eine Fähre reservieren oder zu einer festgesetzten Zeit am Hafen sein. Aber damit die Anreise wirklich bereits Urlaub ist, sollte man vielleicht doch ein paar Dinge beachten – bzw. vorausplanen.

ANREISEPLANUNG

Schon die Anreise als Teil des Urlaubs genießen, kann nur, wer sich genügend Zeit dafür lässt und sich nicht selbst unter Druck setzt. Ab Süddeutschland kann man die Provence auch im gemütlichen Wohnmobil-Tempo an einem Tag erreichen, wenn man zeitig aufbricht und alles gut läuft. Zu Hauptreisezeiten und wenn man sich für die Nationalstraße entscheidet, kann es allerdings schon ein recht langer Tag werden. Ich starte daher lieber am späten Nachmittag, fahre in die Nacht hinein bis hinter Besançon oder Lons (zu einer in den Städten sehr verkehrsarmen Tageszeit) und suche mir dann einen Parkplatz für die Nacht, um am nächsten Tag ausgeruht via Rocade Est und Autobahn weiter nach Süden zu fahren. Wenn es nicht gerade mit einem französischen Ferienbeginn zusammenfällt, kann auch das Wochenende günstig sein, da es dann keinen Berufsverkehr und kaum Lastwagen gibt.

Wer nördlich von Frankfurt wohnt, sollte für eine gemütliche An- bzw. Abreise auf jeden Fall eine Übernachtung einplanen.

ANREISEROUTEN

Für die Anreise ab Deutschland hat man die Wahl zwischen zwei Hauptrouten:

- **Frankreich-Route:** Mulhouse – Lyon (ab Frankfurt 705 km Autobahn oder 655 km Landstraße)
- **Schweiz-Route:** Zürich – Bern – Genf – Lyon (ab Frankfurt ca. 730 km)

Beide Routen sind von den Entfernungen her sehr ähnlich, aber da für die Schweiz eine teure Autobahn-Vignette fällig und das Nadelöhr Zürich zu durchqueren ist, da man den Diesel teurer bezahlt als in Frankreich und sogar Geld wechseln muss (falls nicht alles mit Kreditkarte bezahlt werden kann), bevorzuge ich selbst von Süddeutschland (Stuttgart) aus ganz klar die Frankreich-Route. Andererseits wird man für die An- oder Abreise durch die Schweiz nicht mehr Zeit brauchen, und wer etwas Abwechslung sucht, kann diese Strecke durchaus als Alternative wählen.

Für die Frankreich-Route stellt sich die Frage, ob man die kürzere und billigere Strecke auf **Nationalstraßen** via Besançon und Lons-le-Saunier wählt oder die bequemere und sicherlich schnellere **Autobahnroute** auf der A 36 und der A 6 via Beaune. Nachdem ich die verschiedensten Varianten intensiv und zu allen Jahreszeiten ausprobiert habe (allein in den letzten 12 Monaten bin ich diese Strecke wenigstens ein Dutzend Mal hin- und zurückgefahren) ist die Entscheidung für mich klar: Da die Nationalstraße zwischen Mulhouse und Lyon gut ausgebaut ist, es fast nie Staus gibt und nur wenige größere Städte zu durchqueren sind (und da ich zudem mit dem Wohnmobil auf der Autobahn kaum schneller fahre als auf der Landstraße!), entscheide ich mich für die Strecke bis Lyon stets für die Route Nationale N 83. Südlich von Lyon, wo es auf der Nationalstraße deutlich langsamer und umständlicher vorangeht, bleibe ich dann lieber auf der Autobahn.

Frankreich: Nationalstraße N 83

Wenn Sie (wie ich) die Nationalstraße bevorzugen, so ist folgende Route optimal (die allerdings weniger bequem ist als die Autobahn und mehr Aufmerksamkeit erfordert, sofern man sie nicht etwas kennt oder einen guten Kopiloten hat):

- **A 5** bis Dreieck Neuenburg, dort rechts (Westen) via **A 36** in Richtung Mulhouse
- Auf der kostenlosen Strecke der A 36 wird Mulhouse bequem umfahren.
- An der **letzten Ausfahrt (Nr. 15)** vor der Zahlstelle *(Péage)* kann man die Autobahn verlassen, falls man billigen Diesel tanken oder

Stellplatz

Den einzigen Wohnmobil-Stellplatz fast direkt an der Route bietet **Baume-les-Dames.** Am Ortseingang von Norden kommend bei der Ampel links in Richtung Pontarlier, hinter der Brücke rechts und am Kanal entlang. Herrliche Lage zwischen Kanal und den Bergen; sehr ruhig und nagelneu angelegt; ca. 30 Stellplätze mit kompletter Ver-/Entsorgung; kostenlos; ganzjährig; Tel. 0381840713, E-Mail: baume@ baumelesdames.com. Einige Kilometer hinter Baume-les-Dames erreicht man die relativ ruhige und schön gelegene **„Aire de Grosbois“,** die sich für eine Übernachtung eignet. GPS: 47,3384°N 6,2952°O. Etwas weiter **bei Roche-lez-Beaupré** gibt es eine weitere Raststelle mit Toilette am Doubs-Ufer – aber direkt an der Straße.

Camping

Zwei schöne Plätze am Ufer des Doubs findet man am Ortseingang von Clerval rechts und wenige Kilometer weiter links der Straße den Camping Lomot.

Camping

Einen schönen Platz an der Loue findet man wenige hundert Meter abseits der Strecke bei Quingey (ca. 20 km südlich von Besançon) sowie bei Rennes (35 km nach Besançon).

einkaufen möchte: rechts auf **N 466,** dann wieder rechts in einer Schleife über die Brücke auf die **N 83.**

Billig tanken

Eine billige Tankstelle finden Sie beim Supermarkt von Burnhaupt, gleich beim ersten und zweiten Kreisverkehr jeweils die letzte Ausfahrt (nach links). Weitere billige Tankstellen entlang der Route gibt es u. a. beim Supermarkt in Baume-les-Dames (Richtung Womo-Stellplatz) und in Bourg (mehrere entlang der Route nach Süden; nur eine an der Strecken nach Norden).

› Wieder **zurück auf der N 83** folgt man dieser bis kurz hinter Roppe; dort rechts ausfahren, unter der N 83 durch und kurz darauf wieder rechts auf die Autobahn **A 36** in Richtung Belfort/Lyon.

Tipp

Wer nicht tanken möchte, kann hinter Mulhouse auch gleich auf der Autobahn nach Belfort bleiben; das kostet nur etwa 3 €.

› Auf dem kostenlosen Abschnitt der A 36 Belfort und Montbéliard umfahren.

› Hinter Montbéliard **Ausfahrt Nr. 7** und im Kreisverkehr links halten auf die D 126 Richtung Voujeaucourt und Dampierre.

› Nach der Brücke über den Doubs links (Vorfahrt) auf die **D 463,** die bald wieder auf die **N 83** mündet.

› Via L'Isle-sur-le-Doubs und Baume-les-Dames der **N 83** in Richtung Besançon folgen.

› **Besançon** ist leider eine lästige Stadt mit zahllosen Ampeln, die sehr geschickt auf „rote Welle“ koordiniert sind. Das Zentrum kann man rechts auf der N 83 umgehen (beim Ortseingang am Berg zunächst links einordnen, dann immer Richtung „Lons-le-Saunier“).

› **Ab Beure** wird es dann wieder einfach: aus dem Tal des Doubs heraus immer der N 83 folgen.

› In **Lons-le-Saunier** – relativ einfache Ortsdurchfahrt auf der N 87 in Richtung „Bourg en Bresse“.

› In **Bourg** an der ersten großen Kreuzung beim Supermarkt nach links das Zentrum umfahren (mehrere billige Tankstellen; in Gegenrichtung fährt man auf anderer Route durch die Stadt).

› Auf der gut ausgebauten **N 87** weiter in Richtung **Villard-les-Dombes** und durch die reizvolle Teichlandschaft der Dombes.

Rastplatz

Hinter Villard folgt links ein sehenswerter **Vogelpark** mit großem Parkplatz und einem beliebten **Wohnmobil-Rastplatz** am Seeufer (der wohl schönste und ruhigste Platz für eine Übernachtung). GPS: 45,9906°N 5,0257°O.

› Weiter auf der **N 83** bis hinter **Mionnay** und dann rechts auf die **Autobahn A 46,** auf der man **kostenlos Lyon** umfahren kann (früher ein fürchterliches Nadelöhr!), indem man via **Rocade Est** den Schildern „Marseille“ folgt. **Achtung:** Wenn es steil hinunter ins Rhone-Tal geht, links halten (mittlere Spur) und dann scharf(!) links auf die **A 7 in Richtung Vienne.**

Tipp

Auf der Rückfahrt nach Norden nicht den Schildern „Bourg-en-Bresse“ folgen (Umweg!), sondern Richtung „Rillieux“ bzw. „Paris“ und dann die letzte Ausfahrt vor der Mautstelle nehmen!

- Wer weiter mautfrei nach Süden fahren will, kann kurz vor **Vienne** auf die **N 7** ausfahren und dann dem linken Rhone-Ufer folgen (allerdings durch Vienne hindurch!) oder erst hinter der Rhone-Brücke (minimale Pauschalgebühr) auf die **N 87** ausfahren und unter Umgehung von Vienne dem rechten Ufer folgen.
- Nach meinen Erfahrungen lohnt es sich jedoch auf der folgenden Strecke (wenigstens bis hinter Valence) die **Autobahn** zu wählen. Mehrere Jahre bin ich zwar bis zur Küste die Nationalstraße gefahren – habe dann aber auch bis zu drei Tage dafür gebraucht!

Variante: Route Napoléon N 85

Eine landschaftlich sehr reizvolle Variante der Anreise via Nationalstraßen bietet die **Route Napoléon** (N 85), die von Grenoble via Gap durch die **Pforte von Sisteron** (s. S. 110) quasi per Nebeneingang in die Provence führt und dann weiter via Digne, Castellane und Grasse bis nach Cannes. Diese Variante bietet sich vor allem bei einer Anreise durch die Schweiz an (um via Annecy und Chambery die Fahrt nach Lyon und durch das Rhone-Tal ganz zu vermeiden), aber man kann dazu auch die Frankreich-Strecke bei Lyon in Richtung Grenoble verlassen (gebührenpflichtige Autobahn).

Sehr schön ist aber auch die Anreise ab Valence über Die und das **Buëch-Tal** nach Sisteron.

Rast-/Übernachtungsplätze

Einen hübschen Rast- und Picknickplatz findet man auf dieser Strecke kurz hinter **Luc-en-Diois** an einem kleinen See zwischen oder nahe den Felsblöcken der Le Claps.

Einen schönen und ruhigen Rast-/Übernachtungsplatz bietet **Serres:** ca. 4 km hinter dem Ort von der N 75 rechts weg und bei der Staumauer wieder rechts führt ein schmales Sträßchen oberhalb des Stausees entlang und zu mehreren Park-, Picknick- und Badeplätzen.

Rastplatz am See zwischen den Felsblöcken von „Le Claps“

044pr Abb.: rh

Frankreich: Autobahn

Wer sich für die Autobahn entscheidet, wird die Grenze wahrscheinlich bei **Mulhouse** überqueren (Alternative: Elsass s. u.) und dann auf der A 36 bis **Beaune** und weiter auf der A 6 nach **Lyon** fahren. Die erste Etappe ist meist ruhig und angenehm zu fahren; auf der **A 6** kommt dann der ganze Verkehr von Paris dazu. An Ferienwochenenden – und ganz besonders an den Wochenenden zwischen Mitte Juli und Anfang August – sollte man diese Strecke möglichst meiden. Eine gute Alternative bietet (nicht nur dann!) die **A 39,** auf die man bei **Dôle** abzweigen kann, um via **Bourg-en-Bresse** und die **A 40** und **A 42** nach **Lyon** zu fahren.

Alternative durch das Elsass

Eine relativ wenig bekannte und genutzte Alternative zu der oft ebenfalls sehr stark überlasteten A 5 Karlsruhe – Basel (und ihren häufigen Staus) findet sich gleich jenseits des Rheins im Elsass: die fast durchgehend 4-spurige und dennoch ***kostenlose A 35,*** *auf der man (außer manchmal bei Strasbourg) fast immer gut und zügig vorwärts kommt. Je nachdem, von wo man anreist, kann man diese Alternative unter Umständen bereits von der A 65 via B 9 ansteuern oder später bei Strasbourg (dazwischen gibt es auch Möglichkeiten mit der Fähre über den Rhein zu setzen).*

Ab Colmar *kann man auf der N 87 via Guebwiller nach Burnhaupt die Ecke um Mulhouse herum abschneiden – und ab dort der A 36 (Belfort – Besançon) folgen oder weiter auf der N 87 fahren (s. o.).*

Dort allerdings – auf der Rocade Est – und auf der weiteren **Autoroute du Soleil** (A 7) kommt dann wirklich alles zusammen. Wer schon die Hauptreisezeit nicht meiden kann, sollte wenigstens versuchen, diesen Abschnitt irgendwann in tiefer Nacht hinter sich zu bringen, denn lange Staus um Lyon und im Rhone-Tal sind an den kritischen Wochenenden garantiert.

Bei **Anreise aus dem Westen und Norden** des Bundesgebietes kann man auch die **A 31 Metz – Nancy – Dijon** wählen, die aber ab Toul bei Nancy gebührenpflichtig ist.

Durch die Schweiz

Durch die Schweiz fährt man praktisch durchgehend auf der Autobahn **A 1 Zürich – Bern – Lausanne – Genf** (Vignette s. u.). Diese Strecke ist weitgehend stau- und stressfrei, doch die Anfahrt auf der B 15 von Schaffhausen nach Zürich und das Nadelöhr Zürich selbst (sowie gelegentlich auch der Raum Genf) können Probleme bereiten. Diese Abschnitte sollte man nicht gerade zu den Hauptverkehrszeiten fahren. Ansonsten sind die Straßen gut ausgebaut und selten überlastet. Es sind weder Pässe noch Bergstraßen oder größere Höhen zu bewältigen. Allerdings muss man – zusätzlich zur Vignette – in Frankreich auch noch Autobahngebühren bezahlen: entweder für die A 40 nach Lyon oder für die A 41 nach Grenoble. Ich habe zwar auch schon versucht via Annecy und Chambéry auf der Nationalstraße zu fahren, bin aber in fürchterlichen Staus gelandet.

Deshalb und aus den weiter oben genannten Gründen bevorzuge ich meist die Route über Frankreich.

AUTOBAHNGEBÜHREN

Frankreich

Die meisten Autobahnen in Frankreich sind gebührenpflichtig (Ausnahmen siehe „Anreiserouten") – und sie sind teuer! Rund 50 Euro müssen Sie rechnen (mit einem Fahrzeug ab 3,5 t sogar das Doppelte), um von Mulhouse bis nach Orange zu gelangen. Aber wer Zeit und Nerven sparen will, der zahlt den Preis. Für den Abschnitt Mulhouse – Lyon kann man auf die Autobahn verzichten – wenn man entweder die Strecke etwas kennt oder einen Beifahrer hat, der die Karte lesen kann!

Für manche kürzeren Abschnitte wird die pauschale Gebühr direkt kassiert. Meist zieht man an der ersten **Mautstelle** *(Péage)* eine Karte *(„Prenez un ticket!")* aus dem Automaten und bezahlt dann beim Verlassen der Autobahn oder an einer späteren Mautstelle. Versuchen Sie nicht, den Automaten zu überlisten und sich ohne Karte durchzumogeln. Sonst zahlen Sie nachher den maximalen Betrag! Das Gleiche gilt, falls Sie das Kärtchen unterwegs verlieren sollten. Bezahlen können Sie die Maut mit Bargeld. Schneller und problemloser geht es mit der Kreditkarte – auch bei kleinen Beträgen.

Autobahngebühren

(für Fahrzeuge bis max. 3 m Höhe)

Mulhouse – Lyon: 37,40 €

Nancy – Lyon: 39,10 €

Lyon (genauer Vienne) – Orange:

bis 3,5 t 22,70 €

über 3,5 t 31,50 €

Unter www.autoroutes.fr/index.php findet man nähere Informationen und Links zu allen Autobahngesellschaften, auf deren Websites dann auch Gebühreninformationen zu finden sind.

Schweiz

Die Benutzung der Autobahnen und autobahnähnlicher Straßen in der Schweiz ist ebenfalls kostenpflichtig. Wohnmobile bis 3,5 t benötigen dafür eine **Vignette.** Sie gilt für ein Jahr und ist beim ADAC, ÖAMTC, an allen Grenzübergängen und in grenznahen Regionen auch auf Postämtern erhältlich. Achtung: Für Anhänger benötigt man eine zusätzliche Vignette!

Die Vignette ist für ein Kalenderjahr gültig (inkl. Dezember des Vorjahres und Januar des Folgejahres), also insgesamt maximal 14 Monate – aber im ungünstigsten Fall auch nur einen Monat! Eine am 30. Dezember 2005 erworbene Vignette gilt nur noch bis zum 31. Januar 2006! Die Jahres-Vignette kostet für Wohnmobile bis 3,5 t und Anhänger (jeweils!) 27 Euro.

Wohnmobile über 3,5 t benötigen keine Vignette, sondern müssen wie LKW eine „Schwerverkehrsabgabe" zahlen. Im Gegensatz zur Vignette, die nur auf Autobahnen Pflicht ist, muss die Schwerverkehrsabgabe für das gesamte Straßennetz der Schweiz bezahlt werden.

Sie erhalten an der Grenze beim Schweizer Zollamt ein „Schwerverkehrsabgabe"-Formular, das Sie ausfüllen müssen. Die Beamten hinter dem Schalter sind tendenziell wenig bereit, Ihnen dabei irgendwie behilflich zu sein. Mehr als einen Verweis auf die am Ausfüllplatz angebrachte Ausfüllhilfe werden Sie den Herrn kaum entlocken. Die Abgabe gibt es für 1–30 aufeinander folgende Tage à 3,25 Sfr oder für 1–11 aufeinander folgende Monate à 58,50 Sfr oder ein ganzes Jahr für 650 Sfr.

› Routenübersicht Seite 10

Transitreisenden, die mehrmals die Schweiz durchqueren wollen oder evtl. auf der Hin- oder Rückreise in der Schweiz übernachten, empfiehlt sich eine 10-Tages-Deklaration. Diese kostet 32,50 Sfr und ist 1 Jahr gültig. Sie ist jedoch nicht übertragbar, sondern an das Fahrzeug gebunden. Der Vorteil: Sie gilt an 10 beliebig wählbaren (nicht nur aufeinander folgenden!) Tagen. Die jeweiligen Tage müssen vor der Einreise selbst mit Datum in das Formular eingetragen werden. Nicht vergessen! Das wird meist bereits an der Grenze kontrolliert!

Zwar werden in der Schweiz für die Benutzung bestimmter Tunnel weitere Sondernutzungsgebühren erhoben, für die Anreise in Richtung Provence ist dies jedoch nicht relevant.

046pr Abb.: rh

EINREISE-BESTIMMUNGEN

Für Bürger der EU entfallen Kontrollen an den gemeinsamen Grenzen der dem Schengener Abkommen beigetretenen Mitgliedsstaaten. Abgesehen vom Transit durch das Nicht-Mitgliedsland Schweiz ist auf der Fahrt in die Provence also mit keinen Grenzformalitäten mehr zu rechnen. Das bedeutet jedoch nicht, dass Kontrollen völlig ausgeschlossen wären. Mir ist es bei Mulhouse sogar schon passiert, dass Fahrzeug und Gepäck durchsucht und ich auf Waffen abgetastet wurde.

Auf jeden Fall – ob Kontrolle oder nicht – müssen die üblichen **Reisedokumente** mitgeführt werden. Für die Einreise nach Frankreich (oder in die Schweiz) reicht der **Personalausweis** (alternativ Reisepass). Kinder unter 16 Jahren müssen im Pass der Eltern eingetragen sein oder einen eigenen Kinderpass besitzen.

Wer mit dem Wohnmobil (oder einem anderen Fahrzeug) einreist, muss den nationalen **Führerschein** und den **Kfz-Schein** bei sich führen. Die Mitnahme der **Grünen Versicherungskarte** wird sehr empfohlen, da sie als Versicherungsnachweis dient und z. B. bei einem Unfall die Abwicklung erheblich erleichtert. Was immer die Gesetze sagen mögen, bei einer Verkehrskontrolle vor Burnhaupt wollte ein Polizeibeamter den Versicherungsnachweis für Fahrzeug und für den Anhänger sehen – und beharrte darauf, dass diese Dokumente stets mitgeführt werden müssen.

Wer bereits ein Euro-Nummernschild hat, braucht kein **Nationalitätskennzeichen** mehr am Auto zu haben.

DIPLOMATISCHE VERTRETUNGEN

FRANZÖSISCHE BOTSCHAFTEN

- **Deutschland:** Pariser Platz 5, 10117 Berlin, Tel. 030 590039000, Fax 590039110, www.botschaft-frankreich.de (eine Super-Site auch mit zahlreichen Reise-Infos und nützlichen Links; hier findet man fast alles)
- **Österreich:** Technikerstr. 2, 1040 Wien, Tel. 01 502750
- **Schweiz:** Schlosshaldenstr. 46, 3006 Bern 16, Tel. 031 3592111, 432424

VERTRETUNGEN IN FRANKREICH

- **Deutschland:** Konsulat der Bundesrepublik Deutschland, 338 Avenue du Prado, 13295 Marseille Cédex 08, Tel. 0491167520
- **Österreich:** Konsulat der Republik Österreich, 27 Cours Pierre Puget, 13006 Marseille, Tel. 0491530208
- **Schweiz:** Konsulat der Schweiz, 7 Rue Arcole, 13291 Marseille Cédex 06, Tel. 0491101410

EINKAUFEN

Egal, was andere schreiben mögen, nach meinen Erfahrungen stimmt es nicht, dass das Preisniveau beiderseits des Rheins weitgehend identisch ist. In den französischen Lebensmittelgeschäften ist das Angebot groß, aber die Preise sind (von wenigen Ausnahmen abgesehen) meist deutlich höher als in Deutschland. Besonders gilt dies z.B. für Bier, Fruchtsäfte, Schokolade, Kaffee und Konserven. Aber manchmal bekommt man sogar französischen Wein und Käse bei uns billiger als im Erzeugerland! Wer günstig reisen will, der füllt sich daher den Wohnmobil-Keller zu Hause beim Discounter mit allen haltbaren Grundnahrungsmitteln – und kauft in der Provence auf den Märkten Gemüse und Obst, Käse, Oliven, Würzkräuter, Fisch und Wein. Brot kann man ebenfalls auf dem Markt bekommen oder aber in kleinen Bäckereien. Natürlich gibt es auch im Supermarkt Brot und Backwaren – aber meist zweitrangiger Qualität.

Muss man unterwegs die Reserven auffüllen, so eignet sich der **Super- oder Hyper-**

Märkte

Nicht ohne guten Grund ist die Provence für ihre Märkte bekannt. Nahezu jeder Ort – von der großen Stadt bis zum kleinen Bergdorf – hat seinen Markt als Bestandteil einer sehr lebendigen Tradition. Man unterscheidet zwischen ***Bauernmarkt*** *(Marché de Paysan), auf dem ausschließlich landwirtschaftliche Erzeugnisse angeboten werden, und dem* ***Marché Provençal,*** *auf dem man außerdem auch Töpferwaren, Stoffe, Kleidung, Korbwaren und anderes findet. Wichtig ist es, zeitig auf dem Markt zu sein. Schon ab 10 oder 11 Uhr bekommt man nur noch das, was die anderen übrig gelassen haben, und gegen Mittag ist meist alles vorbei.*

› Routenübersicht Seite 10

Französisches Brot: Nicht nur Stäbe, Flöten und Bindfäden!

Glauben Sie nicht, französisches Brot sei immer gleich „Baguette". Erstens ist das „französische Weißbrot", das bei uns als „Baguette" angeboten wird, in Wirklichkeit meist eine „Flute" („Flöte"). Das wirkliche Baguette („Stab") ist dünner – und daneben gibt es noch das ganz dünne Weißbrot, das Ficelle („Bindfaden") heißt. Alle drei haben eine Gemeinsamkeit mit der Weißwurst und der Brezel: Sie sollten möglichst vor dem Mittagläuten verspeist sein, denn danach verlieren sie rasch und erheblich an Qualität. Und eben aus diesem Grund gibt es zweitens auch in Frankreich heute eine beachtliche Auswahl an Misch- und Körnerbroten von sehr guter Qualität. Am besten fragt man in einer kleinen Bäckerei – vorzugsweise in einer „boulangerie artisanale", wo man oft auch sehr gutes Holzofenbrot bekommt. Fragen Sie nach „pain qui se conserve" (haltbarem Brot), wenn Sie kein Weißbrot wollen. Und probieren Sie einmal Olivenbrot oder „Pain de Randonneur" (Wandererbrot) mit Nüssen und Trockenfrüchten.

019pr Abb.: rh

Literaturtipp

„Französisch kulinarisch", Reihe KAUDERWELSCH, Reise Know-How Verlag. Mit diesem Sprachführer nie wieder sprachlos sein beim Einkaufen, im Café und Restaurant.

Marché draußen vor der Stadt, der große Parkplätze und ein ebenso großes Angebot hat. Außerdem kann man dort meist günstig tanken. Und schließlich gibt es auch **Discounter** wie Aldi und Lidl mit ganz ähnlichem Angebot, wenngleich sie längst nicht so dicht gesät sind.

Eine große Auswahl von typischen und meist qualitätsvollen **Produkten der Region** (Lebensmittel, Lavendelprodukte und Kunsthandwerk) bieten neben den Märkten auch die **„Maison des Produits de Pays"**, die sich zunehmend bemühen, Erzeugnisse der näheren Umgebung direkt zu vermarkten. Sie bieten meist gute Parkmöglichkeiten und haben manchmal auch an Wochenenden geöffnet. Diejenigen davon, die an den beschriebenen Strecken liegen, sind in den Routenbeschreibungen genannt.

Sonst kann man natürlich einzelne Produkte wie Wein, Obst, Olivenöl oder Käse auch direkt vom jeweiligen Erzeuger kaufen: von Ständen am Straßenrand, in Weinkellereien und auf dem Bauernhof. Aber auch hier sollte man ein bisschen auf den Preis schauen und nicht blind glauben, dass „direkt ab Erzeuger" immer auch „preisgünstig" bedeutet. Zu viele Kunden, die „blind" einkaufen, haben manchen Erzeuger-Händler dazu verführt, weit überhöhte Preise zu fordern.

FERIEN UND FEIERTAGE

SCHULFERIEN

Die Schulferien in Frankreich sind – ähnlich wie bei uns – nicht landesweit zu den gleichen Terminen. Ja, teilweise sind selbst die Osterferien nicht einmal an Ostern! Trotzdem können zu bestimmten Zeiten dichter Reiseverkehr und Staus nicht vermieden werden. Am kritischsten sind die Wochenenden Mitte Juli bis Anfang August sowie generell Ferienbeginn und -ende der Region Paris.

Die genauen Ferientermine für alle Regionen finden Sie auf: www.education.gouv.fr/prat/calendrier/calendrier.php

FEIERTAGE

- **1. Januar:** *Jour de l'An* (Neujahr)
- **1. Mai:** *Fête du Travail* (Tag der Arbeit)
- **8. Mai:** *Armistice* (Waffenstillstand 1945)
- **Ostersonntag/Ostermontag** *(Pâques)*
- **Himmelfahrt** *(Ascension)*
- **Pfingsten** *(Pentecôte)*
- **14. Juli:** *Fête Nationale* (Nationalfeiertag; Sturm auf die Bastille 1789)
- **15. August:** *Assomption* (Mariä Himmelfahrt)
- **1. November:** *Toussaint* (Allerheiligen)
- **11. November:** *Armistice* (Waffenstillstand 1918)
- **25. Dezember:** *Noël* (Weihnachten)

GAS

Wer mit zwei vollen 11-kg-Gasflaschen startet, der kommt damit im Normalfall problemlos durch seinen Urlaub – selbst wenn dieser vier oder fünf Wochen dauert, der Kühlschrank ständig läuft und täglich mit Gas gekocht wird. Sollte das Gas jedoch aus welchen Gründen auch immer dennoch einmal zur Neige gehen, wird es mit dem Nachschub problematisch, denn Umtauschmöglichkeiten für die deutschen Flaschen gibt es in Frankreich nicht.

Notfalls kann man ohne Probleme an jeder Tankstelle eine französische 13-kg-Butan- oder Propangasflasche leihen und die leere Flasche später gegen Pfanderstattung an einer anderen Tankstelle der gleichen Marke zurückgeben (Quittung aufheben!) – aber erstens braucht man für den Anschluss einen **Adapter,** zweitens wird die größere Flasche meist nicht in den Gasflaschenkasten des Wohnmobils passen und drittens muss man dann einen Platz finden, um die eigene leere Flasche zu verstauen. Behelfen kann man sich auch mit ei-

Adapter

Für etwa 15 € gibt es im Campingfachhandel ein **Europa-Entnahme-Set,** das aus vier Adaptern besteht, die den Anschluss deutscher Gasregler an andere europäische Flaschen ermöglichen.

ner blauen 3 kg-Camping-Gaz-Flasche, die man aber für teures Geld kaufen muss und deren Inhalt ebenfalls unverhältnismäßig teuer ist. Viel besser und einfacher: Starten Sie mit zwei vollen 11-kg-Flaschen und sehen Sie zu, dass unterwegs nichts leckt. Dann dürften Sie keine Probleme haben.

Möglich ist auch der Erwerb einer **Selbsttankflasche** (z. B. der Firma Wynen). Diese 11-kg-Flaschen können an jeder Autogastankstelle problemlos wieder gefüllt werden. Allerdings kostet eine solche Flasche etwa 235 € und sie muss alle 10 Jahre für 90 € vom TÜV geprüft werden.

Wohnmobile mit fest eingebauten **Gastanks** können ihre Behälter an den meisten größeren Tankstellen problemlos wieder befüllen. Sie sind mit dem Schild **GPL** (Gas Butane Liquide) markiert. Eine Liste von Autogas-Tankstellen für viele Länder Europas findet man auch unter www.gas-tankstellen.de.

GELD

Dank der Einführung des Euro gehören die Probleme mit krummen Umrechnungskursen, Geldwechsel und internationalen Preisvergleichen nun endgültig der Vergangenheit an. Das hat zudem den ganz entscheidenden Vorteil, dass man nicht länger Zeit und Nerven an Bankschaltern verschwendet! Und braucht man unterwegs Bargeld, so kann man es sich wie zu Hause mit der **Bankkarte** an einem der **Geldautomaten** holen, die man in vielen Banken und Supermärkten findet.

Öffnungszeiten

Banken haben in der Regel Mo. bis Fr. von 9 bis 12 Uhr und von 14 bis 16 Uhr geöffnet.

Andererseits kann man in Frankreich auch sehr viel **bargeldlos** bezahlen. Die gängigen **Kreditkarten** (Eurocard oder Visa) werden fast überall akzeptiert – und die Franzosen selbst bezahlen noch sehr viel per **Scheck** (manchmal selbst das Baguette beim Bäcker!).

Ärgerlich ist, dass **Tankstellen** zwar unsere Kreditkarten problemlos akzeptieren, solange die Kasse geöffnet hat, die Zapfsäulen mit Kartenzahlung jedoch nur mit französischen Kreditkarten funktionieren. Das heißt, an Wochenenden und nach Ladenschluss kann man nicht an den billigen Supermarkt- oder Automaten-Tankstellen nachfüllen, sondern ist unter Umständen sogar auf die teuren Autobahntankstellen angewiesen.

GESUNDHEIT

Den über die Jahrzehnte vertrauten „Auslandskrankenschein“, den Vordruck E111, gibt es seit dem 1. Januar 2005 nicht mehr. Er wurde zum 1. Januar 2006 durch die **Europäische Krankenversichertenkarte** (European Health Insurance Card = EHIC) abgelöst. Diese Karte gilt innerhalb der gesamten EU, also auch in Frankreich, sowie in der Schweiz, Tunesien, der Türkei und den Ländern des ehemaligen Jugoslawien.

Der große Vorteil gegenüber dem alten Auslandskrankenschein: Mit der „Auslandskarte“ kann man direkt zu einem Arzt oder in ein Krankenhaus gehen, die dem staatlichen Gesundheitsdienst angeschlossen sind. Der bisher nötige Umweg über das Büro der französischen Ortskrankenkasse entfällt! Zudem mussten bisher die Arztrechnung und alle Medikamente zunächst trotzdem selbst bezahlt werden. Zu Hause musste man dann die entsprechenden Quittungen bei der Krankenkasse einreichen, die daraufhin (nach beträchtlichen Abzügen!) einen Teil der Summe erstattete – oder auch nicht. Wie dies ab sofort und zukünftig funktionieren wird, muss sich allerdings in der nächsten Zeit noch zeigen.

Art und Umfang der zu erstattenden Leistungen, zu denen ärztliche und zahnärztliche Behandlung, Krankenhausbehandlung, Arzneien und Heilmittel gehören, richten sich nach den jeweiligen Rechtsvorschriften des Aufenthaltsstaates. Einfacher gesagt: Es besteht Anspruch auf alle erforderlichen medizinischen Sachleistungen. Häufig wird jedoch nur ein Teil der Kosten anerkannt und erstattet, da die Kassen allerlei Selbstbeteiligungen und Pauschalen abziehen. Um das Risiko auszuschließen, empfiehlt sich der Abschluss einer zusätzlichen **Auslands-Krankenversicherung,** die im Notfall auch den teuren Rücktransport in die Heimat einschließt.

Eine **Apotheke** *(pharmacie)* findet man fast in jedem größeren Dorf. Sie ist an einem grünen Kreuz zu erkennen und hat meist von 9 bis 12.30 und von 14 bis 18.30 Uhr geöffnet. Eine Hinweistafel am Eingang informiert über die nächste Apotheke mit Nacht- oder Sonntagsdienst.

Literaturtipp

„Verreisen mit Hund“ von Mark Hofmann, Reise Know-How Verlag. Der Praxis-Ratgeber von Reisevorbereitung über Einreisebestimmungen bis zum Umgang mit dem Hund unterwegs.

HAUSTIERE

Haustiere unter 3 Monaten dürfen nicht nach Frankreich mitgenommen werden. Wer einen älteren Hund oder eine Katze mitnehmen will, muss seit Oktober 2004 den neuen blauen **EU-Heimtierpass** mit sich führen. Dieser gilt in allen 25 EU-Staaten sowie im Nicht-EU-Land Schweiz. Er kostet 10 €, identifiziert das Tier mittels Kenn-Nummer und attestiert, dass es gegen Tollwut geimpft ist. Die zweifelsfreie Identitätskennung durch implantierten Mikrochip oder Tätowierung ist zwingend.

Die **Tollwutimpfung** muss mindestens 30 Tage und maximale 12 Monate vor Grenzübertritt erfolgt sein.

Gefährliche, registrierte Hunderassen

Mit dem Gesetz vom 6. Januar 1999 sollen Unfälle durch Hunde, welche leicht als gefährlich einzustufen sind, vermieden werden. Sie werden in zwei Kategorien eingeteilt:
1. Kategorie: alle so genannten Kampfhunde (Pitbulls, Boerbulls und Hunde, die aufgrund ihrer morphologischen Merkmale den Hunden der Tosa-Rasse zuzuordnen sind). Die Einfuhr von Hunden dieser Kategorie ist ganz verboten.
2. Kategorie: alle Wach- und Schutzhunde (Rassehunde, American Staffordshire Terrier, Rottweiler, etc.) dürfen nur mit Maulkorb und an der Leine geführt werden. Hunde dieser 2. Kategorie können von ihren Herren nach Frankreich eingeführt werden, sofern beim Zoll ihr Geburtszeugnis und ihr Stammbaum vorgelegt und so bewiesen werden kann, dass sie nach französischem Recht dieser 2. Kategorie angehören.
Achtung: **Am Strand** sind Hunde generell nicht gestattet!

› Routenübersicht Seite 10

047pr Abb.: rh

INFORMATIONSSTELLEN

FREMDENVERKEHRSÄMTER

Das **Französische Fremdenverkehrsamt** (Maison de la France; www.franceguide.com) bietet Informationen zu allen touristischen Fragen sowie einige Informationen und Prospekte über einzelne Regionen.

In Deutschland

Zeppelinallee 37, 60325 Frankfurt/Main, Tel. 0900 1570025 (0,62 €/Min), Fax 0900 1599061 (0,49 €/Min), E-Mail: info.de@franceguide.com

In der Schweiz

- c/o SNCF-RailEurope, Rue de Lausanne 11, 1201 Genève, Tel. 0900 900699 (1,20 Sfr/Anruf + 0,30 Sfr/Min.), E-Mail: info.ch@franceguide.com
- Rennweg 42 – Postfach 7226, 8023 Zürich, Tel. 0900 900699 (1,20 Sfr/Anruf + 0,30 Sfr/Min.), Fax 01 2174617, E-Mail: info.ch@franceguide.com

In Österreich

Argentinierstraße 41a, 1040 Wien, Tel. 0900 250015 (max. 0,68 €/Min.), Fax 01 5032871, E-Mail: info.at@franceguide.com

In Frankreich

- **Provence – Alpes – Côte d'Azur (PACA):** Les Docks, 10 Place de la Joliette, Atrium 10.5, BP 46214, 13567 Marseille Cedex 2, Tel. +33 (0) 491564700, Fax +33 (0) 491564701, E-Mail: information@crt-paca.fr, www.discover-southoffrance.com

- **Alpes de Haute Provence:** Maison des Alpes de Haute-Provence, Immeuble Francois Mitterand, BP 170, 04005 Digne les Bains Cedex, Tel. +33 (0) 492315729, Fax +33 (0) 492322494, E-Mail: info@alpes-haute-provence.com, www.alpes-haute-provence.com
- **Bouches du Rhône:** 13 Rue Roux de Brignoles, 13006 Marseille, Tel. +33 (0) 491138413, Fax +33 (0) 491330182, E-Mail: cdt13@visitprovence.com, www.visitprovence.com
- **Hautes Alpes:** 8b Rue Capitaine de Bresson, BP 46, 05002 Gap Cedex, Tel. +33 (0) 492536200, Fax +33 (0) 492533160, E-Mail: cdt.tourisme@hautes-alpes.net, www.hautes-alpes.net
- **Var:** 1 Boulevard Foch, BP 99, 83003 Draguignan Cedex, Tel. +33 (0) 494505550, Fax +33 (0) 4 94505551, E-Mail: secretariat-direction@cdtvar.com, info@cdtvar.com, www.tourismevar.com
- **Vaucluse:** 12 Rue Collège de la Croix, BP 147, 84008 Avignon Cedex 1, Tel. +33 (0) 490804700, Fax +33 (0) 490868608, E-Mail: info@provenceguide.com, www.provenceguide.com

INTERNET

Frankreich allgemein

- www.tourisme.fr (Eingangsportal zum Reisen nach und in Frankreich)
- www.franceguide.com (Fremdenverkehrsamt)
- www.botschaft-frankreich.de (Botschaft sowie zahlreiche Reise-Infos und Links)
- www.tourisme.gouv.fr (Staatssekretariat für Tourismus)
- www.paris-touristoffice.com (Tourismuszentrale Paris)
- www.jeunesse-sports.gouv.fr (Eingangsportal für Jugend und Sport)
- www.douanes.gouv.fr (Zollbestimmungen)
- www.raileurope.de (Deutschlandbüro der Französischen Staatsbahnen SNCF)
- www.airfrance.de (Deutschlandbüro der Fluggesellschaft Air France)
- www.aeroport.fr (Französische Flughäfen)
- www.bison-fute.equipement.gouv.fr (Verkehrsinformationen, Straßenzustand, Staus)
- www.autoroutes.fr (Autobahn; Navigationssysteme)
- www.quelleroute.com (Autobahn; Navigationssysteme)
- www.meteo.fr (Wetterbericht für Frankreich)
- www.hotel-france.com (Infos, Preise, Buchungen)
- www.mije.com (Unterkünfte für junge Leute)
- www.fuaj.org (Jugendherbergen)
- www.campingfrance.com (Camping und Caravaning in Frankreich)
- www.dfjw.org (Deutsch-Französisches Jugendwerk)

Provence

- www.provenceweb.fr (sehr umfassende und aktuelle Site zu allen Regionen und vielfältigen Aktivitäten und Themen in der Provence)
- www.laprovence-presse.fr (Nachrichten, Sport, Veranstaltungen)

Weitere Seiten bei den Tourismusbüros der einzelnen Départements.

KARTEN

STRASSENKARTEN

An erster Stelle ist hier die **Michelin Straßenkarte** Nr. 527 Régional im Maßstab 1:275.000 (ca. 6 €) zu nennen, die das gesamte Gebiet umfasst und detailliert und präzise ist. Sie ist nicht ganz so detailliert wie die alte Nr. 245, aber dafür deutlich übersichtlicher, auch ohne Lupe zu lesen – und jetzt mit geografischem Gitter ausgestattet.

Eine sehr gute Ergänzung dazu ist die „Südfrankreich"-Karte des **world mapping project** (Reise Know-How Verlag, Bielefeld), die reiß- und wasserfest ist, da sie aus einem synthetischen Material hergestellt wird, das weniger Energie erfordert als Normalpapier. Angesichts ihres Maßstabs von 1:425.000 (immerhin deckt sie ganz Südfrankreich ab) ist sie noch erstaunlich detailliert – vor allem aber enthält sie nicht nur zahlreiche Sehenswürdigkeiten, sondern zudem ein Gradgitter für die GPS-Orientierung. Sehr nützlich ist auch das komplette Ortsregister.

Kartentipp

„Frankreich Süd 1:425.000" aus der Serie world mapping project, Reise Know-How Verlag. Praktische und detaillierte Straßenkarte, speziell für Reisende konzipiert.

WANDERKARTE

Die o.g. Michelin-Karte kann auch für Radtouren schon durchaus ausreichend sein. Noch genauer sind die Wander- und Radkarten des französischen **Landesvermessungsamtes IGN** in den Maßstäben 1:100.000 oder gar 1:25.000, die man entweder im Fachhandel bestellen oder vor Ort bekommen kann.

DIGITALE KARTEN

Mit digitalen Karten auf CD können Sie zu Hause am Computer oder mit dem Notebook sogar unterwegs Ihre Route planen und verfolgen. Sie bieten u.a. die Möglichkeit, beliebige Punkte nach Adresse oder Koordinaten suchen und auf der Karte anzeigen zu lassen, umfassen oft einen Routenplaner und so genannte Points of Interest (POI) wie z.B. Restaurants, Tankstellen etc.

MetroGuide Europe

Die MetroGuide Europe CD umfasst die Länder: Deutschland, Benelux, Frankreich, Italien, Österreich, Tschechien, Schweden, Dänemark, Schweiz, Spanien, Portugal, Großbritannien und Irland. Manche Länder wie z.B. Spanien sind noch nicht flächendeckend in der höchsten Detaillierung erfasst. Sie ermöglicht Ihnen die Anzeige farbiger (Vektor-)Karten auf dem PC oder Notebook. Die Karten lassen sich bis zu Stadtplangröße zoomen und erlauben beliebige Ausschnittwahl. Sie können Ziele nach Orts- oder Straßennamen mit Hausnummer eingeben, um sie dann mit Hilfe der Karte anzusteuern. Zudem enthält die Karte eine Fülle von Points of Interest; z. B. Restaurants, Hotels, Campingplätze, Sehenswürdigkeiten etc. inkl. Anschrift und Telefonnummer. Mit der MetroGuide Europe können darüber hinaus am PC automatisch Routen berechnet werden. Die Kartendaten dieser CD können auf Garmin-Geräte mit Kartendarstellung und einem Speicherplatz von mehr als 1,4 MB übertragen werden. Weiterhin bietet die Software Funktionen zur Routenplanung und Wegpunktverwaltung, um Wegpunkte, Routen und Kurse zu erstellen und zwischen Ihrem PC und nahezu allen GARMIN GPS-Empfängern auszutauschen.

Microsoft AutoRoute

Die Karten-CD mit Routenplaner und GPS-Schnittstelle deckt ganz Mittel- und Westeuropa (inkl. Dänemark, Schweden und Tschechien) ab. Die Karten können über die Tastatur gezoomt werden. Angezeigt werden bei GPS-Anbindung die Bewegungsrichtung und der zurückgelegte Weg. Die Software gestattet eine gute Routenplanung nach verschiedenen Parametern (z. B. kürzeste, schnellste Strecke) mit Kartenanzeige und detaillierten Fahranweisungen; eine GPS-Straßennavigation ist aber nicht möglich. Die Such-Funktion erlaubt nur die Eingabe von Länge-/Breite-Koordinaten; keine UTM-Koordinaten.

PANNE UND UNFALL

Kleinere Pannen hat man als Reisemobilist ja meist selbst im Griff, größeren kann man mit guter Wartung, einem gründlichen Check vor Antritt der Reise und mit einem umsichtigen Fahrstil vorbeugen. Hat man dennoch ein Problem, hilft oft gerne ein Kollege Wohnmobilist mit Rat und Tat – im Idealfall natürlich einer, der dasselbe Fabrikat fährt. Oft kann man sich dann mit kleineren Ersatzteilen wie Sicherungen, Glühbirnen etc. gegenseitig aushelfen. Ist das Fahrzeug noch fahrtüchtig, so schaut man im internationalen Kundendienstverzeichnis, wo sich die nächste Vertragswerkstatt befindet. Auch nicht markengebundene Autowerkstätten können oft helfen. Ist das Fahrzeug nicht mehr fahrtüchtig, hilft nur noch der Pannendienst.

Spätestens dann ist ein **Auslandsschutzbrief** (z. B. ADAC) sehr hilfreich. Der ADAC-Service ist seit einigen Jahren wirklich gut – wie ich aus eigener Erfahrung weiß. Einfach anrufen – und die freundliche Dame (die natürlich Deutsch spricht) kümmert sich um alles: Pannenhelfer, Abschleppdienst, Werkstatt, Hotelzimmer, Taxi bzw. was sonst erforderlich ist. Meist sind Sie dann weit besser dran, als wenn Sie mit einem noch fahrtüchtigen Reisemobil selbst eine Werkstatt ansteuern. Nach meinen Erfahrungen sind die französischen Kfz-Werkstätten meist nicht gerade brennend an Arbeit interessiert. Meist hat man mich lieber weitergeschickt oder gebeten, doch am nächsten Tag wieder zu kommen!

Literaturtipp

„Handbuch Wohnmobil-Ausrüstung" von Rainer Höh, Reise Know-How Verlag. Unter anderem auch Anleitungen für die Fehlersuche und -behebung bei Problemen im Wohnbereich (Strom, Wasser, Kühlschrank, Heizung etc.)

› Routenübersicht Seite 10

Literaturtipp

„Bordbuch Südeuropa für Unfall, Panne und Verkehr" von F. Köthe und RA M. Nissen, Reise Know-How Verlag. Vorsorge und Verhalten im Schadensfall, Verhalten am Unfallort, Durchsetzen von Ansprüchen, Reparatur, Polizei, Zoll usw.

Bei einem **Unfall mit Sachschaden,** aber ohne Verletzte fühlt sich in Frankreich (wie bei uns) die Polizei nicht unbedingt zuständig. In Frankreich gibt es für solche Fälle den **Constat amiable,** ein Formular, das französische Fahrer meist im Auto haben, das man aber auch von seiner deutschen Versicherung bekommen kann. Darin werden alle Daten der Beteiligten eingetragen. In jedem Fall muss man sich die Kfz-Nummer, die Versicherungsnummer und die Versicherungsgesellschaft des Unfallgegners notieren. Dazu muss man weder Französisch verstehen noch mit dem Gegner herumstreiten, denn diese Angaben finden Sie auf einem Pflicht-Aufkleber an der Frontscheibe eines jedes Fahrzeuges bzw. auf dem vorderen Schutzblech eines Motorrads. Unterschreiben Sie nichts, was Sie nicht verstehen.

Um zu seinem Recht zu kommen, ist in jedem Fall eine **Rechtsschutzversicherung** sehr zu empfehlen, sonst können Sie zwar vielleicht Ihr Recht erstreiten – aber die Kosten dafür werden u. U. höher sein als der vom Gegner erstattete Schaden! Noch besser ist eine **Vollkaskoversicherung,** die Ihnen Ihren Schaden erstattet – und sich dann darum kümmern kann, was vom Unfallgegner zurückzufordern ist. Für Auslandreisen kann sich u. U. auch eine Kurzzeit-Vollkaskoversicherung lohnen.

ADAC-Notrufnummern

- **ADAC Notrufdienst Frankreich,** Tel. 0472171222 (rund um die Uhr besetzt, deutschsprachig)
- **ADAC-Notrufzentrale München,** Tel. +49 (0) 89 222222 (rund um die Uhr besetzt, Hilfe bei Panne, Unfall, Diebstahl, Verlust von Papieren, Kreditkarten u. a.)
- **ADAC-Ambulanzdienst München,** Tel. +49 (0) 89 767676 (rund um die Uhr besetzt, medizinische Hilfe wie Krankenrücktransport, Medikamentenversand, Vermittlung deutschsprachiger Ärzte u. Ä.)
- **ADAC-Stauinfo,** Tel. 22499 (für deutsche Mobilfunknetze, auch im Ausland rund um die Uhr verfügbar. Vorwahl Deutschland und des jeweiligen Netzbetreibers ergänzen, z. B. für T-Mobile +49 171 25 22499)

Notrufnummern

Polizei *(Gendarmerie):*
Tel. 17
Feuerwehr *(Pompiers):*
Tel. 18
Pannenhilfe:
Tel. 13
Auskunft:
Tel. 12

POST

Die gelben **Briefkästen** haben oft zwei Schlitze: Der mit der Aufschrift „Région" wird Sie weniger interessieren; Auslandssendungen kommen in den Schlitz mit der Aufschrift „Autres Destinations".

Postämter (PTT) haben meist von 8 bis 19 Uhr geöffnet; in Städten durchgehend, in kleineren Orten mit Mittagspause von 11.30 bis 14 Uhr. Standard-Briefmarken für Briefe und Postkarten bekommt man aber auch in jedem „Tabac"-Laden.

Das **Porto** für Standard-Briefe und Postkarten beträgt derzeit 0,55 €.

Vergessen Sie nicht, bei der **Adresse** das Zielland anzugeben: Allemagne, Autriche oder Suisse.

014pr Abb.: rh

REISEZEIT UND KLIMA

▲ *Selbst in der Provence kann es weiße Wintertage geben – wie hier am Col de Soubeyrand –, aber das ist eine Rarität*

Gerade für Wohnmobilisten empfiehlt es sich, antizyklisch zu reisen – möglichst dann, wenn andere es nicht tun. Also **nicht im Juli und August,** den traditionellen Urlaubsmonaten der Franzosen. Dann ist das Wetter zwar am stabilsten, aber die Tage können sehr heiß werden. Vor allem aber sind Straßen, Innenstädte, Campingplätze, Sehenswürdigkeiten, Restaurants und die ohnehin chronisch knappen Parkmöglichkeiten meist hoffnungslos überfüllt. Selbst mit einem kompakten Pkw hat man dann Probleme, und wer zu dieser Zeit sein Wohnmobil schwitzend über schmale Bergsträßchen kurbeln muss, wer sich durch enge Tunnel mit Gegenverkehr fädelt oder durch das Gewimmel einer Innenstadt, wer gar einen Parkplatz sucht oder auch nur die Möglichkeit, einmal kurz anzuhalten, dem kann die Urlaubsfreude rasch vergehen.

Die idealen Zeiten sind **Mai/Juni** und **September/Oktober.** Da das auch andere wissen, dürfen Sie natürlich selbst dann nicht erwarten, die ganze Provence für sich alleine zu haben – oder gar in Avignon sofort eine Parklücke zu finden. Aber es wird doch nur ein Bruchteil der August-Massen unterwegs sein und man kann zu dieser Zeit auch die kleinen Sträßchen bedenkenlos mit dem Wohnmobil befahren.

Sehr schön ist die **Blütezeit der Obstbäume** in der Hügel-Provence, wo Kirsch-, Mandel- und Aprikosenbäume etwa ab Ende März/April, je nach Höhenlage, ihre Pracht entfalten. Wer hingegen die zauberhaften lila **Lavendel-Landschaften** der Vaucluse und der Hochprovence erleben will, der muss sich doch ein Stück in die Hauptsaison hineinwagen: Die Lavendelblüte beginnt gegen Ende Juni und dauert bis in den August.

Aber ebenso prachtvoll kann auch die **Herbstfärbung der Weinreben** und der **Bergwälder** sein, die etwas später beginnt als bei uns und im Oktober am schönsten ist. Der **Herbst** ist zwar auch die – relativ gesehen – regenreichste Zeit in der Provence, aber da die Niederschläge meist in kurzen, heftigen Unwettern niedergehen, hat man gute Chancen, selbst dann überwiegend schöne, sonnige Tage zu erleben. Ähnliches gilt auch für das **Frühjahr,** das etwas weniger Regen bringt als der Herbst – und für uns Mitteleuropäer überraschend milde Temperaturen.

Oder warum nicht einmal in den Weihnachtsferien?! Zwar kann der **Winter** in den höheren Lagen (und manchmal nicht nur dort!) schon auch einmal Schnee bringen – aber das ist die Ausnahme. Meist hat man zwischen Mitte Dezember und Mitte Januar sogar sehr stabiles Sonnenwetter. Dann kann man in geschützten Tälern vielleicht schon behaglich im Straßencafé sein Bierchen trinken – und diese Tatsache doppelt genießen, im Bewusstsein, dass sie zu Hause jetzt unter grauem Himmel Schneematsch von der Straße schippen.

Zu den unangenehmsten Wetter-Phänomenen der Provence zählt der **Mistral,** vor dem man allerdings zu keiner Jahreszeit ganz sicher sein kann. Er weht dann tagelang (immer 3, 6 oder 9 Tage am Stück, sagen die Einheimischen) ohne Unterbrechung, ohne einmal nachzulassen – und sehr heftig! Mir hat er schon eine etwas alterschwache Dachluke zuerst auf- und im nächsten Moment ganz weggerissen! In exponierten Lagen kann der Mistral Wohnmobilen ernsthafte Probleme bereiten – und Kammlagen wie die Route des Crêtes sind dann unbedingt zu meiden!

Aber auch der Mistral hat seine gute Seite. Vor allem ihm verdankt die Provence ihre fantastischen Lichtstimmungen. Der vom kalten Nordwind leergefegte, tiefblaue Himmel schafft diese unfassliche Klarheit und Intensität der Farben, die so viele Maler in die Provence gelockt hat.

SICHERHEIT

Leider kann man Südfrankreich beim besten Willen nicht als ein besonders sicheres Land für Wohnmobilisten bezeichnen. Um Leib und Leben wird niemand fürchten müssen, aber **Autoaufbrüche** gehören in der Provence zur Tagesordnung – grundsätzlich überall und zu jeder Zeit, ganz besonders aber in Touristenzentren und zur Hauptsaison. Einen ganz besonders schlechten Ruf haben die Camargue und Autobahn-Raststätten südlich von Lyon – aber wirklich sicher ist man auch sonst nirgends. Vieles kann man selbst beachten, um das Risiko zu minimieren:

- Das Reisemobil niemals auch nur für eine Minute unverschlossen stehen lassen, um z. B. rasch ein Foto zu schießen.
- Niemals Wertgegenstände im Fahrzeug zurücklassen – schon gar nicht sichtbar (ggf. Handschuhfach offen lassen).

- Nach Möglichkeit das Fahrzeug gar nicht unbeaufsichtigt abstellen (reist man in einer Gruppe, kann man sich abwechseln – sonst hat man oft keine andere Wahl).
- Alle Vorhänge schließen, damit von außen ungewiss ist, ob sich jemand im Fahrzeug befindet.
- Möglichst nicht auf Autobahnraststätten übernachten (dort sind auch Überfälle mit Betäubungsgas an der Tagesordnung!).
- Auch über Nacht keine Handtaschen oder Wertsachen im Fahrerraum oder an den vorderen Sitzen lassen (besser im Schlafbereich oder im Schrank).
- Ein von außen sichtbarer Sperrriegel, der Fahrer- und Beifahrertür so verbindet, dass sie auch bei aufgebrochenem Schloss nicht geöffnet werden können, kann sehr sinnvoll sein (diesen Zweck kann auch ein einfacher Spanngurt erfüllen).
- Ein Gaswarngerät kann ebenfalls die Sicherheit bei Nacht erhöhen – sofern es nicht auf jedes Deo und Mundwasser sofort anspricht.

Trotz aller Vorkehrungen sollte man sich keine Illusionen machen: Ein halbwegs erfahrener Autoknacker öffnet selbst das am besten gesicherte Reisemobil innerhalb weniger Sekunden. Andererseits will sich auch keiner unnötige Arbeit machen oder ein unnötiges Risiko eingehen – und wenn er nicht begründete Aussicht auf eine besonders gute Beute hat, dann wird er das weniger gut gesicherte des Nachbarn vorziehen.

Wenn Sie doch einmal Opfer eines Diebstahls oder eines Autoaufbruchs werden: Suchen Sie umgehend die nächste Polizeidienststelle *(Gendarmerie)* auf, um den Vorfall anzuzeigen und den Verlust protokollieren zu lassen. Die Polizei wird zwar nichts unternehmen, um die Täter zu ermitteln oder ihnen gar das Handwerk zu legen (das scheint den Behörden herzlich egal zu sein!) – aber Sie brauchen das amtliche Protokoll, falls Sie Schäden am Fahrzeug oder gestohlene Gegenstände von Ihrer Versicherung ersetzt bekommen wollen.

Sind Ihnen **Ausweise, Fahrzeugpapiere, Kreditkarten** oder andere wichtige Papiere abhanden gekommen, so benötigen Sie das polizeiliche Protokoll u. U. auch, um sich auf der Botschaft Ersatzpapiere ausstellen zu lassen. Sehr vereinfachend und damit Zeit sparend ist es, wenn man bereits vor der Reise von allen wichtigen Unterlagen Fotokopien anfertigt, die man dann bei den Behörden vorlegen kann. Abhanden gekommene EC- oder Kreditkarten, Handys, Krankenkassenausweise o. Ä. unbedingt sofort sperren lassen!

Von französischen Wohnmobil-Kollegen haben wir gehört, dass sie sogar schon belästigt, angepöbelt oder gar mit handfesten Mitteln vertrieben wurden. Wir hatten solche Probleme bislang nie. Aber viele Franzosen warnen davor, allein zu stehen, und übernachten nur in Gruppen. Solche **Belästigungen** müssen nicht unbedingt einen kriminellen Hintergrund haben, sondern rühren vielleicht daher, dass Einwohner in den touristischen Ballungszentren zunehmend

Literaturtipp

„Schutz vor Gewalt und Kriminalität unterwegs" von Matthias Faermann, Reise Know-How Verlag. Gewalttaten vorbeugen, Eigentumsdelikte verhindern, Selbsthilfe und Notwehr, Hilfe im Ausland

Notrufnummer Kartensperre

Einheitliche Nummer zum europaweiten Sperren von Medien wie Kredit- und EC-Karten, Handys, digitalen Signaturen, Krankenkassenkarten, Mitarbeiter-Ausweisen, Kundenkarten, Online-Berechtigungen etc.: Tel. 116116, Ausland Tel. +49 116116

› Routenübersicht Seite 10

allergisch auf frei stehende Reisemobile reagieren. Deshalb ist es in dieser Frage besonders wichtig, Sensibilität walten zu lassen. Dass Verbotsschilder respektiert werden, sollte klar sein (denn sie stehen dort vielleicht nicht ohne Grund!). Aber auch, wenn man nur das Gefühl hat, dass Wohnmobile an einem Ort nicht erwünscht sind, sollte man lieber weiterfahren. Wer großspurig und ignorant die Gefühle der Einheimischen verletzt und sich in einer Art von Eroberermentalität darüber hinwegsetzt, der muss sich nicht wundern, wenn diese ihrem Ärger einmal Luft machen.

Die beste Methode ist noch immer: Erst fragen, dann parken und die Liegestühle ausladen. Persönliche Kommunikation schafft immer auch menschliche Verbindlichkeit.

STRASSEN

Das **Straßennetz** in der Provence ist – wie überall in Frankreich – überwiegend gut ausgebaut. Das heißt aber (erfreulicherweise!) nicht, dass alles breite und schnurgerade Rennstrecken sind. Vor allem die weniger befahrenen Nebenstrecken sind im Berg- und Hügelland höchst kurvenreich und mit vielen Steigungen gesegnet. Aber das gefällt nicht nur den Motorradfahrern, sondern auch mir als Reisemobilist. Ich will ja auch nicht möglichst rasch von einem Ort zum nächsten rauschen, sondern gemütlich durch schöne Landschaften tuckern. Und dazu bieten die Straßen der Provence reichlich Gelegenheit.

▼ *Schwindel erregend hoch: Die Pont de l'Artuby ist nicht umsonst ein Traumziel der Bungee-Jumper!*

050pr Abb.: rh

Gewiss gibt es auch sehr schmale und manchmal streckenweise praktisch einbahnige Nebenstraßen. Darauf wird in den Routenbeschreibungen jeweils hingewiesen. Auch auf niedrige Tunnel, schwache Brücken und besonders steile Strecken haben wir nach Möglichkeit hingewiesen. Entsprechende Informationen finden Sie außerdem auf Ihrer Michelin-Karte – wenn Sie gute Augen oder eine Lupe haben. Die Breite der Fahrbahn hingegen lässt sich aus der Karte nicht immer mit Sicherheit ablesen. Die dargestellte Breite symbolisiert die Ordnung der Straße, die zwar meist in Relation zur Breite der tatsächlichen Straße steht – aber es kann durchaus vorkommen, dass eine Straße niedrigerer Ordnung breiter ausgebaut ist als eine höherer Ordnung.

Die allermeisten der **schmalen Landsträßchen** kann man mit durchschnittlichen Reisemobilen durchaus befahren – langsam und

vorausschauend, versteht sich. Aber auch zurückschauend! Wenn Sie an Ihrem Heck ein anderes Fahrzeug entdecken oder gar schon eine kleine Autoschlange, dann wird es Zeit, an der nächsten Parkbucht kurz rechts raus zu fahren. Das erspart allen Beteiligten gefährliche Überholmanöver – und ist eine selbstverständliche Geste der Rücksicht (im wahrsten Sinne!); denn die Einheimischen hinter Ihnen wollen sicher nicht bummeln, sondern müssen zur Arbeit oder sonst etwas erledigen.

049pr Abb.: rh

▲ *Hier wird's eng und vielleicht bald zu eng!*

Bergab sollten Sie rechtzeitig zurückschalten und die Bremswirkung des Motors nutzen, denn es gibt oft sehr lange und steile Talstrecken, die Ihre Bremsen ordentlich strapazieren können.

Je näher es an die Hauptsaison herangeht, desto eher sollte man kleine **Nebenstraßen** meiden, denn der Spaß (nicht nur für Sie, sondern auch für Anwohner!) reduziert sich rasch, wenn einem hinter jeder Kurve (und in jedem Tunnel!) ein dickes Wohnmobil begegnet – oder wenn unbegabte Fahrer gar die ganze Straße blockieren.

Noch mehr Vorsicht und Zurückhaltung ist bei schmalen **Nebenstraßen in Ortschaften** geboten! Denn diese Gassen sind nicht nur eng, sondern sie werden fast mit Sicherheit rasch noch enger werden; sie überraschen mit allerlei Hindernissen, und sind manchmal von ganz heimtückischen Balkönchen flankiert, die schon manchen Alkoven aufgeschlitzt haben. Wendemöglichkeiten sind denkbar rar – und wenn Sie so richtig ins Schwitzen kommen, wird hinter Ihnen ein Hupkonzert beginnen, weil Sie den Anwohnern die Zufahrt blockieren. Also: Lassen Sie sich besser nicht in Altstadtgassen locken! Parken Sie lieber außerhalb und gehen Sie zu Fuß – auch wenn es ein paar Schritte mehr kostet.

STROM

Die Netzspannung beträgt 220 Volt Wechselstrom. Runde deutsche Stecker passen nicht in alle Steckdosen. Sie müssten ein zusätzliches Loch bzw. eine Aussparung haben, in die der Schutzkontakt-Stift passt, der (wie ein halber Stecker) aus vielen französischen Dosen ragt. Flachstecker hingegen können fast immer benutzt werden. Falls Sie öfters Steckdosen in den Waschräumen der Campingplätze nutzen wollen, empfiehlt sich ggf. die Mitnahme eines Zwischensteckers. Für den Anschluss des Fahrzeugs ans Stromnetz haben sich auf den Camping- und Wohnmobilstellplätzen die dreipoligen, blauen CEE-Steckdosen durchgesetzt. Trotzdem ist es gut, für den Ausnahmefall einen Adapter zu haben sowie eine 20-m-Kabeltrommel. Ein zusätzliches Verlängerungskabel kann auch nicht schaden.

TANKEN

Das Netz der Tankstellen *(station d'essence)* ist in Frankreich sehr dicht, und selbst in den ländlichsten Gegenden der Provence werden Sie kaum Probleme haben, Ihren Tank aufzufüllen (Sie müssen ihn ja nicht bis zum vorletzten Tropfen leer fahren!). Diesel *(gazole, diesel)* bekommt man an praktisch jeder Tankstelle. Die entsprechenden Zapfsäulen bzw. Zapfpistolen sind schwarz markiert. Im Durchschnitt bezahlt man für Diesel etwa den gleichen Preis wie in Deutschland (zeitweise auch minimal darunter) – aber die Unterschiede zwischen der teuersten Autobahn-Tankstelle und der billigsten Supermarkt- oder Elf-Tankstelle können 15 Cent betragen!

Zu den Einkaufszeiten wird bei den Supermärkten meist zuerst getankt und dann bei der Ausfahrt am Kassenhäuschen bezahlt. Beachten Sie, dass die Durchfahrten dort gelegentlich niedrig und eng sein können. Ist das Kassenhäuschen nicht besetzt, kann man gewöhnlich mit der Kreditkarte direkt an der Zapfsäule bezahlen. Ärgerlicherweise scheint jedoch keine Zapfsäule eine deutsche Kreditkarte zu akzeptieren, obwohl man sonst an der Kasse problemlos damit bezahlen kann. Außerhalb der Ladenzeiten ist man daher auf teurere „normale" Tankstellen angewiesen – die aber abends oder an Wochenenden oft ebenfalls geschlossen sind.

TELEFON

Vorwahlen aus Frankreich

Deutschland	0049
Österreich	0043
Schweiz	0041

Vorwahlen nach Frankreich

Deutschland, Österreich, Schweiz 0033

Die Nummern in der Provence beginnen alle mit 04.

Nach der internationalen Landesvorwahl entfällt die erste Null der Ortsvorwahl. Also von Frankreich nach Berlin z. B. 004930 (+ Rufnummer); vom Ausland in die Provence 00334 (+ Rufnummer).

Bei den Telefonnummern in Frankreich wird nicht – wie bei uns – zwischen Vorwahl und Rufnummer unterschieden. Man wählt stets die komplette Nummer – und es gibt daher auch keine Ortsgespräche.

Öffentliche **Telefonzellen** sind in Frankreich (noch?) nicht der Handymanie zum Opfer gefallen. Man findet sie in nahezu jeder Ortschaft – allerdings sind es nur noch selten Münzfernsprecher. Gewöhnlich können Sie entweder mit Ihrer Kreditkarte telefonieren oder mit einer **Telefonkarte** (zu 50 oder 120 Einheiten), die man bei der Post (PTT) oder in „Tabac"-Läden kaufen kann. In den meisten Telefonzellen kann man sich auch zurückrufen lassen. Die Nummer ist in der Kabine angegeben.

Billigtarifzeiten sind werktags 21.30 bis 8 Uhr sowie am Wochenende von Samstag 14 Uhr bis Montag 8 Uhr.

Das **Mobilfunknetz** in Frankreich ist in abgeschiedenen Gegenden vielleicht etwas weniger dicht als bei uns, aber wer im Roaming-Verfahren die freie Wahl zwischen allen Anbietern hat, wird von einigen ungünstigen Lagen wie engen Tälern oder abgelegenen Bergen abgesehen fast überall mit dem Handy telefonieren können. Allerdings hat das auch seinen Preis – selbst wenn man nur angerufen wird, bezahlt man die gesamten französischen Gebühren! Richtig teuer wird es, wenn Sie mit Ihrem deutschen Handy ein anderes deutsches Handy in Frankreich anrufen. Denn dann werden doppelte Gebühren fällig, weil der Anruf zuerst nach Deutschland geht und von dort zurück nach Frankreich.

Telefonieren im Auto

Am Steuer darf auch in Frankreich nur mit Freisprechanlage telefoniert werden!

TRINKGELD

Im Restaurant ist die Bedienung im Peis inbegriffen *(servis compris).* Ein Trinkgeld *(pourboire)* ist zwar nicht unüblich – wird aber andererseits nicht so selbstverständlich erwartet wie in anderen Ländern. Wer keines gibt, der outet sich damit nicht als unhöflicher Trampel – und wer eins gibt (ca. 5–10 % oder ganz wie er es für richtig hält), der drückt damit wirklich noch Anerkennung für den guten Service aus (und gibt nicht nur, weil er sich nicht traut, nicht zu geben!). Meist wird im Restaurant die Rechnung auf einem kleinen Tablett gebracht, auf dem man nach dem Bezahlen auch sein Wechselgeld zurück erhält – und auf dem man dann beim Verlassen des Lokals das Trinkgeld zurücklassen kann. Einheimische bezahlen sogar oft mit einem Scheck – und ohne aufzurunden.

In Cafés, Bars etc. wird Trinkgeld eher noch weniger erwartet – was nicht heißt, dass man sich nicht freut, wenn man doch eins bekommt!

ÜBERNACHTEN

Voilà! Da wären wir bei einem heiklen Thema, an dem sich die Geister scheiden. Wo bleibe ich die Nacht? Für viele Reisemobilisten ist das *die* Frage und oft genug *das* Problem schlechthin. Man hat ja stets sein Hotelzimmer mit Bad, WC und allem Notwendigen mit dabei und ist dafür ausgerüstet, auf jedem schön gelegenen Wanderparkplatz „Landhotel im Grünen“ zu spielen. Manche Wohnmobil-Reisende haben das „Frei-stehen“ gar zum Prinzip erhoben und betrachten es fast als eine Schande, offizielle und damit meist auch kostenpflichtige Stellmöglichkeiten zu nutzen. Andere möchten aus Gründen der Sicherheit oder des Komforts nicht irgendwo auf dem Waldparkplatz stehen, sondern bevorzugen die Annehmlichkeiten und den Schutz eines gut ausgestatteten Campingplatzes. Und wieder andere möchten zwar ebenfalls nicht gern allein im Walde stehen, fühlen sich aber auch nicht als klassische Camper und wollen daher (verständlicherweise!) keine Hotelzimmerpreise bezahlen, nur um für eine Nacht irgendwo zu parken.

Das Schöne: Ihnen allen kann geholfen werden. Die Provence bietet Möglichkeiten für jeden Geschmack. Nur: Etwas Gespür, Respekt und Rücksichtnahme sollte man schon mitbringen!

▲ *Parkplatz mit Blick auf den Lac de Ste.-Croix*

FREI STEHEN

Wildes Campen *(Camping sauvage)* ist zwar auch in Frankreich generell verboten – aber wo man parken darf, da darf man eben auch parken. Oder? Soweit Recht und Gesetz. Doch nun zur Praxis: Vor allem entlang der Küste versucht man, mit Durchfahrtsverboten, 2-m-Schranken und sonstigen Finessen den Reisemobilisten das Leben schwer zu machen. Warum? Nun, vielleicht sind es einfach irgendwann zu viele geworden. Was kann man tun? – Am einfachsten: die Küste meiden. Das Binnenland ist eh viel schöner!

Andererseits: Auch im Hinterland muss man ja nicht alles tun, was man theoretisch darf. Ein bisschen Fingerspitzengefühl und Respekt sollte man schon haben. Sonst werden Sie vielleicht schon nächstes Jahr auch dort genau den gleichen Barrieren begegnen wie an der Küste. Und zu Recht! Wer zu arrogant zu viel beansprucht und zu wenig Rücksicht kennt, der ärgert im Moment einige Anwohner oder einheimische Urlauber – und mittelfristig Tausende von Wohnmobil-Kollegen!

In einigen Regionen wie etwa im Bereich der Verdon-Schlucht hat die „Gegenreaktion“ bereits begonnen. Zum Teil mit etwas unbeholfenen Mitteln wie „Durchfahrtsverbot für Wohnmobile zwischen 18 und 8 Uhr“ (was ja nur bedeutet: Wer vorher reinfährt und nicht rechtzeitig raus, der *muss* drin übernachten!) – aber es hat natürlich keinen Sinn, auf stur zu schalten und mit den Behörden zu streiten. Einige wenige Dickschädel genügen, um nächstes Jahr für alle noch mehr Verbote und noch heftigere Aversionen zu provozieren!

Dabei will ich gar nicht einmal behaupten, dass grundsätzlich und immer die Reisemobilisten selbst schuld sind. An der Küste (bei Salin-de-Giraud, s. S. 175) gibt es (noch!) einen Strand, an dem „wildes Campen“ ausdrücklich erlaubt ist. Aber der Saustall (weniger durch Wohnmobile, die ja Toilette und alles dabei haben, sondern durch Zigtausende von Pkw-Badegästen!) ist dort im Sommer dermaßen grenzenlos, dass man eigentlich hoffen und darum beten müsste, dass dort auch bald Verbote ausgesprochen werden!

Grundsätzlich: Wer frei stehen möchte (für eine Nacht und ohne Camping-Gebaren, versteht sich!), der muss – unabhängig von Gesetzen und Verboten – zusehen, dass er dort nicht stört. Und darauf vertrauen, dass er nicht gestört wird! Außerdem: Was zu ruhigen Zeiten im Frühjahr oder Herbst vielleicht völlig okay ist, kann während der Hauptsaison eine Sünde sein (wenn auf dem gleichen Parkplatz schon ein Dutzend anderer Reisemobile steht!).

Und noch etwas darf man keinesfalls vergessen, wenn man mit dem Freistehen liebäugelt: die **Waldbrandgefahr!** In den heißen und trockenen Wald- und Buschland-Gebieten ist sie sogar ein wesentlicher Grund, warum das freie Stehen verboten wird. Und nicht nur, weil fahrlässige (oder auch nur etwas unachtsame) Touristen zu leicht einen verheerenden Brand auslösen können – sondern nicht zuletzt auch, weil man im frei stehenden Wohnmobil auch durch einen von anderen oder durch Blitzschlag verursachten Brand ernsthaft gefährdet werden kann!

Obwohl ich – je nach Land und Lage – zugegebenermaßen selbst ein Freund von Wanderparkplätzen bin, so meine ich doch, dass in der Provence – zumindest im Juli und August – „freies" (oder vielleicht doch „wildes"?) Stehen nicht guten Gewissens empfohlen werden kann. Und da die Gemeinden sowie andere Anbieter außerdem zunehmend Stellplätze für Reisemobile einrichten, ist man auch wirklich kaum noch darauf angewiesen. Selbst außerhalb der Saison habe ich in den letzten Jahren nur noch selten darauf zurückgegriffen.

In diesem Buch habe ich daher auch ganz bewusst zwar schöne Picknickplätze, aber keine „freien" Stellplätze empfohlen – und nur in Ausnahmefällen einige Parkplätze beschrieben, die zwar nicht offiziell als „Reisemobil-Stellplatz" ausgewiesen sind, auf denen aber nach meinem Eindruck – oder oft sogar nach Auskunft der örtlichen Behörden – das Übernachten im Wohnmobil akzeptiert wird.

WOHNMOBIL-STELLPLÄTZE (AIRES CAMPINGCAR, AIRES DE SERVICE)

Bis vor wenigen Jahren waren sie in Südfrankreich noch unbekannt, bis gestern waren sie nur schwer ausfindig zu machen oder höchstens per Zufall zu entdecken – aber es gibt sie: die Wohnmobil-Stellplätze in der Provence. Und heute halten Sie das umfassendste und aktuellste Verzeichnis in der Hand, das bis dato für die Provence existiert. Es wird Ihnen dabei helfen, jeden Abend einen dieser Plätze ausfindig zu machen – und ihn dann auch mühelos zu finden! – und es bietet die Möglichkeit, vorher schon zu wissen, was Sie dort erwartet, wie ruhig und schön der Platz liegt, wie groß er ist und mit welcher Ausstattung Sie rechnen dürfen.

In der Provence sind es vor allem die Gemeinden, die begriffen haben, dass Reisemobilisten keine Landplage sind, sondern Touristen wie andere auch – und meist sehr zahlungskräftige obendrein. Und wenn diese Reisemobilisten auch keine 20 Euro für das Über-nacht-Parken bezahlen wollen (und keinen Campingplatz brauchen!) – dann werden sie trotzdem gerne im Restaurant essen, die örtlichen Attraktionen besichtigen, Lebensmittel, Wein, Olivenöl und sonstige Souvenirs kaufen und damit dem örtlichen Fremdenverkehr mehr einbringen als so mancher Zeltcamper. Immer mehr Gemeinden richten daher für Reisemobilisten Stellplätze ein, die oft sogar sehr schön und ruhig liegen, meist Ver- und Entsorgungsmöglichkeiten bieten – seltener auch Stromanschluss – und die zudem überwiegend kostenlos sind oder gegen eine wirklich minimale Gebühr genutzt werden können. Es sollte selbstverständlich sein (und ist letztlich im eigenen Interesse!), dass man sich für solche Angebote bedankt, indem man in diesen Gemeinden dann auch einkauft, tankt und zum Essen geht (und nicht in jenen, die sich hinter 2-m-Schranken und Verbotstafeln verbarrikadieren!).

Neben den Gemeinden gibt es auch einige andere Betreiber, die Stellplätze oder Ver-/Entsorgungsmöglichkeiten zu durchaus moderaten und angemessenen Preisen anbieten. Einige Supermärkte haben auf ihrem Parkplatz – meist kostenlose – Stellplätze mit Ver-/ Entsorgung eingerichtet. Und schließlich gibt es auch noch eine ganze Reihe sehr einfacher, aber meist traumhaft ruhig und schön gelegener Plätze bei Bauern und Winzern, die man gegen eine einmalige Jahresgebühr nutzen kann (s. u. „France Passion").

GPS-Koordinaten

Alle GPS-Koordinaten in diesem Buch sind in zwei verschiedenen Formaten angegeben:
1. UTM-Koordinaten, *die sich zunehmend als Standard durchsetzen. Diese Koordinaten können in jedes GPS-Gerät eingegeben werden und sie lassen sich leichter auf eine Papierkarte übertragen. Einige digitale Karten akzeptieren jedoch keine Suche nach UTM-Koordinaten, sondern nur nach Länge und Breite.*
Beachten Sie, dass bei der Schreibweise der UTM-Koordinaten in diesem Buch beim Rechtswert (mE) die erste Null beibehalten wurde (z. B. 31 T ***0****670414mE 4913878mN), während sie in der üblichen Schreibweise meist weggelassen wird (31 T 670414 4913878). Wir haben sie beibehalten, da GPS-Geräte bei der Eingabe von UTM-Koordinaten oft die Eingabe dieser Null verlangen.*
2. Geografische Koordinaten *(Länge/Breite; Lat./Lon.) in Dezimalgrad (hddd,ddddd), also z. B. 44,35816°N 5,13844°O. Diese zusätzliche Angabe schien uns deshalb erforderlich, weil eini ge ditigale Karten, die auf dem Computer (bzw. unterwegs auf dem Notebook) verwendet werden können, keine Such-Eingaben in UTM-Koordinaten, sondern nur in Länge/Breite akzeptieren.*
Diese hier angegebenen geografischen Koordinaten sind in aller Regel eine einfache Umrechnung der von uns vor Ort ermittelten UTM-Koordinaten und bezeichnen daher genau den gleichen Punkt.
Kartendatum *ist grundsätzlich WGS84.*

Nutzung der GPS-Koordinaten:
Wer ein GPS-Gerät oder Navigationssystem benutzt, das Wegpunkt-Eingaben akzeptiert, der kann sich von diesem Gerät direkt zu den jeweiligen Punkten führen lassen. Praktisch alle GPS-Handgeräte bieten diese Möglichkeit, während die Navigationssysteme leider oft nur Eingaben von Adressen akzeptieren – und Park- oder Stellplätze haben nun einmal nicht immer eine Adresse.
Sehr hilfreich kann es jedoch sein, wenn Sie bereits bei der Reisevorbereitung (oder sogar unterwegs per Notebook) mit einer digitalen Karte arbeiten. Dann brauchen Sie für einen gesuchten Punkt nur die Koordinaten einzugeben, damit das Programm Ihnen diesen Punkt (z. B. Stellplatz) genau auf der Karte anzeigt. Ggf. können Sie sich dann den entsprechenden Kartenausschnitt ausdrucken lassen und auf die Reise mitnehmen.

Alle diese Plätze haben wir im vorliegenden Buch so vollständig und umfassend als möglich aufgelistet und dargestellt. Die allermeisten davon (außer jenen, von denen wir zu spät erfahren haben) haben wir selbst besucht, um sie beurteilen, um die genaue Anfahrt beschreiben und um exakte **GPS-Koordinaten** vor Ort ermitteln zu können.

Unsere Bitte

Da das Stellplatzangebot ständig wächst und sich verändert, bitten wir Sie, uns Ihre Entdeckungen und Erfahrungen mitzuteilen. Je detaillierter die Informationen dazu sind, desto besser. Ihre Informationen werden in die nächste Auflage dieses Buches aufgenommen und kommen so allen Wohnmobil-Reisenden nach Ihnen zugute! Für Ihre Hilfe bereits hier und heute herzlichen Dank! Bitte schreiben Sie an: info@reise-know-how.de bzw. Reise Know-How Verlag, Postfach 140666, 33626 Bielefeld.

Koordinaten im Internet

Unter www.reise-know-how.de finden Sie auf der jeweiligen Buchtitelseite alle Stellplatzkoordinaten zum Download auf den PC. Von dort können Sie die gesamte Liste per Datenkabel auf Ihr GPS-Gerät übertragen und ersparen sich die mühsame Eingabe per Tastatur. Zudem rechnet das Gerät die Koordinaten automatisch in das richtige Format um!

FRANCE PASSION: ÜBERNACHTEN BEI WINZERN UND BAUERN

France Passion ist eine Organisation, die Wohnmobilisten die einzigartige Möglichkeit bietet, bei derzeit 720 verschiedenen Winzern und Bauern in ganz Frankreich zu übernachten. Ein fantastisches Angebot – nicht nur für Naturfreunde, Weinkenner und Feinschmecker, die gern inmitten von Weinbergen und den typischen Landschaften Frankreichs Station machen. Denn erstens zeichnen sich diese Plätze meist durch eine traumhaft schöne und ruhige Lage aus und zweitens bieten sie oft hervorragende Möglichkeiten, Honig, Obst, Wein, verschiedene Käsesorten oder Olivenprodukte direkt beim Erzeuger einzukaufen und dabei zugleich viel Interessantes über diese Produkte und ihre Herstellung zu erfahren und nette Leute kennen zu lernen. Manche bieten auch verschiedene Aktivitäten an, wie z. B. Feldarbeit mit Pferden, Kunstkristallherstellung, Angeln, Fahrten im Heißluftballon, Ausritte auf Eseln oder Kanufahrten.

Das Prinzip ist einfach: Sie sind eingeladen, mit Ihrem Wohnmobil eine Nacht oder bis zu 24 Stunden kostenlos auf den gekennzeichneten Grundstücken Station zu machen, ohne dass eine Reservierung erforderlich ist. Alle Anbieter sind in einem jährlich erscheinenden Verzeichnis, dem „Carnet des Invitations“ (Einladungsverzeichnis) aufgeführt.

Einzige Bedingung, um dieses Netz an Stellplätzen zu nutzen: Sie brauchen nur das von France Passion herausgegebene, mehrsprachige Einladungsverzeichnis zu bestellen, das jedes Jahr ab März zum Preis von derzeit 27 € verkauft wird. Zusammen mit diesem Buch, das Sie von France Passion (s. u.) oder über die Zeitschrift Reisemobil International (DoldeMedien Verlag GmbH, Postwiesenstr. 5A, 70327 Stuttgart, Tel. 0711 134660, info@dolde.de) bestellen können, erhalten Sie dann Ihre Einladungskarte, die jeweils ein Jahr lang von Ostern bis Ostern gültig ist, sowie eine Aufklebe-Vignette für Ihr Wohnmobil. Sie verpflichten sich, die Plätze nur während der Gültigkeitsdauer zu nutzen. France Passion weist darauf hin, dass die Einladungskarte und die Vignette im Namen der Landwirte kostenlos angeboten wird; nur für das Einladungsverzeichnis, ein Verlagsprodukt, wird eine Gebühr von 27 € erhoben. Der Kaufpreis für das „Carnet des Invitations" ist die einzige Ausgabe, die Sie haben, um ein Jahr in den Genuss des Angebots zu kommen.

Nähere Informationen:

FRANCE PASSION,
BP 57, 84202 Carpentras Cedex,
Fax +33 (0) 490604869,
info@france-passion.com,
www.france-passion.com

Die Einladungskarte: Das ist die eigentliche Einladung. Sie ist auf den Inhaber ausgestellt, um dessen Status als persönlicher Gast zu unterstreichen. Die kostenlose Einladungskarte erhalten nur Urlauber, die einen entsprechenden schriftlichen Antrag gestellt haben. Jeder Antrag wird von France Passion registriert und jede Karte hat eine Erkennungsnummer, mit deren Hilfe derjenige, der die Gäste auf seinem Gelände aufnimmt, gegebenenfalls Namen und Anschrift der Personen erhalten kann, die sich bei ihm aufhalten bzw. aufgehalten haben. Mit der Karte, die kein Verfallsdatum hat, erhält man aber nur Zugang zu Stellplätzen auf den im Carnet des Invitations für das laufende Jahr ausgewiesenen Grundstücken.

Die Fahrzeugvignette: An ihr kann der Grundstückseigentümer diskret erkennen, ob es sich bei dem Fahrzeug tatsächlich um das des Gastes handelt. Wie das Einladungsverzeichnis gilt auch die Fahrzeugvignette nur für ein Jahr. Sie wird, wie die Einladungskarte, kostenlos ausgestellt.

Die meisten der France-Passion-Plätze im Bereich der Provence sind auch in diesem Buch beschrieben und mit dem FP-Logo gekennzeichnet. Um Ihnen zusätzliche Mühe zu ersparen und das Auffinden der nicht immer gut beschilderten Plätze zu erleichtern, haben wir auch die Anfahrt beschrieben und teilweise die GPS-Koordinaten angegeben. Bitte fassen Sie dies *nicht* als Einladung dazu auf, diese Plätze ohne Vignette zu nutzen. Im Gegenteil: Wir betonen ausdrücklich, dass diese Plätze nur mit gültiger Einladung und Vignette genutzt werden dürfen! Es wäre mehr als schändlich, wegen 27 € Jahresbeitrag diese lobenswerte Idee zu torpedieren. Wer sich so unsolidarisch verhält, der schadet allen anderen Reisemobilisten – und letztlich auch sich selbst! Er muss sich dann nicht wundern, wenn er zukünftig wieder nur die Wahl hat, etwa den gleichen Betrag für *eine* Nacht(!) auf einem Campingplatz zu bezahlen – oder sich auf einem düsteren Parkplatz am Ortsrand mit Steinen bewerfen zu lassen.

◀ *Camping „Rose de Provence" bei Riez – in der Vorsaison hat man keine Platzprobleme*

120pr Abb.: rh

CAMPING

Frankreich ist zumindest eines der klassischen – wenn nicht gar *das* klassische – Campingland. Campingplätze gibt es buchstäblich überall – sei es an der Küste, auf dem Land oder in den Bergen. Allein in der Region Provence – Alpes – Côte d'Azur hat man die Auswahl zwischen nahezu 1000 Plätzen!

Die Frage ist hier eher, ob man einen will oder braucht. Denn (besonders entlang der Küste!) können sie mit Preisen von 20 und 25 Euro pro Nacht schon unverschämt teuer sein – vor allem für jemand, der eigentlich nur einen Parkplatz braucht und vielleicht noch hie und da einmal einen Anschluss an die Kanalisation. Da andererseits das Netz der Wohnmobil-Stellplätze und Entsorgungsstationen von Jahr zu Jahr besser wird, ist man immer weniger auf teure Camping-(park-)plätze angewiesen. Das haben auch einige der fortschrittlichen Campingplatz-Betreiber gemerkt – und bieten nun speziell für Reisemobilisten verbilligte Übernacht-Parkmöglichkeiten außer- oder innerhalb ihres Platzes sowie Ver-/Entsorgungsmöglichkeiten für Durchreisende gegen eine Pauschalgebühr.

Die französischen Campingplätze sind – ähnlich den Hotels – mit Sternchen in vier **Komfort-Kategorien** unterteilt. Beachten Sie, dass diese Kategorien sich rein am Standard der Ausstattung orientieren. Das sagt in der Regel etwas über den Preis aus (je mehr Sterne desto teurer) – aber nichts über Lage, Atmosphäre, Umgebung, Landschaft etc. Reisemobilisten kann daher mit einem einfachen und billigen, aber ruhigen, schattigen und schön gelegenen Ein-Sterne-Platz besser gedient sein als mit einem teuren 4-Sterne-Luxus-Platz, dessen Super-Sanitäranlagen sie gar nicht brauchen und dessen lärmige Animation sie vielleicht gar nicht wollen. Für den Fall, dass man einmal keinen Wohnmobil-Stellplatz findet oder (was im Sommer wahr-

Komfort-Kategorien

★
Einfache, unbewachte Plätze mit minimaler Sanitäranlage (gewöhnlich nur Kaltwasser)

★★
Gute Plätze mit erschlossenem und meist parzelliertem Areal sowie Warmwasserduschen, Waschbecken und Steckdosen

★★★
Komfortable Plätze mit guten Sanitäranlagen, Bewachung, Stromanschlüssen für Wohnmobile, kleinem Laden, Spielplatz und oft auch bereits Pool und/oder Tennisplatz

★★★★
Luxus-Plätze mit tadellosen Sanitäranlagen, Swimmingpool und sonstigen Sporteinrichtungen und Freizeitangeboten

› Routenübersicht Seite 10

scheinlicher ist) dass es dort keinen freien Platz mehr gibt, dann kann daher ein **Camping Municipal** (städtischer Campingplatz) eine sehr gute Alternative sein. Solche Plätze bieten sehr viele Städte in Frankreich (auch kleinere Städte), sie sind meist relativ einfach ausgestattet, preiswert - und zudem oft auch noch ganz nett gelegen. Oder man steuert einen einfachen **Camping à la Ferme** (Camping auf dem Bauernhof) an, von denen es allein in der Region Provence - Alpes - Côte d'Azur immerhin auch über 160 Stück gibt. Sie finden diese Plätze gut aufgelistet, beschrieben und nach verschiedenen Kriterien sortierbar auf der Website von **Camping France** (www.campingfrance.com), wo Sie auch online ein gedrucktes Verzeichnis bestellen können.

Im vorliegenden Buch sind einige Campingplätze angegeben, insbesondere in der Nähe größerer Städte als Basis für Stadtbesichtigungen oder wenn sonst kein geeigneter Stellplatz in der Nähe ist - aber ausdrücklich: ohne Anspruch auf Vollständigkeit! Sonst müssten wir einen Campingplatz-Führer machen - und da gibt es schon ganz gute Verzeichnisse, mit denen wir hier weder konkurrieren wollen noch können. Wer überwiegend auf Campingplätzen übernachten will, der sollte sich daher zusätzlich einen dieser Führer anschaffen.

OFFENES FEUER

054pr Abb.: rh

Die Wälder und Macchia-Hänge der Provence sind im Sommer von der Sonne durchglüht, knochentrocken und höchst feuergefährdet! Offenes Feuer jeglicher Art(!) ist in dieser Zeit **strengstens verboten.** Die Einheimischen dürfen zu bestimmten Zeiten selbst im eigenen Garten nicht mehr grillen. Trotzdem kommt es immer wieder zu schweren Waldbränden, die nicht nur die Natur, die Felder und ganze Ortsteile gefährden, sondern auch Reisemobilisten, die irgendwo frei im Walde übernachten. Auslöser kann schon eine Zigarettenkippe sein oder das Glas einer achtlos weggeworfenen Flasche. Deshalb: Niemals offene Lagerfeuer anzünden - und auch mit Kerzenromantik, Gaslaternen, Zigaretten und dergleichen höchste Vorsicht walten lassen! Grillen und ähnliche Aktivitäten sind ausschließlich an speziell dafür angelegten Feuerstellen erlaubt.

VERKEHRSREGELN

Frankreich ist längst nicht mehr das Land des „Laisser-faire" im Straßenverkehr, wo jeder machen kann, was und wie er will. Für Kraftfahrzeuge gibt es seit Jahren eine „Contrôle technique", die eher strenger ist als unser TÜV, es gibt längst eine Promillegrenze von 0,5 ‰, es gibt mehr Geschwindigkeitsbeschränkungen als bei uns - und vor allem: Es gibt häufige und strenge Kontrollen!

Nachdem man gemerkt hat, dass man durch **rigorose Alkoholkontrollen** die Zahl der Unfallopfer erheblich reduzieren konnte, hält man an diesen Maßnahmen fest und dehnt sie auch auf Temposünder aus. Meist wird man vor Kontrollen vom Gegenverkehr durch Lichthupe gewarnt; aber als verantwortungsbewusster Reisemobilist fährt man auch so nie zu schnell – und nüchtern natürlich sowieso. Für den Fall, dass Sie in eine Routinekontrolle (oft im oder vor/nach dem Kreisverkehr) geraten, sollten Sie die Fahrzeugpapiere und den Versicherungsnachweis (grüne Karte!) bereithalten.

Die französischen Verkehrsregeln und Schilder sind weitgehend mit den deutschen identisch. Es gibt aber auch ein paar **abweichende Regelungen:**

- **Höchstgeschwindigkeit für Wohnmobile bis 3,5 t:** innerorts 50 km/h, außerorts 90 km/h, Autobahn 110 km/h
- **Höchstgeschwindigkeit für Wohnmobile über 3,5 t:** innerorts 50 km/h, außerorts und Schnellstraße 80 km/h, Autobahn 110 km/h
- **Bei Regen** gilt auf allen Autobahnen ein Tempolimit von 110 km/h, auf der Landstraße von 80 km/h.
- **Führerschein-Neulinge** dürfen im ersten Jahr nirgends schneller als 90 km/h fahren.
- Die **Promillegrenze** liegt bei 0,5 ‰.
- Tempo- und Promillesündern drohen saftige **Geldbußen!** Meist fährt man erst weiter, nachdem man bezahlt hat. Und selbst falls man nur ein „Knöllchen“ bekommt: Nach dem seit einigen Jahren gültigen Abkommen zwischen Frankreich, Deutschland und Österreich kann man nun auch im Heimatland noch zur Bußgeldzahlung herangezogen werden.
- Im Bereich **gelb markierter Bordsteine** gilt strenges Parkverbot.
- **Blaue Zonen** oder der **Hinweis „Payant“** bedeuten, dass man eine Parkscheibe *(disque)* braucht bzw. gebührenpflichtig parkt.
- Für alle Fahrzeug-Insassen gilt **Gurtpflicht.** Kinder bis zu 10 Jahren dürfen nicht vorne sitzen.

Und noch einige „kleine Unterschiede“, die sich trotz Europäisierung, Globalisierung und Normierung bislang gehalten haben:

- **Bodenwellen** werden in Städten gerne an besonders kritischen Stellen (vor Schulen, in Wohngebieten etc.) dazu verwendet, dass Autofahrer das Tempo reduzieren. Meist weisen Schilder darauf hin, aber leicht ist eines übersehen – und der nachfolgende Donnerschlag kann im Wohnmobil etliches Geschirr zerdeppern, wenn nicht gar Schäden am Fahrgestell verursachen!
- **Kreisverkehr:** Man sollte es nicht glauben, aber im Lande des Kreisverkehrs verstehen es die Autofahrer eher noch weniger als bei uns, mit dem *rond point* oder *giratoire* umzugehen. Beim Einfahren wird eifrig geblinkt (wahlweise links oder rechts!) – und beim Ausfahren bevorzugt gar nicht. Das kann nerven – ändert

aber nichts daran, dass gewöhnlich der Kreisverkehr Vorfahrt hat. Aber Achtung: Ohne Hinweisschilder gilt stets rechts vor links! Das kann (vor allem in Ortschaften) manche Einmündung von rechts zur wahren Falle machen.

- **Ampeln:** Vielleicht werden Sie feststellen, dass für Franzosen eine rote Ampel nicht gar so sakrosankt ist wie bei uns. Vor allem nachts oder wenn's zu lange dauert lässt man dann eher Pragmatismus walten. Nicht unbedingt zur Nachahmung empfohlen! Andererseits scheint man es, wenn die Ampel denn auf „grün“ springt, mit dem Anfahren nicht immer gar so eilig zu haben. Man legt gemütlich einen Gang ein, überlegt vielleicht erst noch ein Weilchen welcher es denn sein soll, etc. etc. – Aber Sie haben es ja hoffentlich auch nicht so eilig ...
- **Zebrastreifen:** Besonders wenn Sie zu Fuß unterwegs sind, müssen Sie wissen, dass der Zebrastreifen für französische Autofahrer keine oder allenfalls eine „Man-kann“-Bedeutung hat. Einheimische Fußgänger sind damit aufgewachsen und blicken eher fragend bis verwirrt, wenn Autofahrer ihnen am Zebrastreifen den Vortritt lassen.
- **Überholspur:** Das Angenehme an den Nationalstraßen: Oft gibt es alle paar Kilometer eine Überholspur, die einige hundert Meter oder einige Kilometer lang sein kann und die es meist auch trägen Wohnmobilen gestattet, ohne Risiko ein noch langsameres Fahrzeug zu überholen. Das Unangenehme daran: Manche Franzosen scheinen einen Sport daraus zu machen, erst wirklich im allerletzten Moment zu überholen, wenn diese Spur schon endet. Behalten Sie den Außenspiegel im Auge!
- **Autobahnausfahrten:** Der gleiche Sport wird gerne auch an Autobahnausfahrten ausgeübt: Mit Vollgas links überholen, hart vor der Stoßstange des Überholten nach rechts reißen und unmittelbar vor dem Grünstreifen doch noch die Ausfahrt erwischen! – Joi!!
- **Beulen und Kratzer** scheinen bei gallischen Chauffeuren zum guten Ton zu gehören – so wie einst Kampf- oder Jagdnarben. Selten sieht man ein Fahrzeug ganz ohne, und nie habe ich erlebt, dass ein Franzose sich viel daraus gemacht hätte – weder wenn er die Blessur einstecken musste, noch wenn er sie verursacht hat.

Doch bei all diesen (wohlgemeinten) kleinen Sticheleien habe ich die Franzosen generell als vernünftigere und angepasstere Fahrer kennen gelernt als meine Landsleute. Ausnahmen bestätigen die Regel!

Wichtige Verkehrsschild-Beschriftungen

Accès interdit	*Zufahrt verboten*
Allumez vos phares	*Licht einschalten*
Autres directiones	*Andere/sonstige Richtungen*
Chaussée déformé	*Straßenschäden*
Chaussée inondée	*Überschwemmte Straße*
Déviation	*Umleitung*
Péage	*Mautstelle, -strecke*
Poids lourd	*(Schwergewicht) = Lastwagen*
Rallentir	*Langsam fahren*
Rappel	*Achtung! Beachten!*
Route barré	*Gesperrt*
Route interdite	*Gesperrte Straße*
Sans issue	*Sackgasse*
Sense unique	*Einbahnstraße*
Serrez droit	*Rechts fahren*
Stationement interdit	*Parken verboten*
Travaux	*Baustelle*
Toutes directiones	*Alle Richtungen*

VER- UND ENTSORGUNG

055pr Abb.: rh

Bis vor wenigen Jahren waren es auch in der Provence fast ausschließlich Campingplätze, die eine mehr oder weniger geregelte Entsorgung für Wohnmobile anboten. Und selbst dort wurde oft alles einfach ins Klo gekippt – ohne dass man so recht wusste, wohin es dann floss.

Heute haben sich die allermeisten Campingplätze gut oder sehr gut auf die speziellen Bedürfnisse der Wohnmobil-Reisenden eingestellt und moderne Ver- und Entsorgungsanlagen geschaffen. Zusätzlich zu den Campingplätzen sind in den letzten Jahren mehr und mehr spezielle Wohnmobil-Stellplätze entstanden, die in den meisten Fällen ebenfalls fachgerechte Ver- und Entsorgungsmöglichkeiten bieten. Überwiegend sind es Gemeinden, die erkannt haben, dass Reisemobile heute ein wesentlicher Bestandteil des Tourismus sind, aber auch manche Supermärkte, Privatleute, Hafenmeistereien, Kooperativen oder Wohnmobilhändler haben Ver-/Entsorgungsstationen eingerichtet. Oft bieten auch Campingplätze Durchreisenden die Möglichkeit, gegen eine pauschale Gebühr innerhalb ihres Platzes zu entsorgen; und manchmal haben sie zu diesem Zweck sogar vor dem Eingang eine Ver-/Entsorgungsstation geschaffen.

Niemals und auf keinen Fall!

Auch wenn man es leider noch immer erlebt, dass verantwortungslose Wohnmobilbesitzer ihr stinkendes Schmutzwasser einfach dort ablassen, wo sie stehen („ist ja bloß Wasser"), oder dass sie gar den Inhalt ihrer Toilette kurzerhand in die Büsche kippen oder bestenfalls vergraben: Das ist schlicht eine Sauerei und dazu verboten! Und nicht zuletzt sind es diese wenigen „schwarzen Schafe" (bzw. Ferkel!), die dadurch die ganze „Zunft" in Verruf bringen – und denen wir dann Verbote, Absperrungen und Anfeindungen zu verdanken haben.

Grundregel eines jeden Wohnmobilreisenden muss die strikte Einhaltung einer sachgerechten Ver- und Entsorgung sein. Und falls Sie einen anderen Reisemobilisten bei dergleichen Ferkeleien beobachten sollten, so nehmen Sie sich ein Herz und sprechen ihn darauf an. Es ist in unser aller Interesse!

Inzwischen ist das Angebot an Ver-/Entsorgungsstationen in der Provence (wenngleich noch ausbaufähig) in den meisten Gegenden so gut, dass man mithilfe der hier zusammengestellten Informationen und bei etwas Vorausplanung und Umsicht stets eine Möglichkeit für ordnungsgemäße Entsorgung finden müsste. Die Ausrede „Notfall" gilt nicht mehr.

› Routenübersicht Seite 10

Literaturtipp

„Clever reisen mit dem Wohnmobil" von Rainer Höh, Reise Know-How Verlag. Der Praxis-Ratgeber für unbeschwerte Wohnmobil-Reisen, u. a. mit Hinweisen zu Ausstattung und Zubehör sowie Tricks, um das Wasserfassen und Entsorgen zu erleichtern.

Einrichtungen gibt es also eine ganze Menge – und es werden jährlich mehr. Das Problem: Oft weiß keiner so recht, wo diese Plätze und Stationen zu finden sind. Zwar gibt es einige Infos im Internet, gelegentlich eine Hinweistafel am Straßenrand und auch die eine oder andere (nicht sehr vollständige und offenbar selten überprüfte) Liste französischer Reisemobil-Zeitschriften, die zudem für Nicht-Franzosen etwas schwer zu nutzen ist, da die Plätze nach Département-Nummern sortiert sind. Aber letztlich war man bisher doch meist auf Tipps anderer Reisemobilisten, auf den Genossen Zufall und auf eine gute Portion Glück angewiesen. Oft hat man Stunden seines Urlaubs mit mühsamer und nerviger Sucherei vertan – und mancher hat gar zu unsachgemäßen bis sträflichen Methoden der Entsorgung gegriffen, durch die dann wiederum alle Reisemobilisten pauschal in Verruf geraten sind.

Deshalb haben wir uns bemüht, in diesem Buch möglichst umfassend, vollständig und detailliert alle Ver- und Entsorgungsmöglichkeiten für den Provence-Reisenden zu erfassen – und in den jeweiligen Tourenbeschreibungen sowie in den dazu gehörenden Tourenplänen zu vermerken.

Unsere Bitte

Auch wenn dieses Buch sicher die momentan vollständigste und aktuellste Liste von Ver-/Entsorgungsstationen in der Provence enthält – den einen oder anderen haben wir doch übersehen, es kommen immer wieder neue hinzu oder bestehende werden defekt und nicht mehr repariert. Damit wir Ihnen und anderen Provence-Reisenden auch in Zukunft eine möglichst vollständige Liste auf dem aktuellsten Stand bieten können, bitten wir Sie, uns alle Stationen, Stellplätze oder sonstige Stellen mitzuteilen, an denen Wohnmobile geregelt entsorgen können. Je genauer Ihre Informationen sind, desto besser. Vielen Dank!

056pr Abb.: rh

▶ *Wer solche idyllischen Stellplätze in freier Natur auch in Zukunft noch nutzen möchte, sollte sie immer sauber verlassen*

ZOLL

Seit 1993 dürfen innerhalb der EU legale Waren für den privaten Gebrauch uneingeschränkt ein- und ausgeführt werden. Das ist wunderbar, besonders für Wohnmobilreisende, die ja herrlich viel Stauraum zur Verfügung haben, den sie vor der Rückfahrt mit provenzalischen Köstlichkeiten wie Wein, Käse, Olivenöl und dergleichen voll packen können.

Als **privater Verbrauch** werden 800 Zigaretten, 1 kg Tabak, 10 l Spirituosen und 90 l Wein angesehen. Größere Mengen sind bei eventuellen Kontrollen als Privatverbrauch glaubhaft zu machen.

Nicht-EU-Bürger wie z. B. Schweizer Staatsbürger dürfen nur 200 Zigaretten, 250 g Tabak, 1 l Spirituosen und 10 l Wein zollfrei einführen.

Weitere Infos

Deutschland:
www.zoll.de oder
Tel. 069-46997600

Österreich:
www.bmf.gv.at oder
Tel. 04242-33233

Schweiz:
www.zoll.admin.ch oder
Tel. 061-2871111

Frankreich:
Tel. 01 42 60 35 90

Die Baronnies, jene sonnigen Hügel und fruchtbaren Täler nördlich des Mont Ventoux, werden in der üblichen Provence-Reiseliteratur entweder gar nicht erst erwähnt oder allenfalls ganz knapp gestreift. Daher trifft man hier selbst im Sommer weit weniger ausländische Touristen als in der „eigentlichen“ Provence. Bei den Insidern hingegen, den Franzosen selbst, ist diese Region durchaus gefragt, denn sie kennen und schätzen ihre Vorzüge.

Dem Genießer bietet dieses Land des Lavendels und der Lindenblüten, der Weinberge und der Aprikosenhaine eine harmonische Mischung aus gepflegter Tradition und überlegtem Fortschritt. Sie sind kein touristisches Neuland, aber eine Region mit viel Raum für Entdeckungen. Kein eingeölter Teutonengrill, aber auch nicht kulturüberfrachtet. Und obendrein sind die Baronnies gesegnet mit reicher Natur, schlichter Schönheit und einer Vielfalt kulinarischer Köstlichkeiten.

031pr Abb.: rh

ROUTE 1

Die Baronnies:

LAVENDELDUFT UND LINDENBLÜTEN IN DER DRÔME PROVENÇALE

› Landkarte Seite 54

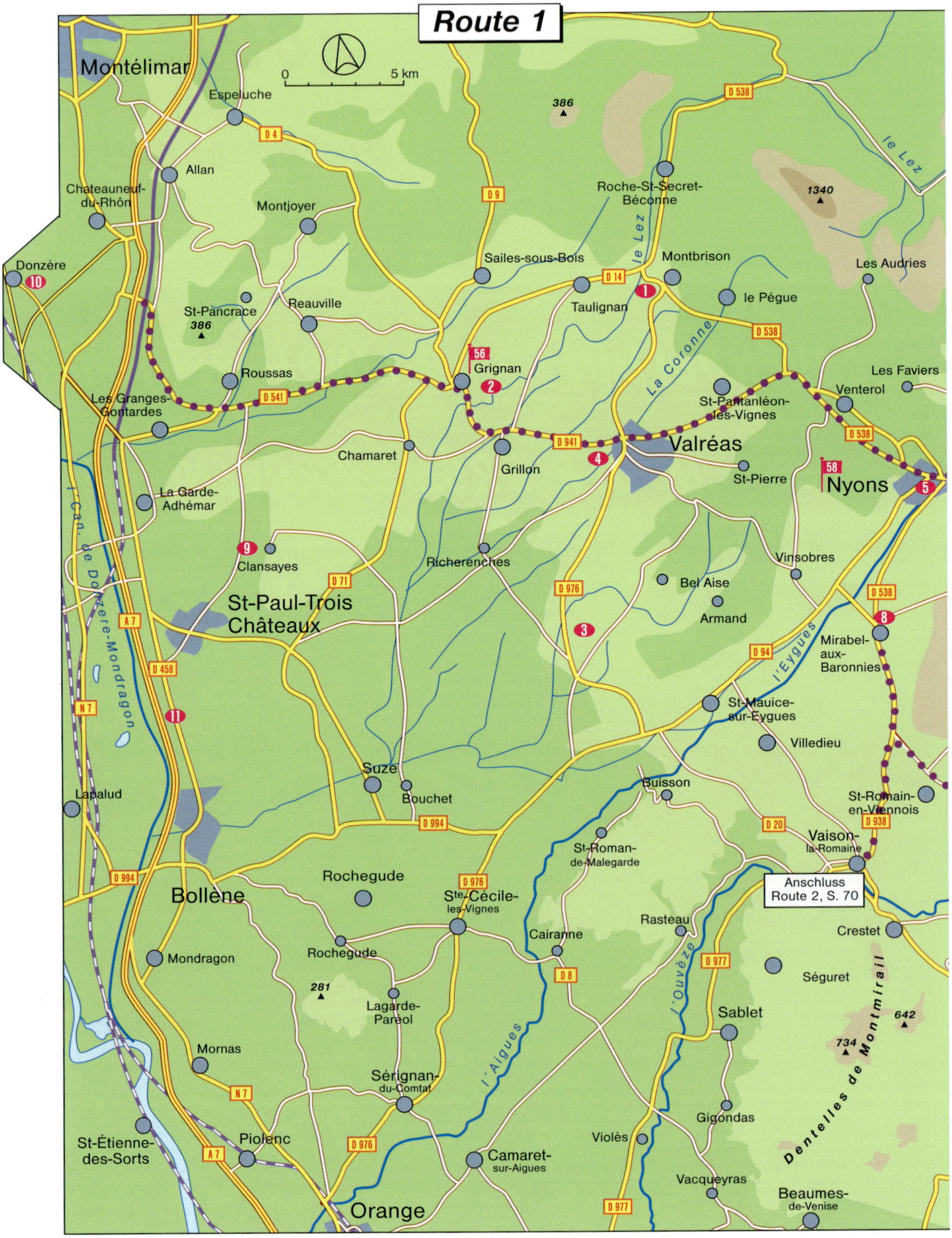
Route 1
0
5 km
Montélimar
Espeluche
D 4
Allan
Chateauneuf-du-Rhôn
Montjoyer
D 9
386
Roche-St-Secret-Béconne
D 538
le Lez
1340
Donzère
10
St-Pancrace
386
Reauville
Sailes-sous-Bois
Taulignan
D 14
1
le Lez
Montbrison
le Pégue
Les Audries
Roussas
D 541
56
Grignan
2
La Coronne
D 538
Les Faviers
Venterol
Les Granges-Gontardes
St-Pantanléon-les-Vignes
Chamaret
Grillon
D 941
4
Valréas
D 538
St-Pierre
58
Nyons
5
La Garde-Adhémar
l'Can. de Donzère-Mondragon
9
Clansayes
Richerenches
Vinsobres
D 71
D 976
Bel Aise
D 538
Armand
8
St-Paul-Trois Châteaux
A 7
3
D 94
Mirabel-aux-Baronnies
D 458
l'Eygues
N 7
11
St-Mauice-sur-Eygues
Villedieu
Suze
Bouchet
Buisson
Lapalud
St-Romain-en-Viennois
D 994
D 938
D 20
St-Roman-de-Malegarde
Vaison-la-Romaine
D 994
Rochegude
D 976
Anschluss Route 2, S. 70
Bollène
Ste-Cécile-les-Vignes
Rasteau
Crestet
Mondragon
Rochegude
Cairanne
D 977
D 8
Séguret
281
Lagarde-Pareol
l'Ouvèze
Sablet
642
734
Dentelles de Montmirail
l'Aigues
Mornas
Sérignan-du-Comtat
N 7
Gigondas
St-Étienne-des-Sorts
Piolenc
A 7
D 976
Violès
Camaret-sur-Aigues
Vacqueyras
Beaumes-de-Venise
Orange
D 977

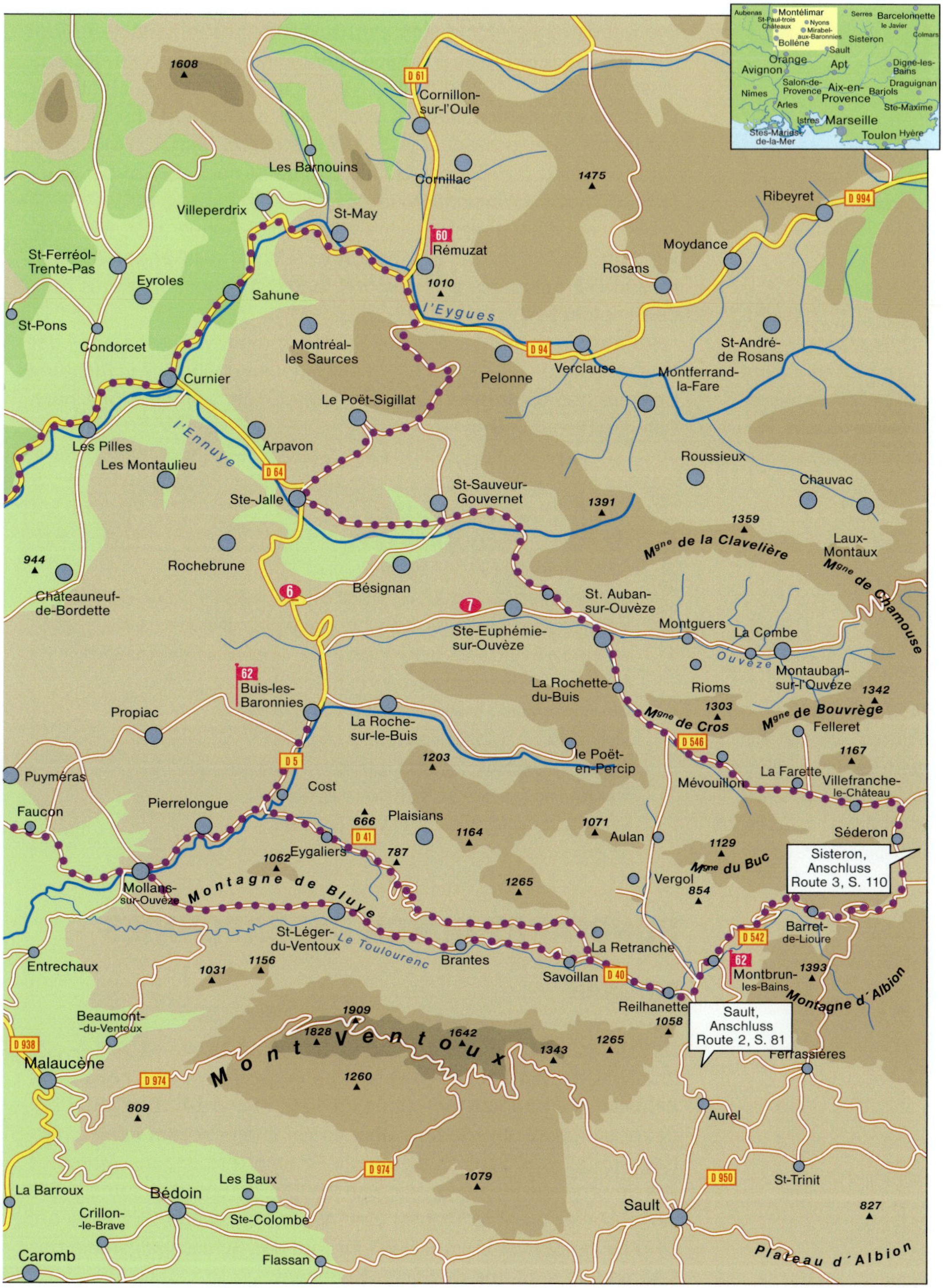

Cornillon-sur-l'Oule
D 61
Les Barnouins
Cornillac
1608
1475
Villeperdrix
St-May
Rémuzat
60
Ribeyret
D 994
Moydance
Rosans
St-Ferréol-Trente-Pas
Eyroles
Sahune
1010
l'Eygues
St-Pons
Condorcet
Montréal-les Saurces
D 94
Verclause
Pelonne
St-André-de Rosans
Montferrand-la-Fare
Curnier
Le Poët-Sigillat
l'Ennuye
Les Pilles
Arpavon
Les Montaulieu
D 64
Roussieux
Chauvac
St-Sauveur-Gouvernet
Ste-Jalle
1391
1359
Mgne de la Clavelière
Rochebrune
Laux-Montaux
Mgne de Chamouse
944
Châteauneuf-de-Bordette
Bésignan
6
St. Auban-sur-Ouvèze
7
Ste-Euphémie-sur-Ouvèze
Montguers
La Combe
Ouvèze
Montauban-sur-l'Ouvèze
62
Buis-les-Baronnies
La Rochette-du-Buis
Rioms
1342
1303
Mgne de Cros
Mgne de Bouvrège
Propiac
La Roche-sur-le-Buis
Felleret
D 546
le Poët-en-Percip
1167
Puyméras
D 5
1203
La Farette
Mévouillon
Villefranche-le-Château
Cost
Faucon
Pierrelongue
666
Plaisians
Séderon
1071
D 41
1164
Aulan
1129
Eygaliers
787
Mgne du Buc
1062
Sisteron, Anschluss Route 3, S. 110
Mollans-sur-Ouvèze
Montagne de Bluye
1265
Vergol
854
St-Léger-du-Ventoux
Barret-de-Lioure
Le Toulourenc
La Retranche
D 542
Entrechaux
Brantes
62
1031
1156
Savoillan
D 40
Montbrun-les-Bains
1393
Montagne d'Albion
Reilhanette
Beaumont-du-Ventoux
1909
Sault, Anschluss Route 2, S. 81
1058
1828
1642
D 938
Mont Ventoux
1343
1265
Ferrassières
Malaucène
D 974
1260
809
Aurel
D 974
1079
D 950
St-Trinit
La Barroux
Les Baux
Bédoin
Sault
827
Crillon-le-Brave
Ste-Colombe
Caromb
Flassan
Plateau d'Albion
Aubenas
Montélimar
St-Paul-trois Châteaux
Nyons
Mirabel-aux-Baronnies
Bollène
Serres
Barcelonnette
le Javier
Colmars
Sisteron
Sault
Orange
Avignon
Apt
Digne-les-Bains
Nîmes
Salon-de-Provence
Aix-en-Provence
Barjols
Draguignan
Arles
Ste-Maxime
Istres
Marseille
Stes-Maries-de-la-Mer
Toulon
Hyère

ROUTENÜBERSICHT

Distanz: ca. 182 km
Dauer: 1 bis 2 Tage

Die Rundstrecke eignet sich als „Ouvertüre" für eine längere Provence-Reise und bietet in Vaison-la-Romaine Anschluss an die Vaucluse-Tour (s. S. 67). Von Séderon aus kann man aber auch auf der D 946 nach Sisteron gelangen (ca. 38 km) und hat dort Anschluss an die Tour 3 „Hochprovence" (s. S. 105) oder man fährt von Montbrun via D 542 und D 942 nach Süden und stößt nach 12 km bei Sault (s. S. 81) auf die Vaucluse-Route.

Und nicht zuletzt eignet sich die Baronnies-Runde auch hervorragend für alle, die auf der Hin- oder Rückreise zu völlig anderen Zielen im Süden Frankreichs ein oder zwei Tage Zeit haben, um etwas Neues zu entdecken.

Anfahrt: Wer auf der A 7 von Norden kommt, verlässt sie bei der Ausfahrt Nr. 18, folgt zunächst westlich der Autobahn N 7 in Richtung Donzère und biegt beim nächsten Kreisverkehr auf die D 541 nach Osten in Richtung Grignan.

Rastplatz

Direkt am Kreisverkehr rechts befindet sich die **Aire de Repos de Donzère,** die aber weder besonders schön noch ruhig liegt.

Stellplatz

Les Granges-Gontardes: Weingut „Dôme d'Elyssas"

FRANCE PASSION

Schöner privater Platz auf einem Weingut.
Lage/Anfahrt: Von der N 7 kommend am Kreisverkehr von Donzère die D 541 in Richtung Les Granges de Gontardes/Grignan nehmen und dann den Schildern „Dôme d'Elyssas" folgen. Zufahrt auch für größere Mobile möglich;
Platzanzahl: 15; **Untergrund:** fester, ebener Parkplatz;
Ver-/Entsorgung: Trinkwasser, Abwasser, Chemie-WC;
Sicherheit: sicherer Platz auf Privatgrund;
Preise: Ver-/Entsorgung und Übernachten kostenlos;
Max. Stand: unbegrenzt; **Geöffnet:** ganzjährig;
Kontakt: Tel. 0475986155, **Fax** 0475986312

Tipp

Die Querverbindung Séderon – Sisteron führt durch eine relativ einsame und reizvolle Landschaft entlang dem nördlichen Fuß der Montagne de Lure.

RUNDFAHRT DURCH DIE BARONNIES

GRIGNAN

Der Ort (ca. 19 km ab der Autobahnausfahrt) besitzt ein beeindruckendes und als „Klein-Versailles in der Provence" bekanntes **Schloss*** (Führungen April–Okt. 9.30–11.30 und 14.30–17.30 Uhr), das aus dem 11. Jh. stammt, aber später immer wieder eifrig umgebaut wurde. Das Schloss diente als Sommerresidenz der *Marquise von Sévigné,* die hier im 17. Jh. über 1000 recht unterhaltsame Briefe verfasst hat, um ihre Tochter über Mode, Kunst und Skandale auf dem Laufenden zu halten. Nach ihr wird das Schloss allgemein das **Château de Madame de Sévigné** genannt.

Picknick-Platz

Am südlichen Stadtrand gibt es einen recht hübschen und ruhig gelegenen (aber zeitweise sehr vollen) Parkplatz, den im Sommer viele Franzosen auch als Wohnmobil-Stellplatz zum Übernachten nutzen.

Kurz darauf passiert man zwischen Grillon und Valréas – wahrscheinlich ohne es zu merken – eine kleine historische Kuriosität: eine Exklave der Vaucluse innerhalb des Départements Drôme. Sie ist ein Relikt der Papstzeit und des Comtat Venaissin. Innerhalb der „Vaucluse-Insel" ändert sich die Straßenbezeichnung vorübergehend von D 541 zu D 941 und danach wieder zurück – und in Valréas heißt die Straße sogar noch „Avenue de l'Enclave des Papes". Innerhalb dieser Enklave findet man zwei sehr schöne und empfehlenswerte Stellplätze auf Weingütern.

Stellplatz

1 Stellplatz Montbrison

UTM: 32 T 06 60 596 mE 49 22 339 mN
44,43652°N 5,017894°O

Ruhiger, kommunaler Platz am Ortsrand beim Stadion. **Lage/Anfahrt:** Von Valréas via D 10 und D 24 nach Norden; am Ortseingang vor der Kellerei links. Von Grignan via D 14 und D 538 nach Osten und kurz nach der Tankstelle rechts auf die D 24; auch für größere Mobile problemlos; **Platzanzahl:** ca. 20; **Untergrund:** fester, ebener Parkplatz; **Ver-/Entsorgung:** Trinkwasser, Abwasser, Chemie-WC, Strom; **Preise:** Übernachten und Strom kostenlos; **Ver-/Entsorgung:** mit Jetons à 2 €; **Max. Stand:** unbegrenzt; **Geöffnet:** ganzjährig; **Hinweis:** Picknicktische, kein Schatten, nahe Weinkellerei und Bar; nördlich des Dörfchens führen schöne Fußwege durch die Montagne de la Lance.

Stellplatz

2 Stellplatz „Domaine de Montine"

FRANCE PASSION

D 941 von Grignan in Richtung Grillon und ca. 350 m nach Ortsende in der Kurve links auf einen Feldweg, dem man ca. 1,5 km folgt; 5 schattige Stellplätze auf dem Weingut; für FP-Mitglieder kostenlos

3 „Domaine des Lauribert"

FRANCE PASSION

Sehr schöner und sympathischer Platz inmitten der Weinberge. **Lage/Anfahrt:** ca. 1 km östlich der D 976 zwischen Valréas und Visan; gut beschildert; Anfahrt auch für größere Mobile möglich; **Platzanzahl:** ca. 10; **Ver-/Entsorgung:** Strom, Trinkwasser, Abwasser, Chemie-WC, Toilette; **Sicherheit:** sichere Lage auf Privatgrund; **Preise:** Parken, Ver-/Entsorgung kostenlos; Strom 1,50 €/Tag; **Max. Stand:** 3 Nächte; **Kontakt:** Tel. 0490352682; **Bemerkung:** Einer der schönsten Plätze der Vaucluse; sehr nette Leute und sehr guter Wein.

4 „Domaine de Lumian"

UTM: 31 T 06 57 997 mE 49 16 485 mN
44,38443°N, 4,98352°O

Sehr schöner und empfehlenswerter Platz zwischen Weinbergen und mit Blick auf den Mt. Ventoux. **Lage/Anfahrt:** ca. 2,5 km hinter Grillon von der D 941 links auf den Feldweg und 150 m weiter wieder links auf den Teerweg, der nach 300 m das Weingut erreicht. Zufahrt auch für größere Mobile möglich; aber streckenweise einspurig eng; **Platzanzahl:** 6; **Ver-/Entsorgung:** Strom, Trinkwasser, Abwasser, Chemie-WC; **Sicherheit:** sicher auf Privatgrundstück; **Preise:** Parken und Ver-/Entsorgung kostenlos; **Max. Stand:** unbegrenzt; **Geöffnet:** ganzjährig; **Kontakt:** Tel. 0490350970, Fax 0490351838, E-Mail: domainedelumian@terre-net.fr, domainedelumian@wanadoo.fr. **Bemerkung:** Sehr nette und hilfsbereite Leute, bei denen auch Gruppen willkommen sind und auf Bestellung sogar essen können.

Bitte: Wie bei all den kostenlosen Plätzen auf Weingütern u. Ä. sollte es selbstverständlich sein, dass man sich gelegentlich durch einen kleinen (oder auch größeren) Einkauf bedankt.

NYONS

▲ *Die altehrwürdige Römerbrücke von Nyons*

Durch Weinberge und Aprikosenhaine windet sich das Sträßchen nach Nyons (23 km von Grignan), das eines der Schmuckstücke der Baronnies und der ganzen nördlichen Provence ist. Geschützt durch Felswände im Tal des Flüsschens Eygues gelegen, besitzt es ein ungewöhnlich mildes Klima, in dem der Frühling schon Anfang März beginnt und sogar exotische Pflanzen gedeihen.

Vom Wohnmobil-Stellplatz sollte man sich einen Spaziergang am Fluss entlang gönnen durch die sonnenwarmen Parkanlagen zum weiten Bogen der **Römerbrücke** und dann darüber hinweg durch die Gassen der Altstadt. Besonders bekannt ist Nyons für seine Weine und Oliven. Beides kann – und sollte! – man vor Ort kosten und erwerben: auf dem Markt, in der alten **Ölmühle („Vieux Moulin")** nahe der Römerbrücke oder einige Kilometer das Tal aufwärts im Laden der Erzeuger-Kooperative. Die Oliven und das Olivenöl von Nyons waren unter den ersten, die jenes edle und gefragte Prädikat „Appellation controlée" erhielten, das man sonst nur vom Wein her kennt. Lohnend ist ein Besuch des **Musée de l'Olivier** (1.6. bis 31.10. 10–11 Uhr und 14.45–18 Uhr, sonst nur 14.45–18 Uhr, Nov.–Feb. sonntags und montags geschlossen; Tel. 0475261212) mit Führungen und Ausstellungen zum Olivenanbau und der Ölgewinnung vom 17. bis zum 20. Jh. Die **Vieux Moulins,** Promenade de la Digue (Führungen 4 €, Tel. 0475261100, im Januar und außer der Saison sonntags und montags geschlossen), umfassen zwei Ölmühlen aus dem 18. und 19. Jh. plus eine Seifensiederei aus dem 18. Jh. mit historischen Geräten.

Information

Office de Tourisme: Place de la Libération, BP 3, 26110 Nyons, Tel. 0475261035, Fax 0475260157, info@paysdenyons.com, www.paysdenyons.com

Routes de la Lavande: 2, av. de Venterol, BP 36, 26110 Nyons Cedex, Tel. 0475266591, info@routes-lavande.com, www.routes-lavande.com

Stellplatz

5 Aire Communale de Nyons

UTM: 31 T 06 70 414 mE 49 13 878 mN
44,3582°N 5,1384°O

Sehr schön, ruhig, schattig und doch zentrumsnah gelegener Platz neben Fluss und Freibad. **Lage/Anfahrt:** Promenade de la Digue; von Westen kommend durch das Zentrum und unmittelbar vor der Brücke rechts (von Rémuzat oder Vaison-la-Romaine kommend hinter der Brücke links), ca. 150 m dem Fluss folgen, dann rechts; problemlose Zufahrt; **Platzanzahl:** ca. 20; **Untergrund:** Schotter; **Ver-/Entsorgung:** Trinkwasser, Abwasser, Chemie-WC; **Sicherheit:** beleuchtet; **Preise:** 4 €/Fahrz./24 Std., 7 € für 48 Std. (Parkscheine am Automat lösen); **Max. Stand:** 2 Nächte; **Geöffnet:** ganzjährig; **Kontakt:** Tel. 0475265000, Fax 0475263179, E-Mail: infosmairie@nyons.com; **Hinweis:** Oben auf dem Damm dürfen laut Beschilderung von 10–18 Uhr keine Wohnmobile parken. Da unten der Platz nicht ausreicht, stehen aber schon in der Vorsaison auf dem Deich nachts oft mehr Wohnmobile als auf der Aire.

Einkaufen

Markt: donnerstags (im Sommer auch sonntags)
Olivenöl: Cooperative du Nyonsais (auch Wein und andere Produkte), Place Olivier de Serres, D 94 Richtung Orange und im Kreisverkehr rechts, Tel. 0475269500, coop-du-nyonsais@wanadoo.fr, www.coop-du-nyonsais.fr (auch sonn- und feiertags geöffnet; Online-Bestellungen) und Moulin Dozol-Autrand, Le Pont Roman, Tel. 0475260252, infos@moulindozol.com, www.moulin-dozol.com.

Wer gleich weiter nach Süden will, fährt jenseits der Brücke rechts in Richtung Mirabel und Vaison. Wer Zeit für eine Rundfahrt hat, biegt links, fährt durch den Tunnel und auf der D 94 das Tal aufwärts.

Einkaufen

UTM: 31 T 06 75 541 mO 49 17 704 mN. Nach ca. 8 km sieht man links an einem großen Parkplatz die Verkaufsstelle der regionalen Kooperative, die u. a. Wein und Olivenöl anbietet (Mo.–Fr. 9–12 Uhr und 14–18 Uhr).

Picknickplätze

Auf der ganzen Strecke entlang dem Flüsschen Eygues findet man eine Reihe teils sehr schön gelegener kleiner Park- und Picknickplätze; die schönsten davon im oberen schluchtartigen Abschnitt nahe Rémuzat.

Etwa 11 km hinter Nyons könnte man nach einer scharfen Linkskurve rechts auf die D 64 biegen, um über den Fluss und ein hübsches Nebentälchen aufwärts in Richtung St. Jalle die Runde abzukürzen. Folgt man jedoch weiter dem Tal der Eygues, so verengt es sich hinter Sahune bald zu einem reizvollen Canyon mit hohen Felswänden, an denen man oft Kletterer sieht. Inmitten des Canyons passiert man das Felsendorf **St. May** in pittoresker Lage. Kurz danach fährt man

› Landkarte Seite 54

▲ *Über dem Rocher du Caire sind oft Gänsegeier zu beobachten*

033pr Abb.: rh

durch einen Tunnel (Ampel), hinter dem wenige hundert Meter weiter auf der linken Seite einer der schönsten Rastplätze liegt.

Bald danach weitet sich die Schlucht wieder und man erblickt links eine hohe Felswand, die wie ein Horn gen Himmel ragt. Schauen Sie genau hin, so werden Sie davor wahrscheinlich etliche Punkte im Blau des Himmels kreisen sehen – und schauen Sie noch genauer (etwa mit einem Fernglas), so werden Sie erkennen, dass diese Punkte in Wirklichkeit Gänsegeier sind.

RÉMUZAT

Im Örtchen Rémuzat, zu dem gleich unterhalb des Felssporns die D 61 abzweigt, können Sie im **Maison des Vautours** (Haus der Geier) näheres über diese großen Vögel erfahren (Tel. 0475278571, autourbaronnies@aol.com; geöffnet April–Juni, Sept. und während aller Schulferien tägl. außer Do. 10–12 und 14–17 Uhr; Juli/Aug. tägl. außer montag- und donnerstagvormittags 10–12 und 15–18.30 Uhr; sonst an Wochenenden und mittwochs 10–12 und 14–17 Uhr; Ausstellungen und Filme über Geier; Eintritt kostenlos); für Gruppen ab 5 Personen auch Exkursionen zum Beobachten der Geier.

Etwa 1 km hinter der Abzweigung nach Rémuzat biegt man rechts auf die D 162, ein schmales Sträßchen, das sich in Serpentinen und durch reizvolle Landschaft zum fast 1000 m hohen **Col de Soubeyrand** hinaufschlängelt (nicht für große Dickschiffe), auf dem wir sogar schon heftige Schneefälle erlebt haben.

Etwas unterhalb des Passes biegt man in einer Spitzkehre nach rechts auf die D 568 und fährt mit schönem Blick auf das Bergdorf **Poët-le-Sigillat** durch Lavendelfelder hinunter nach **St. Jalle** und dann links weiter auf der D 64.

Stellplatz

6 „Domaine La Rosière" FRANCE PASSION

Von St. Jalle via D 108 südwärts in Richtung Buis fahrend, findet man den Platz nach ca. 5,7 km rechts der Straße; Zufahrt auch für größere Mobile; 3 schattige Stellplätze mit Wasser und Toilette; man spricht deutsch; hier bekommen Sie neben Wein auch Aprikosensaft.

Vorbei an der schönen romanischen Kirche am Ortsausgang folgt man dem Tal in Richtung **St. Auban-sur-Ouvèze.** Unterwegs passiert man eigenartig dürre Steppenlandschaften und bizarre Schichtformationen.

Durch hauptsächlich eintönige Steppenlandschaft führt die D 546 nach **Séderon.** Das

Städtchen hat nicht viel zu bieten (Achtung: enge Ortsdurchfahrt mit Alkoven-gefährdenden Balkönchen!), liegt aber in einer Gegend mit ausgedehnten Lavendelfeldern, auf denen teilweise noch traditionell mit der Sichel geerntet wird.

Etwa 1 km südlich des Ortes biegt man links auf die D 542, die sich nach Westen in eine fantastische Berglandschaft mit Felsen und Bergwiesen zum über 1000 m hohen Col de Macuègne hinaufschlängelt und einige wirklich herrliche Blicke auf den Mont Ventoux eröffnet. Verschiedene schöne

034pr Abb.: rh

Lavendel oder Lavandin

Kaum etwas anderes ist so sehr zum Symbol für die Provence geworden wie der Lavendel, der im Sommer mit seinen lila Linienmustern weite Flächen des Hochlandes überzieht. Die ursprünglich aus dem mittleren Osten stammende und schon zur Römerzeit als Duft- und Heilmittel gefragte Pflanze wird in der Provence aber erst seit Beginn des 20. Jh. in größerem Umfang kultiviert. Allerdings: Nicht alles, was wie Lavendel aussieht, ist auch der ***echte Lavendel*** *(Lavandula angustifolia), der nur auf trockenen Kalkböden in Höhen von 500–1800 m gedeiht. Vieles ist der billigere* ***Lavandin,*** *eine Kreuzung aus dem echten Lavendel mit dem Großen Speik (Lavendula latifolia), der auch in tieferen Lagen zwischen 100 und 700 m wächst und leichter zu kultivieren ist. Aber auch vom echten Lavendel gibt es eine Vielzahl unterschiedlichster Varianten, je nachdem, wie er später verwendet werden soll: sehr geruchsintensiver Lavendel für Duftkissen und Essenzen, sehr farbintensiver für Sträußchen und Dekorationen und dazwischen eine Fülle von helleren und dunkleren, kürzeren und längeren Formen für jeden Zweck.*

Der Lavandin ist aber nicht unbedingt der „schlechtere" Lavendel: Er ist blütenreicher und daher weit ergiebiger als der echte Lavendel und sein Duft ist sogar intensiver, wenngleich nicht unbedingt feiner. Personen, die gegen Lavendel allergisch sind, vertragen den Lavandin meist trotzdem – andererseits hat der Lavandin nicht die medizinische Wirkung wie der echte. Er wird überwiegend für Seifen und Duftessenzen verwendet. Für einen Liter Essenz werden ca. 100 kg Blüten benötigt.

Blüte- und Erntezeit bewegen sich je nach Region und Höhenlage zwischen Mitte Juni und Ende August. Dann werden die Lavendeldestillen in Betrieb genommen, die man in vielen Dörfern an den Straßen sieht.

Ausgangsstoff für die edlen Essenzen sind riesige gepresste Ballen dürren Krautes, die für den Laien eher nach verdorbenem Kuhfutter oder Kompostmaterial aussehen. Mit Hilfe betongefüllter Traktorreifen werden sie in mannshohe Kessel gestopft und darin mit Wasserdampf erhitzt. Der Dampf löst die ätherischen Öle aus dem grauen Kraut und in den Schaugläsern sieht man das kostbare Destillat, das sich als schlieriggelbe Masse im Wasser kondensiert und oben absetzt.

Heute werden in Frankreich rund 90% der Weltproduktion an Lavandin erzeugt – und etwa 100.000 Liter Lavendel- und 700.000 Liter Lavandin-Essenz destilliert.

Weitere Informationen: *Routes de la Lavande, 2, av. de Venterol, BP 36, 26110 Nyons Cedex, Tel. 0475263267, info@routes-lavande.com, www.routes-lavande.com*

Anschluss
Auf der D 946 nach Osten kann man bis Sisteron fahren (ca. 38 km) und hat dort Anschluss an die Tour 3.

Stellen unterwegs verlangen geradezu nach einer gemütlichen Picknickpause oder einem kleinen Spaziergang. Praktisch auf der Passhöhe zweigt links die streckenweise sehr schmale aber nicht minder reizvolle D 63 ab, die über 19 km nach Sault führt (s. S. 81) und einem immer wieder schöne Ausblicke über den **Col de l'Homme** (1212 m) bietet.

035pr Abb.: rh

MONTBRUN-LES-BAINS

Folgt man weiter der D 542 nach Westen, so erreicht man 15 km nach Séderon den alten und zunehmend gefragten Badeort Montbrun-les-Bains, der sich malerisch und fotogen an die steile Bergwand schmiegt – mit Befestigungen, Toren und einer Burg, dem Dorfbrunnen und dem traditionellen Waschplatz für die Wäsche. Von der Straße aus wirkt das Dorf aus dicht gedrängten und unverputzten Steinhäusern wie eine einzige Festung.

Information
Office de Tourisme: Tel./Fax 0475288249, otmontbrun@numeo.fr, www.drome-provence.com/villages/montbrun.php

Parken
Stellen Sie Ihr Fahrzeug an der Durchgangsstraße ab, unterhalb der Altstadt und evtl. sogar außerhalb des Ortes (es sind nur wenige Schritte); die Altstadtstraßen sind definitiv nicht für Wohnmobile geschaffen!

BUIS-LES-BARONNIES

Weiter geht es auf sehr reizvollen Straßen direkt am Fuß des Mont Ventoux entlang nach Westen: zunächst 5 km auf der D 72 und dann entweder via D 40 rund 20 km bis Mollans-sur-Ouvèze und dort rechts via D 5 etwa 8 km das hübsche Ouvèze-Tal aufwärts nach Buis-les-Baronnies. Oder man biegt ca. 6 km nach Montbruns rechts auf die schmale, aber sehr reizvolle D 41, die mit zahlreichen Kurven, Serpentinen und Ausblicken über zwei kleinere Pässe und dann durch das Derbous-Tal zur D 5 führt und erreicht ca. 27 km von Montbruns das reizvolle Städtchen Buis-les-Baronnies, das diesen kleinen Umweg wirklich lohnt – ganz besonders in der ersten Juliwoche, wenn hier der traditionelle **Lindenblüten-Markt** abgehalten wird. Bei diesem einzigartigen Markt werden die in dicke Ballen abgepackten

Parken, Picknick
An der D 41 auf dem 635 m hohen Col de Fontaube mit grüner Wiese und Panoramablick auf den Ventoux.
UTM 31 T 06 84 770mE
48 97 622mN,
44,0841°N 5,31270°O

036pr Abb.: rh

◀ *In Riesenballen werden die Lindenblüten gehandelt*

Blüten auf dem Damm entlang der Ouvèze gewogen und an die Großhändler verkauft (früh am Morgen aufstehen!). Am Nachmittag werden dann die Ritter der altehrwürdigen Zunft der Linden-Gilde geehrt und die Lindenblüten-Königin gewählt.

Aber auch zu anderen Zeiten lohnt sich ein ausgedehnter Bummel durch die hübsche Altstadt mit ihren schattigen Kolonnaden rings um den Rathausplatz und einem malerischen Ensemble farbenfroher Fassaden vor dem Hintergrund der Berge, die über die alten Dächer emporragen.

Information

Office de Tourisme:
14, Bld Michel Eysséric, 26170 Buis-les-Baronnies, Tel. 0475280459, Fax 0475281363, info@buislesbaronnies.com, www.buislesbaronnies.com

Parken

In der Saison und an Markttagen kann es in der Altstadt sehr eng und drängelig werden; halten Sie sich am besten vor dem Zentrum links (westl.) und steuern Sie einen der großen Parkplätze entlang der Ouvèze an, auf denen man Wohnmobile oft auch über Nacht stehen sieht – zu ruhigen Zeiten diesseits, an Markttagen besser jenseits der Brücke. Parking Sud: UTM 31 T 06 81 571mE 49 04 829mN, 44,27405°N 5,27519°O

Vorsicht Schlangen

Sollten Ihre Kinder im Bach plantschen wollen – vor allem unterhalb der Brücke haben wir im flachen Wasser ungewöhnlich viele Schlangen gesehen! Aber keine Angst: Es handelt sich **nicht** um Vipern, wie wir wegen der großen Ähnlichkeit zunächst vermutet hatten, sondern um harmlose Vipernattern, die ungiftig sind und ein Zeichen für intakte Gewässer.

Einkaufen

Markt: Mittwoch und Samstag. **Ölmühle:** Lou Viei Moulin d'Oli, Rue du Puits Communal, Tel. 0475280330 (sehenswerte historische Ölmühle, in der neben Öl und Oliven eine Vielfalt anderer regionaler Produkte angeboten wird)

Ein pittoresker Straßenzug am Markt von Buis-les-Baronnies

037pr Abb.: rh

Stellplatz

7 Ferme de Closonne

FRANCE PASSION

Via D 546 ca. 8 km in Richtung Séderon und bei der Mühle von Vercorian nach rechts in Richtung Hubac den Schildern folgen; etwas schwierige, enge und steile Zufahrt, die nur für kleinere Mobile zu empfehlen ist; 3 sonnige Stellplätze mit Wasser und Mülltonne; hier können Sie Produkte der Region direkt vom Erzeuger kaufen und auch hervorragend essen!

8 Aire Communale de Mirabel

UTM: 31 T 06 67 466 mE 49 08 791 mN
44,3131°N 5,0998°O

Hübsch gelegener und ruhiger Parkplatz am Ortsrand. **Lage/Anfahrt:** von Nyons kommend am Ortseingang links (östl.) den Schildern folgen, erst in Richtung „Vieux Moulin“, dann links; problemlose Zufahrt; **Platzanzahl:** 6; **Untergrund:** Kies; **Ver-/Entsorgung:** Trinkwasser, Abwasser, Chemie-WC; **Preise:** Parken sowie Ver-/Entsorgung kostenlos; **Max. Stand:** zwei Nächte; **Geöffnet:** ganzjährig; **Kontakt:** Tel. 0475271509; **Hinweis:** Nachts können die Kirchturmuhr und kläffende Hunde etwas stören.

Von Buis kann man entweder in Richtung Südwesten über Mollans nach Vaison-la-Romaine fahren, um Anschluss an die Vaucluse-Tour (s. S. 67) zu finden, oder man schließt den Kreis, indem man zunächst 2 km nordwärts fährt, dann bei St. Martin links der reizvollen D 108 über den **Col d'Ey** (718 m) folgt bis nach **St. Jalle** und dort links abwärts ins Eygues-Tal und zurück nach **Nyons.**

Von Nyons folgt man dann der gut ausgebauten D 538 durch Weinberge und Aprikosenhaine über **Mirabel** nach Vaison la Romaine.

WEITERE STELLPLÄTZE ABSEITS DER ROUTE

Stellplatz

9 *Aire de Toronne*

Privater Platz in sehr ruhiger Lage und inmitten reizvoller Natur mit schattigen Bäumen. **Lage/Anfahrt:** Bigot. S, 26130 Clansayes; an der D 133 zwischen Grignan und St. Paul-les-Trois-Châteaux; in Richtung Clansayes, 3 km von St. Paul (nur wenige Kilometer von den Autobahn-Ausfahrten Montélimar Sud und Bollène entfernt); etwas verwinkelte Anfahrt und am Schluss Feldweg – aber problemlos; **Platzanzahl:** 25; **Untergrund:** Schotterrasen; **Ver-/Entsorgung:** Strom, Trinkwasser, Abwasser, Chemie-WC, Toiletten; **Sicherheit:** umzäunt; **Preise:** 10 €/Fahrz., inkl. Ver-/Entsorgung und Strom (Ver-/Entsorgung pauschal 3 Euro); **Max. Stand:** unbegrenzt; **Geöffnet:** ganzjährig; **Kontakt:** Tel. 0689510777, Fax 0475049774, E-Mail: bigot.se@libertysurf.fr; **Hinweise:** Die freundlichen und hilfsbereiten Inhaber bieten zudem einen Tennisplatz, einen Pool und Reitmöglichkeiten.

10 *Aire Communale de Donzère*

Stadtparkplatz im Zentrum. **Lage:** Place Henri Dunand; in der Verlängerung des Champs de Mars, bei der Post, problemlose Anfahrt; **Platzanzahl:** 15; **Untergrund:** Asphalt; **Ver-/Entsorgung:** Trinkwasser, Abwasser, Chemie-WC; **Preise:** Parken, Ver-/Entsorgung kostenlos; **Max. Stand:** unbegrenzt; **Geöffnet:** ganzjährig; **Kontakt:** Tel. 0475517150, Fax 0475517150.

11 *Centre Leclerc*

Großer Parkplatz beim Supermarkt. **Lage/Anfahrt:** vom Kreisverkehr nach der Autobahnausfahrt Nr. 19 „Portes de Provence" auf die D 26 nach N und ca. 4,5 km in Richtung Pierrelatte; problemlose Zufahrt; **Platzanzahl:** 50; **Untergrund:** Asphalt; **Ver-/Entsorgung:** Trinkwasser, Abwasser, Chemie-WC, Jetons bei der Tankstelle oder nachts beim Security-Mann; **Sicherheit:** bewacht; **Preise:** Parken und Ver-/Entsorgung kostenlos; **Max. Stand:** unbegrenzt; **Geöffnet:** ganzjährig; **Kontakt:** Tel. 0490513600.

Die Region rings um das Plateau de Vaucluse zwischen Mont Ventoux und den Luberon-Bergen, zwischen dem Rhone-Tal und der Durance ist ein Hügelland der Schönheiten und Kontraste: mit verschachtelten Naturstein-Dörfern, in denen die Zeit still zu stehen scheint, mit alten Klöstern, Kirchen und Kapellen, mit schattigen Schluchten und von der Sonne durchglühten Hängen, mit kargen Plateaus und üppig grünen Wäldern, mit Brücken und Ruinen aus der Römerzeit und den eigenartigen steinzeitlichen Bories, mit wundersamen Naturphänomenen wie Karstquellen und den vielfältigen Pastelltönen der Ockerfelsen.

Und sie ist ein wunderbar wilder Garten Eden – mit leuchtenden Lavendelfeldern und glühendem Mohn, mit blühenden Aprikosen- und Mandelbäumen, mit Zypressen-Alleen, Weinbergen und silbrig-grünen Olivenhainen.

Für viele ist dies die Provence schlechthin: mediterrane Idylle, wohin man blickt, die geruhsame Atmosphäre der Bergdörfer, magische Lichtstimmungen, duftende Kräuterhänge, eine Fundgrube für Kulturfreunde und Postkarten-Motive hinter jeder Straßenbiegung.

001pr Abb.: rh

ROUTE 2

DIE HÜGELPROVENCE DER VAUCLUSE:

NATURWUNDER UND MALERISCHE STÄDTCHEN

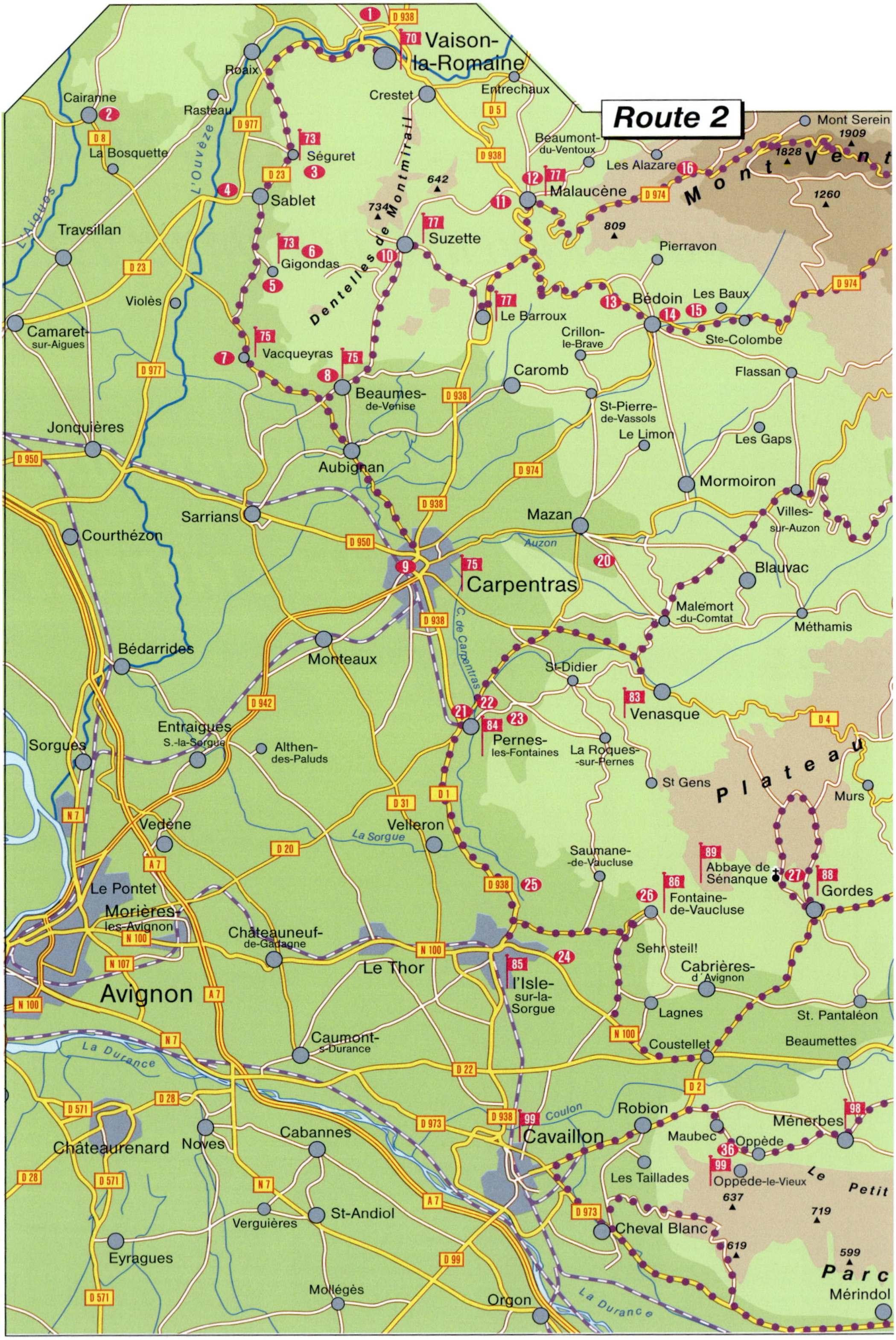

Route 2
Vaison-la-Romaine
Roaix
Crestet
Entrechaux
Cairanne
Rasteau
L'Ouvèze
D 938
D 977
D 8
La Bosquette
Séguret
D 23
D 5
Beaumont-du-Ventoux
Les Alazare
Mont Serein
1909
1828
Mont Ventoux
Malaucène
D 974
642
734
Dentelles de Montmirail
Sablet
L'Aigues
Travsillan
809
1260
Suzette
Gigondas
Pierravon
Violès
Camaret-sur-Aigues
Le Barroux
Bédoin
Les Baux
Ste-Colombe
Vacqueyras
Crillon-le-Brave
Caromb
Flassan
Beaumes-de-Venise
St-Pierre-de-Vassols
Le Limon
Les Gaps
Jonquières
D 950
Aubignan
Mormoiron
Sarrians
Mazan
Villes-sur-Auzon
Courthézon
Auzon
Blauvac
Carpentras
C. de Carpentras
Malemort-du-Comtat
Méthamis
Monteaux
Bédarrides
St-Didier
Venasque
D 942
D 4
Entraigues S.-la-Sorgue
Pernes-les-Fontaines
La Roques-sur-Pernes
Althen-des-Paluds
Sorgues
St Gens
Plateau
Murs
N 7
D 31
D 1
Vedène
Velleron
La Sorgue
D 20
Saumane-de-Vaucluse
Abbaye de Sénanque
A 7
Gordes
Le Pontet
Fontaine-de-Vaucluse
Morières-les-Avignon
N 100
Sehr steil!
Châteauneuf-de-Gadagne
Le Thor
N 107
Cabrières-d'Avignon
l'Isle-sur-la-Sorgue
Avignon
Lagnes
St. Pantaléon
Caumont-s-Durance
La Durance
Coustellet
Beaumettes
D 22
D 2
D 571
D 28
Robion
Coulon
Ménerbes
Châteaurenard
Noves
Cabannes
D 973
Cavaillon
Maubec
Oppède
Les Taillades
Oppède-le-Vieux
Le Petit
637
719
D 99
St-Andiol
Verguières
Cheval Blanc
619
599
Eyragues
Parc
Mollégès
Orgon
Mérindol

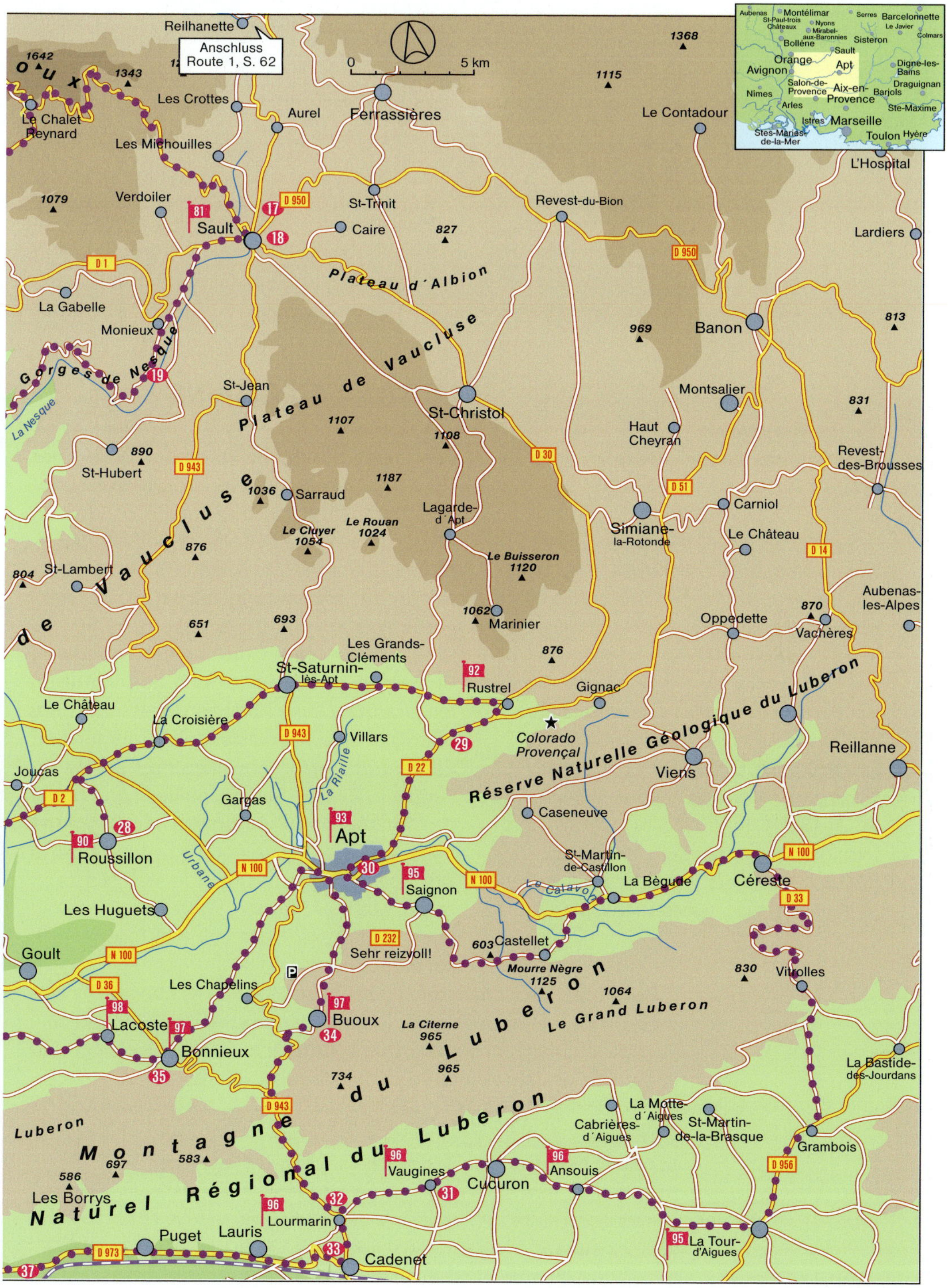

Anschluss Route 1, S. 62
0
5 km
Reilhanette
Les Crottes
Le Chalet Reynard
Les Michouilles
Aurel
Ferrassières
Le Contadour
Verdoiler
Sault
St-Trinit
Caire
Revest-du-Bion
L'Hospital
Lardiers
D 950
D 1
La Gabelle
Monieux
Plateau d´Albion
Banon
Gorges de Nesque
La Nesque
St-Jean
Plateau de Vaucluse
St-Christol
Montsalier
Haut Cheyran
St-Hubert
D 943
D 30
Revest-des-Brousses
Sarraud
Lagarde-d´Apt
Simiane-la-Rotonde
D 51
Carniol
Le Château
D 14
Le Cluyer 1054
Le Rouan 1024
Le Buisseron 1120
St-Lambert
Marinier
Oppedette
Vachères
Aubenas-les-Alpes
Les Grands-Cléments
St-Saturnin-lès-Apt
Rustrel
Gignac
Colorado Provençal
Réserve Naturelle Géologique du Luberon
Le Château
La Croisière
Villars
Joucas
D 2
D 22
Viens
Reillanne
La Riaille
Gargas
Caseneuve
Apt
Roussillon
Urbane
N 100
St-Martin-de-Castillon
La Bègude
Céreste
Saignon
Le Calavon
D 33
Les Huguets
D 232
Castellet
Sehr reizvoll!
Goult
Mourre Nègre 1125
Vitrolles
D 36
Les Chapelins
Lacoste
Buoux
La Citerne 965
Le Grand Luberon
Bonnieux
La Bastide-des-Jourdans
Luberon
Montagne du Luberon
La Motte-d´Aigues
Cabrières-d´Aigues
St-Martin-de-la-Brasque
Grambois
Naturel Régional du Luberon
D 956
Vaugines
Cucuron
Ansouis
Les Borrys
Lourmarin
Puget
Lauris
La Tour-d'Aigues
D 973
Cadenet
Aubenas
Montélimar
St-Paul-trois-Châteaux
Nyons
Serres
Barcelonnette
Mirabel-aux-Baronnies
Le Javier
Colmars
Bollène
Sisteron
Sault
Orange
Apt
Digne-les-Bains
Avignon
Salon-de-Provence
Aix-en-Provence
Draguignan
Nîmes
Barjols
Arles
Ste-Maxime
Istres
Marseille
Stes-Maries-de-la-Mer
Toulon
Hyère

Information

Office de Tourisme:
Pl. du Chanoine-Sautel,
84110 Vaison-la-Romaine,
Tel. 0490360211,
www.vaison-la-romaine.com

002pr Abb.: rh

▲ *Vaison-la-Romaine mit seiner römischen Brücke über die Ouvèze*

Stellplatz

1 „Le Colombier" – Aire Communale de Vaison

UTM: 32 T 06 65 613 mE 49 01 331 mN
44,24638° N 5,07425° O

Sehr großer, ruhiger und doch zentrumsnah gelegener Platz hinter einer Kellerei, am Ortsrand zwischen Weinbergen und mit Blick auf dem Mont Ventoux; **Lage/Anfahrt:** von der Durchgangsstraße D 975 im Kreisverkehr nach Norden auf die Ave. André Coudray, die nach 250 m links knickt und 150 m weiter den Platz erreicht; **Zufahrt:** auch für größere Mobile problemlos; **Platzanzahl:** 50–100; **Untergrund:** Schotter; **Ver-/Entsorgung:** Trinkwasser, Abwasser-/Chemie-WC; **Preise:** 5 €/Fahrz./24 Std.; in der Saison kommt jemand zum Kassieren; **Max. Stand:** zwei Nächte; **Geöffnet:** ganzjährig; **Kontakt:** Tel. 0490360211; techn. Service: 0490365016.

VAISON-LA-ROMAINE **

Das kleine Städtchen zu beiden Seiten der Ouvèze ist so etwas wie ein sympathischer „Nebeneingang" in die Provence: kleiner, ruhiger, zeitverlorener als die übliche Hauptpforte via Orange und Avignon. Viele kommen wegen der **römischen Ruinen** * (zwei Ausgrabungsstätten, im Sommer ca. 9.30–18 Uhr; 7 € für beide) die ihr den offiziellen Beinamen „la Romaine" und den inoffiziellen „französisches Pompeji" eingetragen haben. Die etwas verwirrenden Trümmer und Säulenreste erfordern allerdings ein wenig Fantasie. Etwas „Schützenhilfe" kann dabei das **Musée archéologique Théo-Desplans** * im Ausgrabungsgelände Puymin (gleiche Öffnungszeiten, ein Preis) leisten. Es zeigt neben Marmor-Statuen, Waffen und Keramik auch Werkzeuge, Schmuck und Toilettenartikel der Römerzeit.

Bei all den römischen Reminiszenzen sollte man es aber auch nicht versäumen, einen Spaziergang durch das **mittelalterliche Vaison** * zu machen, das jenseits der **Römerbrücke** auf dem Hügel liegt und in den letzten Jahrzehnten schön restauriert wurde.

Essen

La Fête en Provence, Pl. du vieux marché im mittelalterlichen Vaison, Tel. 0490363643, www.lafeteenprovence.com; Mi. Ruhetag; Nov. bis Ostern geschl.; provenzalische Küche aus frischen Zutaten gut zubereitet; Menü zu 25 €.
Römisch essen (nach antiken Rezepten) kann man für 25 € im Juli und August freitags beim Office de Tourisme (s. o.).

Einkaufen

Traditioneller **Markt** dienstags; provenzalischer Markt in der Altstadt Juli/Aug sonntagvormittags.

Das **Maison des Vins** im Gebäude beim Office de Tourisme (s. o.) bietet regionale Produkte wie Honig, Olivenöl, Lavendelprodukte, Wein – u. a. auch „römischen Wein" (nicht aus römischer Zeit, aber nach römischen Verfahren hergestellt!).

Moulin à l'Huile Chauvet, Porte Major, Mollans-sur-Ouvèze (13 km östl. via D 54 und D 13), Tel. 0475289012, Juli–Mitte Sept. Fr. 10.30–19 Uhr, Nov.–März geschl., sonst an Wochenenden und Feiertagen 10.30–19 Uhr; eine 300 Jahre alte Ölmühle, die noch in Betrieb ist, aber im Sommer auch für Besucher öffnet – zum Kosten und Direktverkauf.

Parken

Vaison bietet viele, zentrale, kostenlose Parkmöglichkeiten; am besten auf dem großen **Parking Burrus** an der Av. de Gen.de Gaulle zwischen beiden Ausgrabungsgeländen und nahe dem Office de Tourisme (s. auch Stellplatz „Le Colombier").

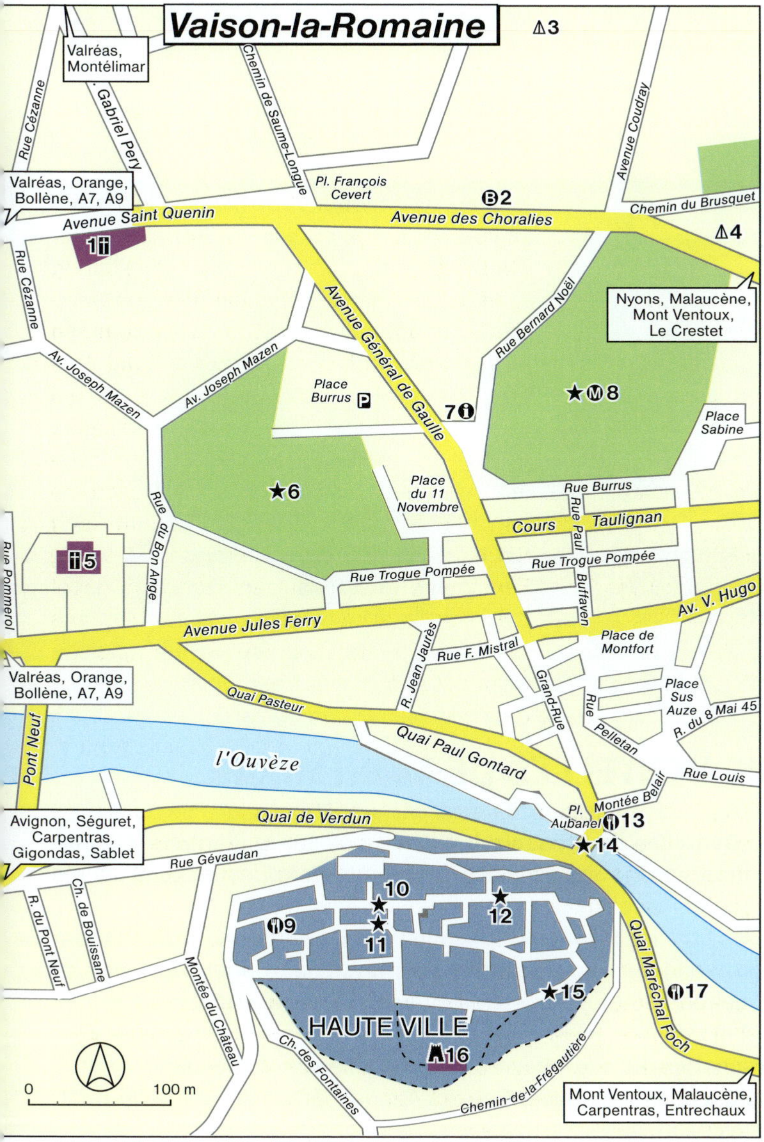

- 1 Chapelle St-Quenin
- 2 Busbahnhof (= Gare routière)
- 3 Camping „Le Colombier"
- 4 Camping du Théâtre Romain
- 5 Kathedrale Notre-Dame-de-Nazareth mit Kreuzgang
- 6 Quartier de la Villasse mit dem Maison du buste en argent und dem Maison au dauphin
- 7 Office de Tourisme
- 8 Quartier de Puymin mit dem Maison des Messii, dem Proticus des Pompeius, dem antiken Theater und dem archäologischen Museum
- 9 Restaurant La Fête en Provence
- 10 Rue de l'Évèché
- 11 Rue des Fours
- 12 Rue de l'Église
- 13 Restaurant Le Bateleur
- 14 Römische Brücke
- 15 Rue de la Charité
- 16 Château
- 17 Restaurant La Fête en Provence

Stellplatz

2 Cave de Cairanne

UTM: 31 T 06 54 041 mE 48 99 234 mN 44,23006°N, 4,9288°O

Parkplatz vor der Weinkellerei von Cairanne; Ver-/Entsorgung innerhalb (das Tor ist von 19 bis 8 Uhr geschlossen). **Lage/Anfahrt:** 15 km westlich von Vaison-la-Romaine via D 975 und D 69 an der D 8; nahe dem Ortsausgang von Cairanne in Richtung Ste. Cécile; **Platzanzahl:** ca. 6; **Untergrund:** Asphalt; **Preise:** Parken und Ver-/Entsorgung kostenlos; **Max. Stand:** 3 Nächte; **Geöffnet:** ganzjährig. Idealer Platz, um nach der Weinprobe abzuliegen; zu Fuß ca. 5 Min. vom Zentrum.

Camping

Carpe Diem ***, Route de St. Marcellin, Tel. 0490360202, Fax 0490 363690, www.camping-carpe-diem.com, contact@camping-carpe-diem.com; Apr.–Okt. (im Sommer unbedingt reservieren!); ca. 1 km südöstl. in Richtung St. Marcellin gelegener, gut ausgestatteter Platz mit zwei Pools und Blick auf die Altstadt und den Mt. Ventoux.

Camping du Théâtre Romain ****, UTM: 5,07834°N 44,24488°O, Chemin du Brusquet (gleich nordöstl. des Theaters am Kreisverkehr von der Ringstraße D 975 abbiegen), Tel. 0490287866, Fax 0490287876, info@camping-theatre.com, www.camping-theatre.com; Mitte März–Anfang Nov.; kleinerer, aber ebenfalls gut ausgestatteter Platz mit Pool und Ver-/Entsorgungsstation.

003pr Abb.: rh

DIE DENTELLES DE MONTMIRAIL **

Die **Dentelles de Montmirail** zwischen Vaison-la-Romaine und Carpentras sind in vieler Hinsicht eine wunderbare Einstimmung auf die Reize der Provence.

Das karstige Miniatur-Gebirge mit seinen pittoresken Weindörfern lockt Wanderer und Kletterer, Maler und Pflanzenfreunde – und es ist weltberühmt für seine Weine. Auch wenn die Gipfel mit maximal 734 m (Mont St. Amand) neben dem Mont Ventoux nur Zwerge sind, so schaffen die aus mediterranem Hügelland aufragenden schroffen Zacken doch eine echte Gebirgs-Atmosphäre – und reizvolle Kontraste dazu!

Dentelles

Der Name „Dentelles" = wörtlich „Zähnchen" oder (Klöppel-)Spitzen wird augenfällig, wenn man das fein gezackte Relief dieser weißen Kalkspitzen sieht.

Ihre wunderschönen (und in der Nebensaison erstaunlich ruhigen) Bergdörfer, Wein-, Wald- und Fels-Landschaften kann man auf einer Rundfahrt ab Vaison-la-Romaine kennenlernen. Diese Runde kann man nach etwa zwei Drittel der Strecke auch verlassen, um weiter zum Mt. Ventoux zu fahren (s. S. 79).

RUNDFAHRT DENTELLES DE MONTMIRAIL ★★ – FELSENSPITZEN UND SPITZENWEINE

Distanz: ca. 60 km ab Vaison
Dauer: ½ bis 1 Tag mit Besichtigungen und Spaziergang
Abkürzung: Bei Malaucène kann man die Runde unterbrechen und zum Mt. Ventoux (s. S. 79) weiterfahren.
Beste Zeit: Mai/Juni, wenn die Ginsterblüte den Fuß der Berge golden leuchten lässt; oder September/Oktober, wenn sich die Blätter der Weinreben verfärben

Von Vaison fährt man auf der D 977 nach Westen und biegt nach ca. 6 km links auf die D 88, die mit schönen Ausblicken auf das Tal der Ouvèze nach Séguret hinaufführt.

Séguret ★★

Das schmucke Provence-Dorf hat zahlreiche Künstler angelockt, die viele der alten Steinhäuser restauriert haben. An engen Pflastergassen entlang stapeln sie sich den Hang empor und vereinen das ganze Ensemble provenzalischer Dorfromantik – mit Torbogen, Efeupracht und Befestigungen, Schlossruine, romanischer Kirche und kleinen Kunstgeschäften. Trotzdem herrscht hier oft noch eine überraschend beschauliche Atmosphäre, was teilweise daran liegt, dass das Dörflein nur zu Fuß erkundet werden kann.

P 3 *Parken/Stellplatz*

Wohnmobile parken am besten auf dem Parkplatz P3, kurz vor dem Stadttor links (UTM: 31 T 06 61 667 mE 48 96 911 mN, 44,20750°N 5,02350°O); geteert, leicht abschüssig; links am Rand eine einfache Station, für Ab- und Trinkwasser; von den Einheimischen wird vor professionellen Autoknackern im Sommer gewarnt!

Essen

Gut und preiswert isst man im **La Bastide Bleue** an der Route de Sablet (Tel. 0490468343, Menü ca. 15–23 €), einer alten Poststation mit Köstlichkeiten der Region und einer schattigen Terrasse.

Von Séguret fährt man nach links via D 23 ca. 2 km nach **Sablet,** einem reizvollen und ursprünglichen Winzerdorf mit Stellplatz auf einem Weingut, dann via D 7 und D 79 nach Gigondas.

Gigondas★

Das hübsche Dörfchen mit Burgruine besitzt eine der renommiertesten Appellations (namensgeschützte Weinlagen) des Landes, und seine kräftigen, dunklen Rotweine können sich mit denen von Châteauneuf-du-Pape messen. Zahlreiche **Kellereien** laden zu Weinproben ein. Ein kleine Straße (D 229, Wegweiser „Les Florets") zweigt vor dem Ort links ab und führt zum **Col du Cayron** (396 m,

Information

Office de Tourisme: Maison de Gigondas, 84190 Gigondas, Tel. 0490658842, Fax: 0490658842, www.beyond.fr/villages/gigondas.html

▲ *Eng schmiegen sich die Häuser von Séguret an die Felsen*

UTM: 31 T 06 61 878 mE 48 91 508mN; 44,15884°N 5,02448°O). Die Fahrt ist nur mit kompakten Fahrzeugen zu empfehlen (oberhalb des Restaurants unbefestigter, teils steiler, teils ausgewaschener Weg!). Sonst macht man besser einen Spaziergang. Vom Pass (ab hier ist der Weg wirklich nicht mehr für Fahrzeuge geeignet!) zweigt nach rechts ein unbefestigter und sehr rauer Forstweg ab, der unter den Zacken der Dentelles entlangführt und schöne Ausblicke eröffnet. Ein kurzes Stück hinter dem Pass zweigt links ein Fußpfad ab und steigt durch Buschwerk bis zur Basis der teils 100 m hohen Felswände hinauf. Etwa 1 km hinter dem Pass folgt ein schöner Picknickplatz unter Kiefern.

Stellplatz

4 Weingut „Domaine du Parandou"

UTM: 31 T 06 59 410 mE 48 95 338 mN
44,1938°N 4,9948°O

Lage/Anfahrt: außerhalb des Orts an der D 977; Zufahrt auch für große Fahrzeuge problemlos; **Platzanzahl:** 5 Stellplätze mit Schatten; **Untergrund:** ebener Schottergrund; **Ver-/Entsorgung:** Wasser, Müll, Toilette und Strom! **Preise:** Parken kostenlos, Ver-/Entsorgung 2 €; **Geöffnet:** ganzjährig; **Kontakt:** Tel. 0490469612, dgrangeon@wanadoo.fr

5 Parken

Vor dem Dorf rechts und in Richtung „Poste" den Berg hinauf oder durch das Dorf hindurch und dann den Schildern „P" mit Womo-Symbol folgen bis zu einem ruhigen Wiesen-Parkplatz. (UTM: 31 T 06 60 069 mE 48 91 926 mN; 44,1630°N, 5,0020°O); steinig, uneben, keine Ver-/Entsorgung.

Einkaufen

Caveau du Gigondas, Place du Portail, Tel. 0490658229, tägl. geöffnet (in angenehmer Atmosphäre und mit hilfreichen Informationen über

Stellplatz

6 „Domaine des Florets" – Gigondas

UTM: 32 T 06 61 315 mE 48 91 798 mN
44,16157°N 5,01753°O

Traumhaft ruhiger Platz bei der Weinkellerei mit Blick auf die Weinberge und die Spitzen der Dentelles; **Lage/Anfahrt:** Unmittelbar vor Gigondas links (D 229) in Richtung Chapelle St. Cosme und Les Florets; **Zufahrt:** sehr schmale Teerstraße (Vorsicht: der Parkplatz gegenüber ist nicht auf Straßenniveau!); **Platzanzahl:** 3; **Untergrund:** Schotter, eben; **Ver-/Entsorgung:** Trinkwasser; **Preise:** kostenlos; **Geöffnet:** ganzjährig; **Hinweis:** Die Kellerei verkauft Wein und Öl (März-Okt. Mo-So 9-19 Uhr, Nov.-Feb. Mo-Sa 9-12 Uhr und 14-18 Uhr). Hinter dem Stellplatz folgt ein kurzer, steiler Teerweg, dann geht es über Schotter und teils enorme Bodenwellen zum Col du Cayron hinauf (nur kleine, robuste Fahrzeuge); vom Pass führt nach rechts ein sehr rauer Forstweg 1 km unter den Felsen entlang zu einem schönen Waldpark- und Picknickplatz.

die einzelnen Sorten und Lagen kann man hier Weine von rund 50 verschiedenen Winzern kosten und erwerben).

Essen

L'Oustalet, Place du Portail, Tel. 04906 58530, Mo.-Abend und Di. geschl.; bodenständiges Restaurant in einem alten Haus am Dorfplatz mit rustikalem Interieur, schattiger Terrasse und solider provenzalischer Küche; Menüs um 25–40 €, Tagesessen um 12–15 €.

Vacqueyras

Weiter auf der D 7 nach Süden erreicht man nach 3 km Vacqueyras (ebenfalls mit berühmten Kellereien!) und weitere 3 km hinter dem Ort sieht man links oben am Hang die romanische Kapelle **Notre-Dame d'Aubune** *, deren schmucker Glockenturm über schlanken Zypressen aufragt. Sie ist nur von außen zu besichtigen.

Information

Office de Tourisme: Place de la Mairie, 84190 Vacqueyras, Tel. 0490123902, tourisme.vacqueyras@wanadoo.fr, www.vacqueyras.tm.fr

7 Camping

Camping Municipal Les Queyrades **, Route de Vaison, Tel. 0490123902, tourisme.vacqueyras@wanadoo.fr, April–Sept., kleiner, einfacher und preisgünstiger Platz mit Ver-/Entsorgungsstation.

Parken

Den schmalen Weg hinauf zur Kapelle sollte man zu Fuß gehen. Falls die knappen Parkmöglichkeiten an der Abzweigung voll sind, findet man ein kurzes Stück in Richtung Vacqueyras rechts einen Parkplatz.

Beaumes-de-Venise

Auf der links abzweigenden D 81 fährt man zwischen Weinbergen und Olivenhainen nach **Beaumes-de-Venise** hinein, das für seinen schweren und süßen Muskatwein bekannt ist, der gern als Aperitif getrunken wird. Weinfeste finden in allen Winzerorten meist am Samstag nach Himmelfahrt statt.

Information

Office de Tourisme: Cours J. Jaures, Tel. 0490629439, ot-beaumes@axit.fr

8 Camping

Camping Municipal de Roquefiguer **, Route de Lafare; April–Dez.; mit Ver-/Entsorgungsstation; Tel. 0490629507

Abstecher nach Carpentras

Via D 7 nach Süden sind es von Beaumes-de-Venise kaum 10 km bis Carpentras. Die lebhafte kleine Marktstadt war einst Hauptstadt des Comtat Venaissin, der päpstlichen Enklave in der Provence, und diente in dieser Zeit als Zufluchtsort für viele Juden. Erst seit 1791 gehört sie zu Frankreich. Bekannt ist Carpentras für seine Märkte (Wochenmarkt freitagmorgens, Flohmarkt sonntagmorgens, Ökomarkt dienstagmorgens in der Rue de l'Evêche), als ein bedeutendes Trüffelzentrum (Trüffelmärkte Mitte November bis Mitte März freitags von 8 bis 10 Uhr auf der Place Aristide Briand) sowie für kandierte Früchte und für seine ↗*Berlingots.*

Information

Office de Tourisme: Place Aristide Briand, 84200 Carpentras, Tel. 0490630078, Fax 0490604102, www.tourisme.fr/carpentras, www.carpentras-ventoux.com

Berlingots

Aus den Sirup-Rückständen, die bei der Herstellung kandierter Früchte anfielen, entwickelte ein findiger Konditor 1844 eine Spezialität, die den Namen der Stadt bekannt gemacht hat. Durch den Zusatz von Zucker und Pfefferminz-Aroma entstand aus dem „Abfallprodukt" ein Bonbon, das mit seinen drei Spitzen und weißen Streifen auch äußerlich unverwechselbar ist.

An der Allées des Platanes (Ring um die Altstadt) gibt es mehrere große Parkplätze, die aber oft alle sehr voll sind. Sonst kann man den für Wohnmobile reservierten Stellplatz „Parking Pyramide" probieren. Von dort aus lässt es sich angenehm unter den Platanen des Altstadtrings flanieren oder man kann einige der Baudenkmäler besichtigen: die **Cathédrale Saint-Siffrein,** die jüdische **Synagoge,** den **Triumphbogen** aus dem 1. Jh. oder die **Porte d'Orange,** einen eindrucksvollen Überrest der alten Stadtbefestigung.

Einkaufen

Berlingots, Pralinen und andere Süßigkeiten bekommt man bei folgenden traditionsreichen Adressen: **Confisserie Bono,** 280 Av. Jean-Jaurès; **Chocolaterie Clavel,** 30 Rue Porte d'Orange.

Internet

Oxilis, 144 Rue du Vieil Hôpital; **Wooznet,** 284 Av. du Comtat Venaissin

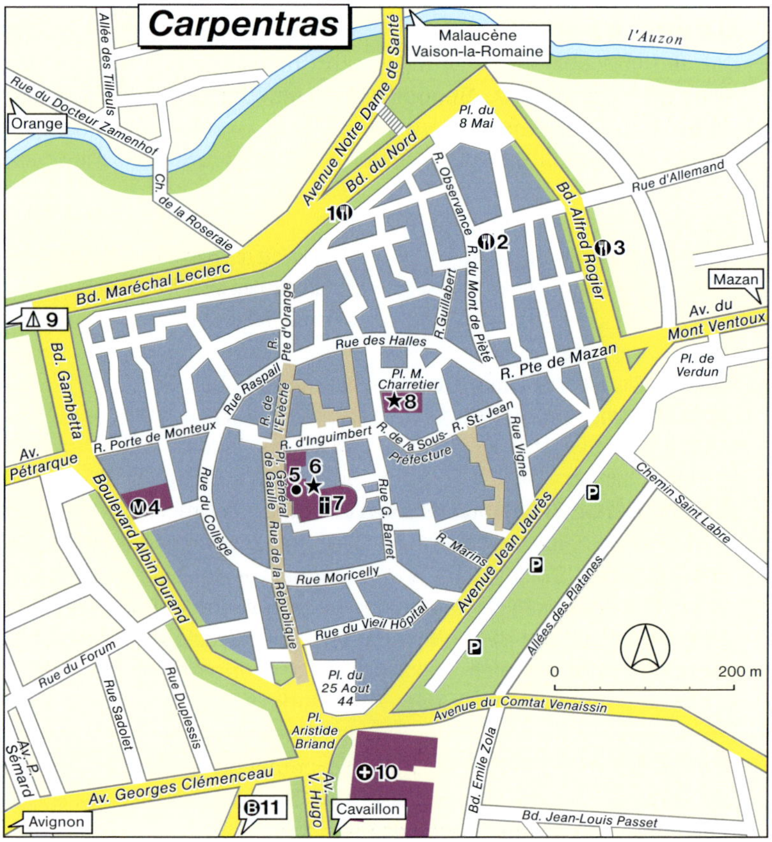

1 Restaurant Rives d'Auzon
2 Restaurant Vert Galant
3 Restaurant La Fraiseraie
4 Bibliothèque Inguimbertine, Musée Comtadin und Musée Duplessis
5 Justizpalast
6 Römischer Triumphbogen
7 Kathedrale St-Siffrein
8 Synagoge
9 Stellplatz „Parking Pyramide"
10 Hôtel Dieu (Krankenhaus)
11 Busbahnhof (= Gare routière)
Fußgängerzone

Stellplatz

9 Aire Communale Parking Pyramide

UTM: 31 T 06 63 591 mE 48 80 131 mN
44,05601°N 5,04279°O

Lage: „Parking Pyramide", ca. 300 m westl. des Zentrums am Boulevard de la Pyramide (auf manchen Karten „Cours de la Pyramide"!); **Anfahrt:** vom Boulevard du Maréchal Leclerc (D 938) an der Porte d'Orange vorbei geradeaus weiter nach Westen; **Platzanzahl:** 4 (nach Auskunft der Stadtverwaltung ist die Zahl nur bei besonderen Veranstaltungen begrenzt); **Untergrund:** Asphalt; **Ver-/Entsorgung:** Trinkwasser, Abwasser-/Chemie-WC-Entsorgung; **Sicherheit:** Video-Überwachung; **Preise:** Übernachtung und Ver-/Entsorgung sind kostenlos; **Max. Stand:** 24 Std.; **Geöffnet:** ganzjährig; **Kontakt:** Tel. 0490608400; **Anmerkung:** Leider sind die Plätze oft durch parkende Lkw blockiert; schönere und ruhigere Stellplätze zum Übernachten findet man auf einigen Weingütern der nahen Umgebung.

004pr Abb.: rh

▲ *Römische Reliefs aus dem 1. Jahrhundert am Triumphbogen in Carpentras*

Suzette

Über die D 21 nach Osten und die D 938 nach Norden kann man von Beaumes-de-Venise direkt nach Barroux fahren. Lohnend ist aber ein Abstecher via D 90 nach **Suzette** (7,5 km), der herrliche Ausblicke auf Aprikosenhaine (besonders zur Blütezeit!), die Dentelles-Zacken mit dem Mont St. Amand (734 m) und den alles überragenden Mont Ventoux eröffnet.

10 Park-/Rastplätze

Südlich von Suzette liegt ein schöner, ruhiger Parkplatz mit Blick auf die Dentelles, nördlich ein ebenso schöner und ruhiger mit Blick auf den Mt. Ventoux.
(UTM: 31 T 06 65 404 mE 48 92 648 mN, 44,1683°N 5,0689°O)

009pr Abb.: rh

▲ *Landschaft bei Suzette*

Abstecher nach Le Barroux

Von Suzette führt rechts ein recht schmales und kurvenreiches Sträßchen in Richtung Südost bis Le Barroux (ca. 5 km; ein Parkplatz befindet sich am Ortseingang von der D 938 kommend). Über seine Gassen erhebt sich eine wuchtige **Festung,** die im 12. Jh. errichtet und später in ein Renaissance-Schloss umgebaut wurde. Versuchen Sie nicht, die schmale Teerstraße bis vor die Festung hinauf zu fahren. Oben ist der Parkraum sehr knapp und es gibt keine Wendemöglichkeit, sodass man den ganzen Weg rückwärts wieder hinunterfahren müsste!

Malaucène

Von Le Barroux geht es via D 938 nach Malaucène (ca. 6 km), das neben seiner Pfarrkirche und einem Stellplatz nicht viel zu bieten hat. Mittwochs ist hier allerdings Markttag.

Information

Office de Tourisme: Place de la Mairie, 84340 Malaucène, Tel. 0490652259

11 Camping

Camping Le Bosquet, Tel. 0490652489, an der Straße von Suzette; April bis Mitte Sept.

Routen-Variante

Die Straßen D 19 und D 974 (Bédoin – Sault) führen teils als kleine Holpersträßchen durch eine einsame und besonders im Herbst berauschende Buschwald- und Heidelandschaft mit einigen kleinen Parkplätzen in stiller Natur.

Parkplatz

UTM: 06 71 274 mE 48 89 421 mN; 44,13792°N 5,14122°O

Traumhafter Park- und Picknickplatz in einsamer Heidelandschaft mit Büschen und schattigen Kiefern; an der D 19 etwa auf halbem Wege nach Bédoin rechts der Straße.

Zum Mont Ventoux

Im Zentrum von Malaucène zweigt nach Osten die D 974 zum Mont Ventoux ab (21 km, s. S. 79); bereits ca. 2 km südlich des Ortes kann man via D 19 nach **Bédoin** und dann ebenfalls via D 974 nur von der anderen Seite her zum Gipfel des **Mont Ventoux** hinauffahren (ca. 30 km). Die erste Variante ist fast von Anfang an sehr reizvoll; bei der zweiten ist der Aufstieg zum Gipfel noch schöner als bei der ersten. Beide lassen sich zu einer sehr schönen Rundstrecke kombinieren.

13 Camping Le Pastoral

UTM: 31 T 06 73 674 mE 48 88 809 mN; 44,13185°N 5,17100°O

An der D 19 NW von Bédoin, Tel. 04 90 12 85 83, geöffnet 1. Apr.–30. Sep., Preise: Fahrz. und zwei Pers. 9,70 €, Strom 2,20 € (6 A), 3,20€ (10 A), Ver-/Entsorgung auch für Durchreisende: Eurorelais Station (2 €), vor dem Eingang.

Will man **von Malaucène zurück nach Vaison** (ca. 11 km), so folgt man weiter der D 938 durch das fruchtbare Groseau-Tal. Unterwegs kann man via D 76 einen Abstecher nach **Crestet** machen. Dieses „Village perché“ mit winkeligen Gassen, Renaissance-Häusern und weitem Ausblick liegt malerisch auf einem Kamm (= crèste). **Parken** Sie Ihr Fahrzeug beim Schloss (heute in Privatbesitz). Das **„Crestet Centre d'Art“** ist ein weitläufiger Skulpturenpark.

Stellplatz

12 Aire Communale de Malaucène

UTM: 31 T 06 70 230 mE 48 93 825 mN 44,1778°N 5,1296°O

Großer, ruhiger und gebührenfreier Parkplatz für Wohnmobile nahe dem Zentrum. **Lage/Anfahrt:** Av. Charles de Gaulle; via D 938 von Norden am Kreisverkehr links und dann gleich wieder links, Anfahrt teils beschildert; hinter der Post weiterfahren bis zum Lkw-Parkplatz; auch für größere Mobile problemlos; **Platzanzahl:** ca. 20; **Untergrund:** Asphalt; **Ver-/Entsorgung:** die Flot Bleu Station wurde inzwischen leider wieder entfernt; einen Gully und einen Wasserhahn soll es neben der Gendarmerie geben; **Sicherheit:** 150 m von der Gendarmerie; **Preise:** Übernachten und Ver-/Entsorgung kostenlos; **Max. Stand:** unbegrenzt; **Geöffnet:** ganzjährig; **Kontakt:** Tel. 0490652259

14 Aire Communale de Bédoin

UTM: 31 T 06 73 826 mE 48 88 031 mN 44,12482°N 5,17265°O

Parkplatz am Schwimmbad. **Lage/Anfahrt:** via D 974, D 138 und Chemin des Sabliers den Schildern „Piscine“ (Freibad) folgen; die Ver-/ Entsorgungsstation befindet sich etwa 100 m vor dem Parkplatz; **Untergrund:** Wiese; **Ver-/Entsorgung:** Strom, Trinkwasser, Abwasser, Chemie-WC; **Preise:** Parken kostenlos; **Ver-/Entsorgung:** 2 € (Eurorelais-Station); **Max. Stand:** unbegrenzt; **Geöffnet:** ganzjährig (im Winter kann das Wasser abgestellt sein); **Kontakt:** Tel. Office de Tourisme 0490656395; **Bemerkung:** schöner, großer Wiesenplatz am Ortsrand, aber kaum Schatten; abends und außerhalb der Saison ruhig; Strom nur an der Eurorelais-Station.

Abstecher

Pisten durch die Berge: Wer ein robustes und kompaktes Fahrzeug hat, kann von Crestet weiter auf engen, meist grob geschotterten Forstwegen durch Wald und Weinberge nach Vaison oder Séguret fahren.

0010pr Abb.: rh

MONT VENTOUX ★★★ UND GORGES DE LA NESQUE ★★

Von Malaucène nach Osten klettert die D 974 zum Gipfel des Mont Ventoux empor (21 km). Eine reizvolle Alternative bietet die D 19 via Bédoin (s. o.). Beide lassen sich auch zu einer Rundstrecke kombinieren (ab/bis Vaison ca. 60 km; 1 Tag).

Wetter- und Straßeninformationen

Tel. 0892680284 (Météo France)

DER MONT VENTOUX

Mit seiner Höhe von 1909 m nimmt sich der „Riese der Provence" neben den Alpen eher bescheiden aus; aber während jene in einem Gipfelmeer etwas untergehen, ragt er als isoliertes Bergmassiv hoch über seine Umgebung empor und ist fast von allen Winkeln der Provence aus sichtbar. Den extremen Höhenunterschieden mit verschiedensten Klimazonen und Biotopen verdankt er eine ungewöhnlich reiche Flora und Fauna (rund 1000 Pflanzen- und 100 Vogelarten!). Von der mediterranen Zone an seinem Fuß steigt man durch herr-

Beste Reisezeit

Die Fahrt zum Gipfel lohnt sich nur an klaren Tagen, die im Sommer eher selten sind. Die besten Chancen hat man früh am Morgen oder im Spätsommer/Herbst.

Abb.: rh 011pr

liche Wälder mit Buchen, Pinien, Zedern, Eichen und Lärchen empor bis zur subarktischen Gipfelzone. Seit 1994 ist der Berg als UNESCO-Biosphärenreservat geschützt.

Das Klima auf dem Gipfel ist arktisch-rau mit heftigen Stürmen, Kälte und Schnee bis in den Sommer. Selbst bei Badewetter im Tal kann es oben eisig kalt sein – und zwischen November und Mai ist die Gipfelstraße meist gesperrt. Zwar kann es auf dem Gipfel zu nahezu jeder Jahreszeit schneien, doch was im Sommer wie eine Mütze aus Schnee aussieht, sind die Hänge aus weißem Kalkgeröll, auf dem sich in stürmischer Höhe keine Vegetation ansiedeln kann.

Verlässt man Malaucène auf der D 974, sieht man schon nach wenigen Kilometern rechts die **Chapelle Notre-Dame-du-Groseau** (nur außen zu besichtigen). Der Bau mit quadratischem Grundriss ist der Chor einer Klosterkirche aus dem 12. Jh., deren Schiff längst verschwunden ist.

Kurz danach in einer Rechtskurve entspringt links am Fuß einer hohen Felswand die **Source Vauclusienne de Groseau,** eine Karstquelle mit einem idyllischen Quellsee, der zum Picknick einlädt. Parkplätze und Naturcamping rechts der Straße.

Weiter schlängelt sich die D 974 durch malerische Wälder den Nordhang des Berges hinauf. Immer wieder passiert sie reizvolle Park- und Rastplätze sowie Aussichtspunkte mit herrlichem Panoramablick.

Auf etwa 1450 m liegt die Skistation **Mt. Serein** inmitten reizvoller Bergmatten. Danach folgt nach rechts biegend der (von Nov.–Mai oft gesperrte!) Anstieg durch kahle Geröllandschaft bis zum **Gipfel des Mont Ventoux** *** mit Observatorium, Wetter- und Radarstation. Bei klarer Sicht überblickt man von dort oben ganz Südfrankreich von Lyon bis zum Mittelmeer (aber dann können auf dem Gipfel auch schon mal die Parkplätze knapp werden!).

Auf der anderen Seite führt die älteste Gipfelstraße (1885 erbaut) über schneeweiße Geröllfelder und den **Col des Tempêtes** (Pass der Stürme) abwärts zur Skistation **Le Chalet-Reynard.** Dort gabelt sich die Straße: Für die kurze Runde folgt man rechts weiter der D 974 über **Bédoin** (s. o.); sonst fährt man links (D 164) in Richtung **Sault.**

16 Park-/Picknickplatz

Einen besonders schönen Ausblick hat man vom Parkplatz bei 31 T 06 77 282 mE 48 93 552 mN, 44,17366°N 5,21767°O, auf dem Wohnmobile auch öfters über Nacht stehen (s. Abb. oben)

15 Camping

Camping Municipal La Pinède ***, 84410 Bédoin, Chemin des Sablières, Tel. 0490656103; geöffnet: Mai–Sept.

Domaine Naturiste de Belezy ****, 84410 Bédoin, Tel. 0490656018, info@belezy.com, www.belezy.com; Ende März–Mitte Okt.; schattiger FKK-Platz mit zwei Pools (einer beheizt) und vielen Sportangeboten

Essen

Le Chalet-Reynard bei der gleichnamigen Skistation, Tel. 0490618455; kleine Snacks wie Omeletts oder rustikale Grillgerichte; Menü ab ca. 15 €

Le Mas des Vignes, 6 km östl. von Bédoin in herrlicher Lage mit Terrasse und Panoramablick, Tel. 0490656391; Nov.–März geschl.; gute, bodenständige Küche aus frischen Zutaten, Menüs 25–40 €

SAULT

Von Le Chalet-Reynard sind es entlang der kurvenreichen und im ersten Teil sehr reizvollen D 164 rund 20 km bis Sault. Der am Westrand des Plateau de Vaucluse auf einem Felsen in 765 m Höhe erbaute Ort besitzt eine romanische Kirche und lebt überwiegend vom Lavendelanbau. Er liegt an der **„Route de la Lavande“** (Infos: www.routes-lavande.com), hat am Wochenende zum 15. August ein **Lavendelfest** und sein **Jardin de Lavandes** (Route de St. Trinit; Juli/Aug. tägl. geöffnet) bietet botanische Führungen und verkauft Setzlinge.

Information

Office de Tourisme: Av. de la Promenade, 84390 Sault, Tel. 0490640121, www.saultenprovence.com, info@saultenprovence.com
Les Routes de la Lavande: s. Nyons

Einkaufen

Das **Maison de Producteurs** (April-Okt.) an der Rue de la République wird von der Kooperative der Lavendel-Anbauer betrieben. Außer Lavendelprodukten gibt es auch andere Duft- und Heilpflanzen sowie Honig.
André Boyer, Rue de la Porte-des-Aires, Tel. 0490640023. Seit 1887 traditionelle Herstellung von „nougat“.

17 *Camping*

Camping Municipal du Defends **, Route de St. Trinit, via D 950 rund 1,5 km nordöstlich des Ortes auf schattigem Terrain neben dem Freibad; Tel. 0490640718; 2. Mai-30. Sept; Übernachtung mit 2 Pers. ca. 10€; UTM: 31 T 0694080 4886168, 44,10297°N 5,42491°O

Stellplatz

19 *Stellplatz am Lac de Bourquet*

UTM: 31 T 06 88 679 mE 48 80 981 mN; 44,0577°N 5,3556°O

4 km südwestlich von Sault zweigt hinter Monieux von der D 942 links ein sehr schmaler, einspuriger, aber befestigter Fahrweg ab, der 500 m zu einem kleinen „Plan d'Eau“ (See) in traumhafter Lage hinunterführt. Das idyllische Erholungsgebiet für Bewohner der Umgebung bietet ebene Parkplätze auf festem Wiesengrund, eine Toilette, Mülleimer, Spielplatz, Tische und Angelmöglichkeiten; nicht als Stellplatz ausgewiesen, aber auch keine Verbotstafeln – und ideal für ein Picknick ist es allemal.

Achtung: Aus der Gegenrichtung kommend ist die Abzweigung für größere Mobile zu spitzwinklig.
Wandern: Bei der Brücke beginnt ein schöner Wanderweg; ca. 1,5 km bis zur Quelle „Font de St. Jean“, zur Kapelle St. Michel und weiter durch die Nesque-Schlucht.

Stellplatz

18 *Stellplatz Sault*

UTM: 32 T 06 93 270 mE 48 85 197 mN
44,09444°N 5,41444°O

Kein schöner, aber relativ ruhiger Platz am Ortsrand beim Friedhof; **Lage/Anfahrt:** vom Zentrum bergauf Richtung „Parking Aires“, daran und an der Schule vorbei bis zum Ortsende; am Friedhof rechts; **Zufahrt:** für alle Fahrzeuge problemlos; vor der Schule irritiert ein Schild „Durchfahrt verboten“, das aber nur für die Pausen gilt; **Platzanzahl:** ca. 30; **Untergrund:** Schotter, eben; **Ver-/Entsorgung:** Trinkwasser, Abwasser, Chemie-WC; Eurorelais; **Preise:** Übernachtung kostenlos; Eurorelais 2 €; **Geöffnet:** ganzjährig

GORGES DE LA NESQUE **

Man verlässt **Sault** auf der D 942 nach Westen und hält sich 2,5 km weiter bei der Gabelung links, um auf einer rund 20 km langen und kurvenreichen Strecke die malerischen **Gorges de la Nesque** zu entdecken.

Die stellenweise spektakuläre Straße führt durch eine karge und kaum besiedelte Berglandschaft hoch über der Nesque, die sich bis zu 400 m tief in die Kalkfelsen geschnitten hat. **Monieux,** das den Schluchteingang markiert, bietet neben mittelalterlichen Häusern und einem Turm aus dem 12. Jh. Zugang zu einem markierten **„Sentier botanique“** (Pflanzen-Lehrpfad; insgesamt ca. 3 Std.; keine besonderen Schwierigkeiten; am südlichen Ortsausgang links auf einer schmalen Straße in Richtung „Plan d'Eau“ bis zum Parkplatz fahren).

Auf der weiteren Strecke bieten zahlreiche kleine Haltebuchten gute Ausblicke über die Schlucht. Den wohl schönsten Blick hat man ca. 5,5 km hinter Monieux vom 734 m hohen **Belvedere de Castellaras,** gegenüber dem steil aufragenden **Rocher du Cire** (872 m). Danach passiert man einige (teils niedrige!) Tunnel und fährt dann durch weniger spektakuläre Landschaft allmählich abwärts nach Villes-sur-Auzon. Die D 30 über das Plateau de Vaucluse ist recht monoton.

Achtung

Einer der Tunnel entlang der Nesque-Schlucht ist an der Innenseite nur 2,40 m hoch! Sonst bis 3 m gut passierbar.

Tipp

Mit etwas Glück kann man über der Schlucht Gänsegeier beobachten.

Picknickplatz

Nach dem Ende der Schlucht gibt es nahe Villes-sur-Auzon einen schönen, sonnigen Platz zwischen Eichen und Tannen mit einem Naturpfad (Sentier de Découverte). UTM: 31 T 06 80 031 mE 48 78 777mN; 44,04006°N 5,24701°O

Tipp

Falls man die Strecke in entgegengesetzter Richtung fahren kann, ist das Erlebnis eindrucksvoller, da die Route dann eher sanft beginnt und sich steigert.

Abstecher

Sehr schön ist ein Abstecher auf den ruhigen, kleinen Provinzstraßen D 217 und D 1 südlich des Massivs – besonders im Juli und August, wenn die Lavendelblüte das Land mit fantastischen blau-violetten Teppichen überzieht!

013pr Abb.: rh

▶ *Einige der Tunnel über der Nesque-Schlucht sind mit etwas Vorsicht zu genießen*

014pr Abb.: rh

KULTURSCHÄTZE UND NATURWUNDER RUND UM DAS PLATEAU DE VAUCLUSE ★★★

Von **Villes-sur-Auzon** folgt man weiter der D 942 nach Westen und biegt nach ca. 7,5 km links auf die D 77 um nach Venasque zu gelangen. Unter einer weit über die Straße ragenden Felswand hindurch klettert das schmale Sträßchen zu dem Village perché (Felsendorf) empor.

▲ *Das Felsendorf Venasque war einst Hauptstadt des Comtat Venaissin*

VENASQUE ★

Der unscheinbare Ort hoch auf dem Felsplateau über der Nesque war einst Bischofssitz und Hauptstadt des **Comtat Venaissin,** dem er sogar seinen Namen verlieh. Sehenswert sind neben den massigen **Tours Sarrazines** (davor ein großer P **Parkplatz**) die Kirche **Notre-Dame de Vie** und das umstrittene **„Baptisterium",** das lange als merowingische Taufkapelle galt, heute aber eher als Grabkapelle aus dem 11. Jh. angesehen wird. Weder der Streit der Gelehrten noch die Datierung nimmt dem Kreuzgewölbe etwas von seinem stillen Reiz. Auch das Dorf selbst bezaubert durch seine beschauliche Atmosphäre.

i *Information*

Office de Tourisme: Grande Rue, 84210 Venasque, Tel. 0490661166 (nur im Sommer geöffnet)

P *Parken*

Kompaktere Mobile können ganz oben vor den Festungstürmen parken; längere Fahrzeuge sollten in der Saison gar nicht erst ganz bis zum Dorf hinauffahren und außerhalb der Saison im Ort gleich den ersten (kleinen!) Parkplatz rechts ansteuern, da die folgende Haarnadelkurve vor dem Stadttor recht eng ist.

Stellplatz

⑳ *Weingut „Domaine du Bon Remède"*

FRANCE PASSION

Von Mazan in Richtung Malemort-du-Comtat, auf die D 163 biegen, das Gut liegt nach 1,2 km rechts der Straße; 2 Stellplätze mit Wasser und Mülltonne aber ohne Schatten; während der Weinernte sind die Plätze nicht frei!

Das Plateau de Vaucluse: Karstplateau mit zwei Gesichtern

Das Plateau de Vaucluse im Herzen der Provence, zwischen der Kette des Mt. Ventoux im Norden und den Luberon Bergen im Süden, ist ein weites Karstplateau, in Jahrmillionen vom Wasser zerfurcht, zerfressen und unterkellert. Durchzogen von Schluchten und von Höhlen durchlöchert wie ein Schweizer Käse. Ein Plateau trockener Busch-Steppen und betörender Lavendelfelder, malerischer Bergdörfer und bizarrer Karst-Phänomene. Ein Land mit Licht und Schatten, denn einige der pittoresken Bergdörfer und Naturphänomene wurden zum Opfer ihrer Schönheit und vom Tourismus überrannt. Und doch gibt es sie auch hier noch immer: stille Winkel, lauschige Täler und verschlafene Dörfer mit dösenden Plätzen und zerbröckelnden Ruinen. Und selbst die Hauptattraktionen, die man im Sommer gerne meidet, können im Frühjahr oder Herbst ein ganz anderes und sehr sympathisches Gesicht zeigen.

RUND UM DAS PLATEAU DE VAUCLUSE ***

Weiter geht es am Rand des Plateau de Vaucluse entlang durch drei vom Wasser geprägte Orte und zu malerischen Bergdörfern, Klöstern und Naturwundern an den Südhängen des Plateaus. Mit kleineren Fahrzeugen kann man dazu von **Venasque** auf schmalen, kurvigen Sträßchen über **St. Didier** weiterfahren; mit größeren nimmt man besser die D 4 und D 1 (ca. 10 km) nach Pernes-les-Fontaines.

Alternativroute

Wer „abkürzen" möchte und eher schöne Landschaften als Städte sucht, der kann auf der D 4 in Richtung Südosten durch den **Forêt de Venasque** und die sehr reizvollen **Gorges** ** fahren und dann via Col de Murs (627 m), durch dünn besiedeltes Land und Weinberge quer über das Plateau bis Roussillon (s. S. 90) oder Apt (s. S. 93).

PERNES-LES-FONTAINES

015pr Abb.: rh

Das kleine Landstädtchen Pernes – Nachfolger von Venasque als Hauptstadt des Comtat – verdankt seinen Beinamen den angeblich **30 Brunnen,** die hier plätschern sollen (wir haben allerdings nur wenige davon entdeckt).

Neben mächtigen Stadttoren, Schloss und Uhrturm ist in Pernes vor allem der **Tour Ferrande** interessant, ein Wohnturm aus dem 13. Jahrhundert. Aber auch sonst hat das Städtchen mit viel alter Bausubstanz eingen Charme und ein Bummel lohnt sich (falls man auf dem Place Aristide Briand direkt an der D 28 einen P Parkplatz findet!).

P 21 22 Weitere Parkplätze

Der große, schattige **Parking Frederic Mistral** liegt jenseits der Nesque an der Cour Frizet (D 1); UTM: 31 T 06 64 906 mE 48 73 859 mN, 43,9994°N 5,0568°O; der **Parking du Marché** – östlich des Zentrums via Cours de la République in Richtung St. Didier, UTM: 31 T 06 65 356 mE 48 73 927 mN, 43,9999°N 5,0624°O.

Information

Office de Tourisme: Pl. Gabriel-Moutte, 84210 Pernes-les-Fontaines, Tel. 0490613104, ot-pernes@axit.fr, www.ville-pernes-les-fontaines.fr

㉓ Camping und Ver-/Entsorgung

Camping Municipal Coucourelle**, hinter dem Sportkomplex an der Straße in Richtung St. Didier (D 28), Tel. 0490664555, culture@pernes-les-fontaines.fr; Flot Bleu Station gleich am Eingang (kostenlos, im Winter kein Wasser); Übernachtung für 2 Pers. ca. 13 € (inkl. Strom); geöffnet: 1.4.–30.9., UTM: 31 T 06 65 831Me 48 73 935mN; 43,99984°N 5,06841°O.

L'ISLE-SUR-LA-SORGUE

Über die D 938 nach Süden erreicht man 11 km weiter L'Isle-sur-la-Sorgue. Von den klargrünen Armen der Sorgue umströmt, hat sich die als „Venedig der Provence" gerühmte Inselstadt ihre wasserreiche Lage früh zunutze gemacht: Gerbereien und Färbereien entstanden und Dutzende riesiger Schaufelräder trieben Öl-, Getreide- und Papiermühlen an. Einige dieser bemoosten **Mühlräder** sind noch heute erhalten. Außerdem ist der Ort für seine Antiquitäten und ↗**Villages des Antiquaires** bekannt sowie für den größten Flohmarkt der Provence („Foire à la Brocante" zu Ostern mit über 800 Händlern). Daneben gibt es jeden Sonntag kleinere Floh- und Trödelmärkte.

▼ *Einige der einst zahlreichen Mühlräder von L'Isle-sur-la-Sorgue drehen sich noch heute*

016pr Abb.: rh

Information

Office de Tourisme: Place de la Liberté, 84800 L'Isle-sur-la-Sorgue, Tel. 0490380478, www.ot-islesurlasorgue.fr

㉔ Camping

La Sorguette***, von Apt kommend gleich am Ortseingang rechts, Tel. 0490380571, www.camping-sorguette.com; gut ausgestatteter Platz an der Sorgue; N 100 ca. 1,5 km Richtung Apt; Mitte März–Mitte Okt.; 2 Pers. ca. 16–20 € (plus Strom 4,20–5,10 €).

㉕ Stellplatz

Weingut „Domaine de la Gasqui"; via D 938 in Richtung Pernes, hinter dem Kreisverkehr des Einkaufszentrums beim Weiler St. Antoine rechts und den Schildern folgen; 5 Stellplätze, Wasserversorgung, wenig Schatten. Auf 500 m Länge ist die Zufahrt einspurig! An der N100 weist fälschlich ein Schild auf eine „Aire Campingcar" hin.

Internet

Webanna, 10 rue André-Autheman

Einkaufen: Le Village des Antiquaires

Die Innenstadt von L'Isle-sur-la-Sorgue ist voller Antiquitätengeschäfte. Zahlreiche der Händler haben sich aber auch zu sieben Villages (Dörfern) zusammengeschlossen, die in alten Fabrik- oder Lagerhallen riesige Schatzkammern zum Stöbern bieten. Das älteste davon ist das Village des Antiquaires de la Gare, Av. De l'Égalité, Tel. 0490380457, das in einer alten Textilfabrik auf 3500 m² rund 80 Aussteller vereint. Geöffnet an Wochenenden und Feiertagen 10–19 Uhr.

FONTAINE-DE-VAUCLUSE ★

Sackgasse als Namensgeber

Da der gesamte Fluss hier aus dem Felsen kommt, ist das Tal eine Sackgasse, ein „geschlossenes Tal" = Vallis Clausa, und damit Namensgeber für das Département Vaucluse.

Via D 25 in Richtung Osten gelangt man nach Fontaine-de-Vaucluse★. Der dritte „Wasser-Ort" in Serie ist fast schon so etwas wie ein nationaler Wallfahrtsort der Franzosen – was bedeutet, dass man ihn zu Ferienzeiten und an sonnigen Wochenenden besser meidet, denn dann sind dort mehr Menschen, Omnibusse und Souvenirbuden zu sehen als Wasser in der Sorgue! Im Frühjahr hingegen, wenn Ausflügler und Buden noch nicht recht aus dem Winterschlaf kommen und dafür das Wasser mächtig strudelt, kann es sehr schön sein, an den smaragdgrün glitzernden Kaskaden entlang bis zum Quelltopf am Fuß einer hohen Felswand zu spazieren. Tatsächlich steht man hier nicht an einer gewöhnlichen Plätscherquelle, sondern an einer **Karstquelle,** die einen kompletten Fluss auf einmal ausspuckt: fast 100 m³ pro Sekunde im Frühjahr. Hier kommt all das Wasser wieder ans Tageslicht, das auf einer Fläche von über 1000 km² auf der karstigen Fläche des Vaucluse-Plateaus im Boden verschwindet.

018pr Abb.: rh

Um die Buden und Stände sollte man einen Bogen machen. Anschauen kann man sich hingegen die alte **Papiermühle,** wenngleich auch hier inzwischen die Verkaufsfläche den meisten Raum einnimmt, sowie eines der verschiedenen **Museen: Santon-Museum** (Szenen mit provenzalischen ↗Santon-Puppen), **Musée d'Histoire 1939–45** (Besetzung und Résistance), **Écomusée du Gouffre** (die Welt der Höhlen und Tropfsteine) und **Petrarca-Museum.**

Information

Office de Tourisme: Chemin de la Fontaine, 84800 Fontaine-de-Vaucluse, Tel. 0490203222, officetourisme.vaucluse@wanadoo.fr, www.oti-delasorgue.fr

Parken/Stellplatz

Beide Zufahrten entlang der Sorgue (D 24 und D 25) sind von riesigen gebührenpflichtigen Parkplätzen (3 €) gesäumt. Im Sommer kann trotzdem alles sehr voll sein!

Stellplatz

26 Aire Communale de Fontaine-de-Vaucluse

UTM: 31 T 06 70 693 mE 48 65 370 mN
43,92167°N 5,12621°O

Schön gelegen, nachts ruhig; zu Fuß 5 Min. vom Ort. **Lage/Anfahrt:** an der nördlichen Zufahrt nach Fontaine (D 25) kurz vor dem Ortseingang rechts; **Untergrund:** Schotter; **Ver-/Entsorgung:** Trinkwasser, Abwasser, Chemie-WC, Toilette (Winter 2008 war das Wasser abgestellt und es gab „Entleeren verboten"-Schilder); **Preise:** 3 €/Fahrz., Parkgebühr bis 19 Uhr; **Max. Stand:** unbegrenzt; **Geöffnet:** ganzjährig; **Kontakt:** Office de Tourisme; **Hinweis:** Im Winter öffnet sich die Schranke bei der Ausfahrt automatisch und kostenlos.

Crèches und Santons

*Die ersten **Weihnachtskrippen** (crèche) mit bunt bemalten Figuren sind vermutlich im 17. Jh. aus Italien in die Provence gekommen – und stießen dort auf große Begeisterung. Im 18. Jh. wurden sie aus Wachs gefertigt, das ein Drahtgestell überzog und mit üppigen Kostümen, Perücken und Schmuck ausgestattet. Später wurden auch Pappmaché, Holz, Salzteig und andere Materialien verwendet. Dem Temperament der Provenzalen entsprechend, blieb es nicht bei statischen Figuren, sondern es entstanden bereits früh die so genannten crèches parlantes (sprechende Krippen): umfangreiche Ensembles sich bewegender Figuren, die teilweise zudem Geräusche machten und sangen. Dabei nahm man es in der Begeisterung mit historischen Details nicht zu genau und niemand störte sich daran, wenn Eisbären, Giraffen und Nilpferde um das Jesuskind tanzten, wenn die Könige aus dem Morgenland einem Dampfzug entstiegen – oder (wie zu Napoleons Zeiten) der Kaiser mitsamt seinen Truppen und einem Kriegsschiff mit von der Partie waren.*
*Die **Santons** verdanken ihre Existenz eigenartigerweise der Französischen Revolution. Als sie die Kirchen schloss und damit die Weihnachtskrippen verschwanden, traten die „kleinen Heiligen" eine weltliche Karriere an. Jean-Louis Lagnel, ein Künstler aus Marseille, der zuvor Krippenfiguren für die Kirchen gefertigt hatte, kam auf die Idee, kleinere Tonfiguren in größerer Stückzahl mit Hilfe von Gipsschablonen zu fertigen und zu günstigeren Preisen direkt an die Bevölkerung zu verkaufen, sodass die Menschen ihre eigene Weihnachtskrippe einrichten konnten. Die bunt bemalten Figürchen nach biblischen Vorlagen und provenzalischer Tradition fanden so stürmischen Anklang, dass schon wenige Jahre später die ersten Santon-Märkte entstanden. Die Santons wurden zu einem festen Bestandteil der provenzalischen Tradition und durften an Weihnachten in keiner Familie fehlen. Zusätzlich hat in den letzten Jahrzehnten der Tourismus die Produktion belebt – mit der Folge, dass einem Santons en masse in jedem Souvenirgeschäft begegnen und dass sie teilweise als Billigware aus Fernost importiert werden.*

Um die „Sackgasse" zu verlassen, fährt man zuerst auf der D 25 ein Stück zurück und dann auf der schmalen D 24 nach Süden bis zur N 100 und dort links und ca. 2 km weiter wieder links auf die D 22. Kurz darauf trifft sie auf den Weiler **Coustellet** mit dem **Musée de la Lavande** (Jan. geschl., 4 €, Tel. 0490769123), das u.a. eine sehr schöne Sammlung historischer Destillierapparaturen zeigt – und vor allen Dingen jede Menge Lavendelprodukte verkauft. Man kann sich also mit Mitbringseln eindecken.

Weiter kann man entweder via D 2 nach Südwesten bis **Cavaillon** (s. S. 99) oder via D 2 und D 3 in Richtung Südost nach **Oppède-le-Vieux** (s. S. 99) und zu den Hängen des **Luberon** (s. S. 94). Unsere Route führt aber zunächst via D 2 in nordöstlicher Richtung und schließlich links über die D 15 hinauf nach Gordes **.

Route touristique

Eine schmale und reizvolle touristische Straße führt nach Süden zur D 100; sie umfasst jedoch eine sehr steile Kurve!

Picknickplatz

UTM:31 T 06 71 311mE 48 62 093mN; 43,89203°N 5,13286°O
Sonniger Platz auf der Passhöhe vor Cabrières; Motocross-Gelände nebenan!

019pr Abb.: rh

GORDES **

Dieses klassische Bilderbuch-Provence-Bergstädtchen mit seinen Gassen, Treppen und Terrassen und einem Gewirr von schmucken weißen Kalksteinhäusern (die hartnäckig immer wieder als „golden“ bezeichnet werden) ist gewiss einen Besuch wert – aber möglichst nicht zu Hauptreisezeiten, da es dann fürchterlich überlaufen ist. Nach dem Krieg war der Ort weitgehend zerstört, wurde dann aber von Künstlern entdeckt und so gründlich wieder aufgebaut, dass man heute meinen könnte, es sei des Guten fast etwas zu viel. Den schönsten Blick auf Gordes genießt man von einem Felsbalkon, sobald man die Höhe erreicht hat; eine Parkmöglichkeit findet man erst ein Stück weiter.

Neben einem Bummel durch die Gassen kann man sich das **Schloss** mit **Kunstausstellung** (Pol Mara) ansehen, aber interessanter ist die unterirdische Welt der **Caves du Palais St. Firmin** (durch die kleine Rue de l'Église und die Rue Belvédère in Richtung „Point de Vue“): ein unterirdisches Labyrinth von Gewölben, Treppen, Kammern und Zisternen mit einer alten Ölmühle.

Information

Office de Tourisme: Place du Chateau, 84220 Gordes, Tel. 0490720275, www.gordes-village.com, office-gordes@wanadoo.fr

Parken

Parking René Cassin vor dem Zentrum links; von Ostern bis Ferienende gebührenpflichtig (Wohnmobile 3 €; s. u. „Stellplatz“)

Stellplatz

27 *Parking René Cassin*

UTM: 32 T 06 76 456 mE 48 64 764 mN
43,91485°N 5,19775°O

Ruhiger Platz nahe dem Zentrum. **Lage/Anfahrt:** D 15 bis unmittelbar vor das Altstadtzentrum, dann in der Rechtskurve links den Parkplatzschildern folgen; an den Busparkplätzen vorbei bis zum Ende; **Zufahrt:** für alle Fahrzeuge problemlos; **Platzanzahl:** ca. 10–20; **Untergrund:** Teer, leicht abschüssig; **Ver-/Entsorgung:** Trinkwasser, Abwasser, Chemie-WC; Eurorelais (im Winter nicht immer Wasser); **Sicherheit:** direkt bei der Gendarmerie; **Preise:** Parken 3 €; Eurorelais kostenlos; **Max. Stand:** unbegrenzt; **Geöffnet:** ganzjährig; **Hinweis:** Alternative ist der Wiesenplatz (UTM: 43,90118°N 5,19291°O; 31 T 06 76 108mE 48 63 235mN) bei der Abzweigung zum Village de Bories (s. u.).

UMGEBUNG VON GORDES

Village de Bories * (tgl. 9 Uhr bis Sonnenuntergang; Tel. 0490720348; 8 €; via D 15 ca. 2,5 km nach Süden und kurz nach Einmündung auf die D 2 rechts und gleich wieder rechts auf den großen Wiesenparkplatz. Von dort führt ein kleines Sträßchen zwischen Trockenmauern gegen Schluss als ungeteerter Fahrweg ca. 2 km bis zum P Parkplatz. **Achtung:** Die Zufahrt vom Wiesenparkplatz zum Village de Bories ist für Fahrzeuge über 3,5 t zGG und 2,3 m Breite gesperrt! Ich würde schon Besitzern von Fahrzeugen über 2 m Breite dringend raten, lieber zu Fuß zu gehen. Zwischen den Steinmauern wird es vor allem auf der Rückfahrt stellenweise sehr eng und zudem kurvig!).

Hier wurde inmitten der typischen Busch- und Weidelandschaft des Plateaus ein komplettes Dorf aus ↗**Bories** restauriert und zusammengestellt: Wohnhäusern, Speichern, Ställen, Vorratskammern, Backöfen etc.

Bories – von der Steinzeit bis zur Gegenwart

Bories sind einfache, weitgehend fensterlose Steinhäuser, die ohne Mörtel und Werkzeuge aus Kalksteinplatten aufgeschichtet und nach oben mit einem so genannten „falschen" (spitz zulaufenden) Gewölbe abgeschlossen wurden. Sie gehen bis auf die Steinzeit zurück und sind in ähnlicher Form auch in anderen Mittelmeerländern (z. B. Trullis in Italien, Kazuni in Kroatien) und bis nach Irland und Schottland verbreitet. Teilweise wurden sie bis in die Gegenwart als Schutzhütten, Feldspeicher, Ziegenställe etc. genutzt und bis etwa ins 19. Jh. wurden einige sogar noch bewohnt. Verschiedenste Beispiele findet man entlang den Straßen der Provence.

Moulin de Bouillons (5 km südl. via D 15 und D 2, links auf der D 103 in Richtung Beaumette, wieder links auf die D 148 und rund 100 m in Richtung St. Pantaléon; Apr.–Okt. tgl. außer Di. 10–12 und 14–18 Uhr, 4,50 €, Tel. 04 90 72 22 11). Dieses **Museum mit einer Ölmühle** aus dem 16. Jh. besitzt eine gigantische, 7 Tonnen schwere Presse, die aus einem einzigen Eichenstamm gefertigt wurde und die älteste erhaltene gallo-romanische Presse ist.

In **St. Pantaléon** (weiter via D 148 nach Osten) steht eine kleine **romanische Felsenkirche,** umgeben von in den Fels geschnittenen Gräbern.

Tipp

Den Weg zum Klostereingang ist beschildert. Geht man vom Parkplatz aber geradeaus, so gelangt man zur Kirche. Sie kann ohne Eintritt besucht werden und ist mit den anderen Klosterräumen verbunden (!) und wegen ihrer tollen Akustik eine besondere Attraktion.

ABBAYE DE SÉNANQUE ★★★

Westlich von Gordes führt die D 177 in Richtung Norden zur Abbaye de Sénanque, die in ihrer Schlichtheit eines der schönsten und eindrucksvollsten Klöster der Provence ist (März–Okt. 10–12 und 14–18 Uhr, sonst 14–17 Uhr, Sa., So., an kath. Feiertagen und in den französischen Schulferien nur 14–18 Uhr; 7 €; Besichtigung ca. 1 Std.; Tel. 0490720572, visites@senanque.fr, www.senanque.fr). Den schönsten Blick von außen auf die Anlage hat man zur Zeit der Lavendelblüte (Juli/Aug.) zeitig am Morgen oder am Spätnachmittag; später ist die Anlage vom Gegenlicht überstrahlt.

020pr Abb.: rh

Ihr meditativer Baustil der schlichten, klaren Linien und der Harmonie von Form und Licht verkörpert den Grundgedanken der Zisterzienser, sich in die umgebende Natur einzufügen. *„Viel mehr wirst du in den Wäldern finden als in den Büchern. Die Bäume und Felsen lehren dich Dinge, welche dir kein Lehrer jemals sagen kann"*, schrieb der hl. Bernhard. Allerdings: Während der Hauptsaison sind Ruhe und meditative Stimmung oft dahin!

Zufahrt und Parken

Die Zufahrt von Süden ist streckenweise nur einspurig! Alternativ kann man östlich von Gordes via D 15, links auf D 244 und wieder links auf D 177 auf etwas breiteren Sträßchen und durch schöne Landschaft von Norden her nach Sénanque gelangen, doch sind hier zwei kleine Brücken nur für max. 2,5 t zugelassen.
Einen großen Parkplatz gibt es direkt nördlich des Klosters; einen viel ruhigeren, kleinen schattigen Parkplatz für ein Picknick mit Blick auf das Kloster findet man kurz vorher in der letzten Haarnadelkurve links.

021pr Abb.: rh

Für die Weiterfahrt kann man die folgende Variante wählen: hinter Gordes links der D 2 folgen, dann rechts via D 4 und wieder rechts über die D 104 nach Roussillon hinauf.

ROUSSILLON ***

Schon der **Blick auf die Altstadt** (am schönsten vom Parkplatz am Zugang zum „Sentier des Ocres") ist die Fahrt hierher wert. Die eng auf dem Hügel zusammengedrängten Häuser leuchten in der ganzen Palette warmer Ockertöne: von Safrangelb und Erdbraun über Karmesin und Zinnober bis zu Weinrot und Violett. Und der Himmel darüber scheint noch blauer zu strahlen als sonst!

Einen Bummel durch die engen Gassen sollte man sich keinesfalls entgehen lassen (wenn irgendmöglich bei sonnigem Wetter!) – aber noch weniger einen Spaziergang durch die alten Ockerbrüche auf dem **Sentier des Ocres** *** (vom Place du Pasquier nach Osten die Straße hinauf; 1–2 km, 1 Std., März–Mitte Nov. tgl., sonst nur Sa., So. und in den Schulferien tgl. 13–17 Uhr; 2 €; bei Regen geschlossen). Der Pfad führt durch eine bizarre Wunderwelt fantastisch gefärbter Wände, Türme, Zinnen und Feenkamine. Zudem geben Infotafeln Erläuterungen zur Flora.

Tipp

Besuchen Sie die Ockerbrüche unbedingt bei sonnigem Wetter und am besten frühmorgens oder spätnachmittags, wenn die Farben am intensivsten leuchten. Tragen Sie alte bzw. unempfindliche Kleider und Schuhe, denn zumindest Schuhwerk und Hosenbeine werden nachher kräftig vom Ockerstaub verfärbt sein!

Etwa 1 km südl. des Pl. du Pasquier via D 104 in Richtung Apt findet man das **Conservatoire de Ocres** (Juli/Aug. 9–19 Uhr, sonst tgl. außer Mo. 9–13 und 14–18 Uhr; 5 €; Führung 1 Std.; Tel. 0490056669), das in der 1963 geschlossenen Fabrik zeigt, wie der Ockersand weiterverarbeitet wurde.

Information

Office de Tourisme: Place de la Poste (an der Place du Pasquier), 84220 Roussillon, Tel. 0490056025, ot-roussillon@axit.fr, www.roussillon-provence.com

28 Parken/Stellplatz

Große, gebührenpflichtige Parkplätze (2 €) an den Ortseingängen von D 169 (Parking des Sablons) und D 104 kommend; an der Ecke D 149/D 104 (Les Sables d'Or) gibt es einen schönen, ruhigen Platz (UTM: 31 T 06 84 463mE 48 62 926mN) mit Toiletten; die Ver-/Entsorgungsstation besteht leider nicht mehr (tagsüber 2 €, Übernachtung 5 €, 12.11.-29.02. kostenlos); die weitere Zufahrt zur Altstadt ist für Wohnmobile gesperrt.

▲ *Die alte Römerbrücke erfüllte bis vor wenigen Jahren ihren Zweck*

Essen

Le Bistro (Pl. de la Mairie, Nov.-März und Mi. geschl.) mit ockergefärbtem Speisesaal und schöner Aussichtsterrasse ist eines der angenehmsten Lokale im Ort; Menüs 15–22 €.

Ocker – die Ästhetik des Rosts

Einer alten Legende zufolge sollen die Titanen bei ihrem (vergeblichen!) Versuch, die Provence zu erobern, mit einer riesigen Feuerkanone Glutbälle auf sie gefeuert haben – und wo sie einschlugen, ist die Erde bis heute rot verbrannt. Das klingt natürlich poetischer als die lapidare Feststellung, dass all diese Farbenpracht nur eins ist: Rost. Tatsächlich sind die vielfältigen Nuancen von Rot, Orange und Gelb letztlich nichts anderes als eine Mischung von sandigem Lehm mit Eisenoxid. Je nach Grad der Oxidation und Mischung reicht das Spektrum vom hellsten Safrangelb über Senfgelb zum feurigen Karmesin und Zinnober bis zum satten Weinrot und Violett.

Um aus den Ockersanden Farbstoff zu gewinnen, wurden sie gewaschen, aufgeschwemmt und in eine Serie von Absetzbecken geleitet. Der abgelagerte Ockerschlamm wurde getrocknet und zu feinem Pulver zermahlen. Um noch intensivere Farben zu erhalten, hat man ihn auch gebrannt. Vor der Zeit synthetischer Farben wurden die sonnenresistenten Naturpigmente zu vielfältigen Zwecken verwendet. Als Fassadenfarbe verleihen sie heute noch vielen Provence-Dörfern ihre warme, erdverbundene Atmosphäre. Daneben wurden sie für Fresken verwendet, für Keramik und Kosmetika – und sogar um das angebliche „Maispapier" einer berühmten französischen Zigarettenmarke zu färben!

Abstecher

Lohnend ist ein Abstecher über die D 4 nach NO in Richtung **Carpentras** (s. S. 75 bei Pernes).

Ein Abstecher nach Süden über die D 149 und die D 108 führt ca. 5 km zu der **Pont Julien,** einer Römerbrücke aus dem 3. Jh. v. Chr. an der Via Domitia. Sie war bis 2006 für Fahrzeuge bis 3,5 t passierbar. Heute ist sie gesperrt; es gibt eine Umgehung und einen kleinen Parkplatz.

Folgt man weiter der D 2 (oder von Roussillon der D 227 und dann der D 2), so erreicht man ca. 10 km nordöstlich **St. Saturnin-lès-Apt,** ein malerisches „Village perché" (Felsendorf) mit Windmühle, romanischer Kapelle und einer Festungsruine, die man vom Parkplatz an der Rue de la Combe aus erkunden kann. Vorsicht: ungesicherter Aufstieg!

Anschlussroute

Von St. Saturnin-lès-Apt führt die D 943 durch die kaum besiedelte, aber streckenweise sehr monotone Landschaft der Vaucluse-Berge zunächst nach Westen und dann nach Norden insgesamt 28 km weit bis **Sault** (s. S. 81), von wo aus man nach Nordwesten den Mont Ventoux erreicht oder nach Südosten via D 30 über die einsame Hochebene des **Plateau Albion** (riesige Militärbasis) nach **Rustrel** (s. u.) gelangt.

RUSTREL

Via D 179 ca. 10 km östlich von St. Saturnin liegt das zweite bedeutende Ockerzentrum der Provence: Rustrel, das berühmt ist für seinen **Colorado Provençal** *** (östl. des Ortes via D 22; z. T. sehr schmale Zufahrt, in der Saison Einbahnverkehr und gebührenpflichtige Parkplätze – 6 € auf dem Parking Municipal, 5 € auf dem Parking Ombragé; außer der Saison keine Einschränkung). Das Ortsbild ist längst nicht so reizvoll wie das von Roussillon, aber die alten Ockerbrüche sind noch ausgedehnter und vielleicht noch faszinierender.

Von den Parkplätzen kann man die einstigen Ockerbrüche auf einem langen und verzweigten Pfadnetz erkunden (u. a. auf dem GR 6). Die Möglichkeiten sind länger und vielfältiger als bei Roussillon. Den Parkplätzen am nächsten liegen die gut erschlossenen **Cheminées de Fée** (Feenkamine) und die **Sahara.**

Auch hier gilt, was schon zu Roussillon gesagt wurde: Besuchen Sie die Ockerbrüche bei sonnigem Wetter und am besten frühmorgens oder am Spätnachmittag, wenn die Farben am intensivsten leuchten. Tragen Sie alte bzw. unempfindliche Kleider und Schuhe, denn zumindest Schuhwerk und Hosenbeine werden nachher vom Ockerstaub verfärbt sein! Die weiteren Wege sind weniger gut ausgebaut als bei Roussillon. Sie erfordern festes Schuhwerk und etwas Erfahrung; bei nassem Wetter meiden!

Sicherheit

Auf diesen Parkplätzen wurden schon öfters Fahrzeuge aufgebrochen und ausgeräumt!

Einkaufen

Die Bäckerei von Rustrel ist in weitem Umkreis für ihr Holzofenbrot bekannt. Im Zentrum links auf D 30a; 31 T 0699636 4866466; 43,92425°N 5,48684°O; tägl. außer Mi. 7-12.30 Uhr und ab 16.30 Uhr „wenn Brot übrig ist"!

Anschlussroute

Über die D 22 und D 51 in Richtung NO erreicht man nach ca. 14 km **Simiane la Rotonde** und damit die Route 3 (s. S. 104).

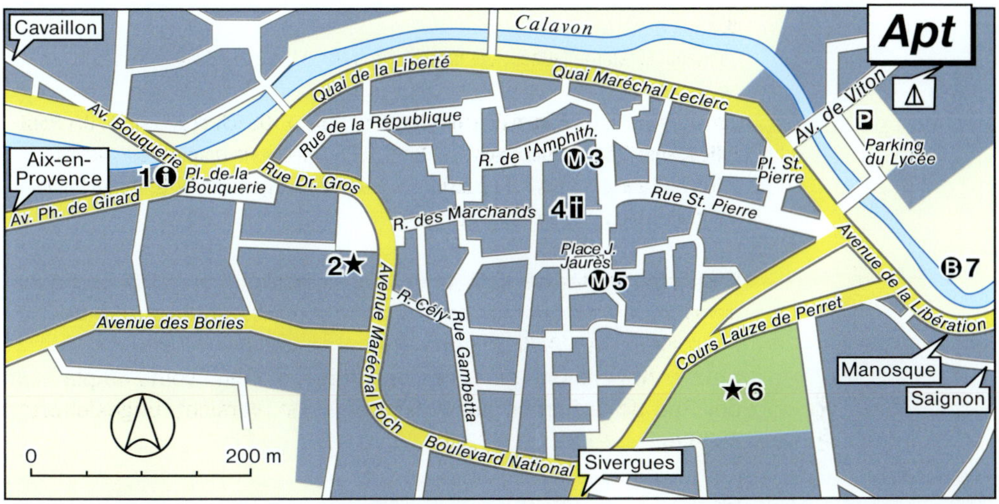

1 Office de Tourisme
2 Hôtel de Ville im ehemaligen Bischofspalast
3 Musée d'Histoire et d'Archéologie
4 Kathedrale St. Anne
5 Maison du Parc Naturel Régional du Lubéron mit Paläontologiemuseum
6 Jardin public
7 Busbahnhof (= Gare routière)

29 Camping

Le Colorado **, links an der D 22 Richtung Apt, Tel. 0490049037; ruhig und schön zwischen Ockerfelsen und Pinien gelegen, mit Schwimmbad, Restaurant und Bar; Mitte März–Mitte Okt. (Bei unserer Ankunft Ende März gegen 20 Uhr war allerdings niemand dazu zu bewegen, uns Einlass zu gewähren, sodass wir wieder abziehen mussten.)

APT

Via D 22 nach Südwesten sind es ca. 10 km bis nach Apt, dem Zentrum der Region, das aber touristisch eigentlich weniger spektakulär ist. Es ist für seine kandierten Früchte bekannt und besitzt die letzte noch arbeitende Ockerfabrik (keine Besichtigung). Sehenswert ist das **Maison du Parc du Luberon** (Place Jean-Jaurès, Tel. 0490044200, www.parcduluberon.com; Mo.–Sa. 8.30–12 und 13.30–19 Uhr, im Winter 18 Uhr, Sa. nur am Vormittag; 1,50 €), das eine wirklich gute Einführung in die Geographie, Geologie, Natur und Besiedelung des Luberon bietet.

Information

Office de Tourisme: 20 Av. Philippe-de-Girard, 84400 Apt, Tel. 0490740318, www.ot-apt.fr
E-Mail: ot.apt@free.fr

Einkaufen

Der lebhafte, traditionelle Samstagsmarkt lohnt einen Besuch.

Parken

Parking du Lycée (UTM: 31 T 06 92 847 mE 48 60 947 mN), nach der Abzweigung der D 22 in Richtung Rustrel gleich rechts; ist groß und zentral gelegen, aber oft voll.

30 Camping

Camping Les Cèdres **, von der Avenue de Viton in Richtung Rustrel rechts ab, Tel. 0490741461, camping.lescedres@free.fr (der einstige Camping municipal – jetzt privat – mit Ver-/Entsorgungsstation ist ein ruhiger und schattiger Platz nur 300 m vom Zentrum und am Beginn des GR 6 und eines Radweges).
UTM: 31 T 0693040 4861084; 43,7759°N 5,40280°O

024pr Abb.: rh

DER LUBERON: MYSTISCHE WALDBERGE ★★★

Garrigue

Ursprünglich waren die trocken-heißen Kalkberge des Mittelmeergebiets von dichten Stein- und Korkeichenwäldern bedeckt, aus denen durch Abholzung das Buschland der Macchia mit nur vereinzelten kleineren Bäumen hervorgegangen ist. Durch Überweidung und Bodenerosion der Macchia wandelten sie sich allmählich in eine artenreiche Heidelandschaft, die in Südfrankreich als Garrigue bezeichnet wird, in Griechenland als Phrygana und in Spanien als Tomillares.

Der bewaldete Bergzug des Luberon, der sich von Cavaillon aus 60 km nach Osten erstreckt, ist ein Herzstück der Provence und hat sich mit seiner kargen Ursprünglichkeit bis heute etwas Geheimnisvoll-mystisches bewahrt. Wilde Schluchten, Zedernwälder und Weinberge, verträumte Bergdörfer, Burgen und Schlösser, verwunschene Hochebenen und alte Kulturdenkmäler prägen seinen Charakter. Die Nordseite der Berge ist steiler, von Schluchten durchzogen und von Eichen-, Buchen- und Zedernwäldern bedeckt, während ihre Südseite sanfter abfällt, mediterraneren Charakter trägt und streckenweise von kräuterduftender ↗Garrigue überzogen ist.

Die Schlucht (Combe) von Lourmarin teilt den Bergzug in den östlichen **Großen Luberon** (bis 1125 m) und den **Kleinen Luberon** im Westen, der nur etwa 700 m erreicht. Beide Teile stehen seit 1977 als **Parc Naturel Régional du Luberon** unter Schutz und bieten zahlreiche Wanderwege und Kletterfelsen sowie einen rund 200 km langen Radweg, der zahlreiche Sehenswürdigkeiten erschließt (Info: Association Vélo-Loisir Luberon: Tel. 0492790582).

Apt (s. S. 93) liegt nördlich des Bergzugs an der N 100 (die der einstigen Römerstraße „Via Domitia" folgt) und ist Sitz der Parkverwaltung sowie geeigneter Ausgangspunkt für Luberon-Exkursionen.

Information

Parc Naturel Régional du Luberon, 60 Pl. Jean-Jaurès, 84400 Apt,
Tel. 0490044200, contact@parcduluberon.fr, www.parcduluberon.com

RUNDSTRECKE GROSSER LUBERON

Saignon *

Man verlässt Apt auf der D 48 nach SO in Richtung Saignon. Dieses typische Luberon-Dorf ist eines der klassischen *villages perchés* (s. S. 96), dessen Steinhäuser und Winkelgassen sich so schmuck um zwei eindrucksvolle Felsen drängen, als würden sie gerade für ein Kalenderfoto posieren. Einen Rundgang zur Place de Fontaine mit Waschhaus, zur alten Ölmühle und zur romanischen Kirche sollte man sich nicht entgehen lassen. Eine besondere Attraktion bietet der **Potager d'un Curieux** (Tel. 0490744468, www.lepotager.com, 4 €), eine faszinierende Gartenanlage, in der vielfältige sonst vergessene und aus der Mode gekommene Blumen und Gemüsearten liebevoll gepflegt werden.

Parken

Auf dem großen **Parking des Visiteurs** am Ortseingang; Schotterplatz mit schönem Blick auf den Ort; UTM: 31 T 0695214 4859349; 43,86141 °N 5,42920 °O

Einen weiteren Park- und Picknickplatz mit herrlicher Aussicht findet man inmitten der Garrigue **zwischen Saignon und Auribeau;** UTM: 31 T 0697401 4857349, 43,84284 °N 5,45565 °O

Weiter führt die immer schmaler werdende D 48 auf das wildromantische **Plateau de Claparèdes** hinauf, eine geheimnisvolle Hochebene voller duftender Kräuter, Lavendelfelder, versteckter Bories und Legenden.

Wanderung auf den Mourre Nègre **

Für die Wanderung (hin und zurück ca. ½ Tag, ca. 580 m Aufstieg, Gipfel 1125 m) kann man sein Fahrzeug im Weiler **Auribeau** (ca. 6 km nach Saignon) abstellen, den Ort nach Norden verlassen, nach links biegend dem unbefestigten Forstweg und schließlich wieder links dem **GR 92** folgen.

Über Castellet fährt man anschließend hinab ins Calavon-Tal und biegt rechts auf die N 100, der man folgt bis kurz nach der hoch aufragenden Felswand des **Tour d'Embarbe** der Ort **Céreste** mit einer **Römerbrücke** (nördlich des Ortes) erreicht wird.

Auf kleinen, kurvenreichen Sträßchen geht es dann nach Süden: zunächst via D 31 den Nordhang des Luberon hinauf (schöne Aussicht und reizvolle Landschaft!) dann den Südhang abwärts via Vitrolles (dahinter rechts halten) und bis nach **Grambois** (18 km).

La Tour d'Aigues

Weiter auf der D 956 nach Südosten erreicht man nach 6 km **La Tour d'Aigues** mit dem **Renaissance-Schloss** *, das immer noch beeindruckt, auch wenn von ihm nicht viel mehr als Fassaden erhalten sind.

Entfernung: ab/bis Apt rund 100 km
Dauer: ca. 1 Tag (plus ½ Tag für eine Exkursion auf den Mourre Nègre)

Abstecher

Sehr lohnend ist eine Fahrt auf der D 232, die von Saignon zunächst nach Süden durch den Wald zum Kamm des Luberon hinauf führt und dann auf 500–600 m Höhe dem Kamm durch einsamen Buschwald und über Weideland nach Westen folgt. **Achtung:** Hier ist im Winter durchaus mit Eis und Schnee zu rechnen! Unterwegs liegt südlich der Straße ein riesiger, traumhafter Wiesenparkplatz (43,84553 °N 5,40390 °O; 31 T 06 93 232 mE 48 57 526 mN; 559 m ü.N.N.), gesäumt von Steineichenwald und mit lauschigen Winkeln und Picknicktischen. Die D 232 bietet Anschluss an die Strecken nach Buoux (S. 97), Lourmarin (S. 96) und Bonnieux (S. 97).

Alternative

Wer zu schmale Sträßchen scheut, wählt den Umweg auf der N 100 nach Osten und dann auf der D 956 via Bastide nach Grambois (23 km), der ebenfalls durch schöne Landschaft führt.

Villages perchés

Die für die Vaucluse und die Haute-Provence charakteristischen Felsendörfer sind eine auf das Mittelalter zurückgehende Siedlungsform, die dem Schutz der Bewohner dient. Sie sind entweder an eine steile Felswand geklebt wie ein Schwalbennest oder sie sitzen auf der Spitze eines Berges wie ein Vogel auf einem Baumwipfel (daher die französische Bezeichnung „perché"). Oft sind die Häuser überraschend hoch und die Mauern des äußeren Häuserrings sind zu einer Art Stadt- oder Festungsmauer zusammengeschlossen, während es im Kern der Siedlung gewöhnlich eine weitere Festungsanlage gibt. Als solche Fluchtburgen nicht mehr erforderlich waren bzw. nichts mehr nutzten, bauten die Bewohner oft ein zweites Dorf drunten im Tal und die alten Felsendörfer wurden teilweise aufgegeben und zerfielen – bis sie in jüngerer Zeit von Künstlern entdeckt und neu aufgebaut wurden.

Ansouis

Auf schmalen Sträßchen direkt oder via **Pertuis** und die D 56 fährt man durch Weinberge und duftende Garrigue (welch ein Kontrast zur Nordseite!) nach Ansouis, das ebenfalls ein **Schloss** und eine romanische **Wehrkirche** besitzt.

Vaugines

Weiter auf der D 56 via **Cucuron** erreicht man bald Vaugines mit seiner malerischen **romanischen Kirche** ★ (östlich des Dorfes), die schon Kulisse für mehrere Filme war.

Parken/Stellplatz

(31) Der ruhige Parkplatz unterhalb der **Kirche von Vaugines,** auf der Straßenseite gegenüber, hat uns schon als angenehmer Übernachtungsplatz gedient – (32) ebenso der Parkplatz am Ortseingang von **Lourmarin** (mit schönem Blick auf das Schloss), auf dem man häufig Wohnmobile sieht.

Einen **offiziellen Stellplatz** bietet **Super-U** etwas südlich von Puyvert an der zwischen Puyvert und Lauris links abzweigenden Straße (siehe Steckbrief).

Stellplatz

(33) Stellplatz Puyvert Super-U

UTM: 31 T 06 88 219 mE 48 46 458 mN

43,7473°N 5,3377°O

Kostenloser Parkplatz des Supermarkts; hinter der Waschstation; relativ ruhig, aber nicht gerade schön und neben den Müllcontainern gelegen. **Lage/Anfahrt:** etwas südlich von Puyvert; an der von der D 27 zwischen Puyvert und Lauris links abzweigenden Straße (D 973); sehr gute Zufahrt; **Platzzahl:** 3; **Untergrund:** Asphalt; **Ver-/Entsorgung:** Strom, Trinkwasser, Abwasser, Chemie-WC; Euro-Relais; **Sicherheit:** umzäunt, beleuchtet; **Preise:** Parken und Ver-/Entsorgung kostenlos; **Max. Stand:** 1 Nacht; **Geöffnet:** ganzjährig; **Kontakt:** Tel. 0490084073, Fax 0490083688

Information

Office de Tourisme: Av. Ph. de Girard, 84160 Lourmarin, Tel. 0490681077

Abstecher

Nach Silvacane (via Cadanet 14 km nach Süden; s. S. 102)

Lourmarin ★

Das kleine Städtchen Lourmarin (5 km westl. von Vaugines via D 56) ist einen kleinen Bummel wert. Parken kann man auf einem Platz nordwestlich des Zentrums mit Blick auf das **Schloss** und die einfache, aber hübsche **Dorfkirche**. Auf dem Friedhof des Örtchens ruhen *Albert Camus* und der Provence-Dichter *Henri Bosco*. Allerdings liegt der Friedhof nicht bei der Kirche, sondern südlich des Orts an der D 27 (31 T 06 90 129mE 48 47 928mN). **Achtung:** Der Parkplatz liegt etwas zwischen den Hecken versteckt und Glasscherben lassen vermuten, dass hier schon in Autos eingebrochen wurde.

Unmittelbar nördlich von Lourmarin wird die D 943 von einem Felsen verschluckt und verschwindet plötzlich in der **Combe de Lourmarin** *, einer engen und sehr reizvollen Felsenschlucht, gegraben von der Aigue Brun, die als einziger Wasserlauf den Luberon von Nord nach Süd durchschneidet.

026pr Abb.: rh

▲ *In der Combe de Lourmarin geht es eng zu*

Buoux

Dieser wichtige Durchgang wurde seit alters vom mächtigen **Fort de Buoux** bewacht. Um zu dieser Festung zu gelangen, fährt man bei der ersten Gabelung (6 km nördlich von Lourmarin) rechts bergauf und 2 km danach rechts ab auf die D 113; 2 km weiter geht es links nach **Buoux,** geradeaus ein kurzes Stück bis zu einem P 34 Parkplatz. Der abgeschiedene Ort in wilder Natur ist bei Kletterern weit bekannt. Vom Parkplatz muss man für Auf-/Abstieg und Besichtigung etwa 2 Std. rechnen. Vorsicht: ungesicherte Wege über steilen Felsen!

Essen

Die **Auberge de la Loube** in einem alten Bauernhof am Ortseingang von Buoux ist eine der besten und schönsten Landgaststätten der Provence: einfache, bodenständige Küche, aber aus besten frischen Zutaten; Menü zu 25 € mit riesiger Vorspeisenplatte; (Do. und außerhalb der Saison geschlossen; Tel. 0490741958; essen kann man auch in der **Auberge de Séguins** (Nov.-März geschl.), mit Menüs ab 15 €, z. B. frische Forellen oder Kaninchen; fantastische Lage - aber von Küche und Service darf man (gemessen an den Preisen) nicht allzu viel erwarten.

P Parken/Stellplatz

Sehr schöne und ruhige Parkmöglichkeiten findet man vor der Auberge de Séguins (falls man dort isst!) oder abseits des Sträßchens zwischen der Auberge und der Ferienkolonie (schöne und ruhige Waldparkplätze, aber im Sommer am Tag oft sehr voll).

Über die D 113 kann man direkt zurück nach Apt gelangen oder vorher noch einen Abstecher nach **Sivergues** machen (rechts auf die D 232, dann wieder rechts die D 114 hinauf), das ganz am Ende der Straße einsam auf dem Plateau thront.

RUNDSTRECKE KLEINER LUBERON

Entfernung: ab/bis Apt ca. 98 km
Dauer: 1-2 Tage (ohne „Combe de Vidauque")

Man verlässt Apt auf der D 943 nach Südwest und biegt dann gleich rechts auf die D 3, die sich zwischen Weinbergen und Kellereien aufwärts windet, um nach 12 km Bonnieux zu erreichen.

Bonnieux

Der Ort, mit 1500 Einwohnern einer der größten im Luberon, zeichnet sich vor allem durch seine schöne Lage inmitten von Obsthainen, Lavendel und Mandelbäumen aus, hat aber außer seinem

Information

Office de Tourisme: 7 Pl. Carnot, 84400 Bonnieux, Tel. 0490759190

Marquis de Sade – Lüstling, Wüstling und Radikaler

Der 1740 in Paris geborene Marquis, dessen Namen vor allem durch den Begriff des „Sadismus“ und durch seine Romane wie „Die 120 Tage von Sodom“ bekannt ist, wird heute fast auschließlich mit sexuellen Ausschweifungen und Grausamkeiten verknüpft. Nicht ganz zu Unrecht, gewiss. Das zügellose Ausleben der Sexualität war für ihn Voraussetzung für die Selbstverwirklichung des Menschen. Doch wenngleich er die Mädchen des Dorfes als Dienstmägde eingestellt und missbraucht oder eine Affäre mit der Schwester seiner Frau gehabt haben mag – die Perversitäten, die er in seinen Büchern schildert, dürften meist Fantasien gewesen sein. „Ich gestehe, dass ich ein Wüstling bin – aber ich habe durchaus nicht alles getan, was ich mir vorgestellt habe, und ich werde es auch nie tun, denn ich bin weder ein Verbrecher noch ein Mörder“, verteidigte er sich 1780. Und neben all seinen sexuellen Darstellungen (dass sie heute so im Vordergrund stehen, sagt vielleicht mehr über den Leser als über den Autor!) werden seine philosophischen Ansätze (anfangs ganz im Sinne der Aufklärung), seine Bedeutung für die Entmythologisierung abendländischer Tabus und seine Vorstellungen einer universellen Republik meist völlig vergessen. Tatsächlich war er 27 Jahre in Haft (und hat in dieser Zeit viele seiner Werke verfasst) – aber nicht nur wegen seiner Sittlichkeitsdelikte, sondern auch wegen „Revolutionsfeindlichkeit“. 1814 starb er in der Irrenanstalt von Charenton (heute St. Maurice), in die er 1803 eingeliefert worden war.

Musée de Boulangerie (Bäckereimuseum; 12 Pl. de la République, Mi.–Mo. 10–12 und 15–18.30 Uhr, Okt.–Mai nur an Wochenenden, 3 €) nicht viel zu bieten. Via D 149 nach Norden kann man einen lohnenden Abstecher zur römischen **Pont Julien** machen (s. S. 92) oder via D 36 ein kurzes Stück in Richtung Lourmarin und dann rechts ein schmales Sträßchen steil hinauf (ca. 2 km; nicht mit großen Fahrzeugen!) zum **Forêt de Cèdres** * (Zedernwald). Vom gebührenpflichtigen [P] Parkplatz aus kann man dort auf dem botanischen Lehrpfad ca. 2 Stunden durch herrliche Wälder aus 1862 gepflanzten Atlas-Zedern und für den nördlichen Luberon typischer Vegetation spazieren.

Lacoste

Man verlässt Bonnieux nach Süden auf der D 3, biegt rechts auf die D 109 und erreicht nach 5 km **Lacoste** – ohne Krokodil, aber dafür mit dem teils restaurierten Schloss des ↗*Marquis de Sade* (1740–1814).

35 Camping

Camping Municipal le Vallon *, Route de Ménerbes, Tel. 0490758614, Mitte März–Mitte Okt.; einfacher, aber hübsch gelegener, preisgünstiger Platz mit Ver-/Entsorgung (UTM 31 T 06 85 874 mE 48 54 282 mN)

Auf der D 109 weiter nach Westen fährt man durch typische Luberon-Landschaft 6 km bis Ménerbes.

Abstecher zur Abbaye de St. Hilaire

Rund 2 km nach Lacoste zweigt links ein ungeteerter Weg zum heute in Privatbesitz befindlichen und wunderschön gelegenen Kloster ab (9–12 und 15–18 Uhr, gratis), der eng ist und teils steil bergab führt (besser oben parken und zu Fuß gehen!).

Ménerbes *

Der durch den Bestseller von *Peter Mayle* „Mein Jahr in der Provence“ bekannte Ort droben auf seinem Felssporn ist einen Spaziergang sicher wert. Man kann dort das **Korkenzieher-Museum** besuchen (Domaine de la Citadelle am Ortsausgang D 3 Richtung Cavaillon; Apr.–Okt. tägl. 10–12 und 14–19 Uhr, sonst Mo.–Sa. 10–12 und

Parken

Wenn möglich gleich am Ortseingang rechts auf einem kleinen Platz

14–17 Uhr; 4 €; Tel. 0490724158) oder auf einem Bummel allerhand hübsche Bauwerke entdecken.

Über die schmale D 188 geht es ca. 4 km weiter durch sehr reizvolle Landschaft nach Oppède-le-Vieux *.

Oppède-le-Vieux *

Das kleine Bergdorf (nicht mit dem wenige Kilometer entfernten, neuen Oppède zu verwechseln!) war nahezu verlassen und halb zerfallen, als es nach dem Zweiten Weltkrieg von Künstlern und Schriftstellern entdeckt und sehr authentisch restauriert wurde. Durch schattige Gassen, Torbogen und über ausgetretene Steinstufen steigt man empor, entdeckt Renaissance-Fassaden, bröckelnde Gewölbe, überwucherte Mauern und ein Felsendorf, das seinen romantischen Zauber trotz allem nicht ganz verloren hat.

Die Melonen von Cavaillon

Die ursprünglich aus Indien stammende, vitaminreiche Melone wurde bereits ab dem 15. Jh. in der Gegend um Cavaillon angebaut, wo sie im warmen und sonnigen Klima bestens gedeiht. Unter den verschiedenen Arten gilt die dunkelgelb-fleischige und (wenn sie richtig gereift ist!) aromatische Cantalou oder Cavaillon-Melone als die Königin unter den Melonen. Keine andere erzielt so hohe Preise und um keine andere Frucht wird so ein Kult gemacht. Das hat bereits mit den Päpsten von Avignon begonnen – und Alexandre Dumas hat 1864 sogar sein Gesamtwerk der Bibliothek von Cavaillon vermacht, unter der Voraussetzung, dass er von der Stadt als Gegenleistung jährlich ein Dutzend Melonen erhielte.

Stellplatz

36 Oppède-le-Vieux

UTM: 32 T 06 73 593 mE 48 55 373 mN
43,83105°N 5,15906°O; 217 m üNN

Ganz neu und sehr schön angelegter, herrlich ruhiger Platz im Wald und nur einen Spaziergang (beschildert) vom alten Zentrum entfernt; **Lage/Anfahrt:** via D 176 von Oppède her kommend den Schildern folgen; **Zufahrt:** für alle Fahrzeuge problemlos; **Platzanzahl:** ca. 10–20; **Untergrund:** Schotter; nicht überall ganz eben; **Ver-/Entsorgung:** Trinkwasser, Abwasser, Chemie-WC; **Preise:** kostenlos; **Geöffnet:** ganzjährig; **Hinweis:** Wenn schlecht geparkte Wohnmobile die Durchfahrt blockieren, Vorsicht beim Zurücksetzen: überhängende Äste gefährden den Aufbau!

Auf der D 176 und D 29 gelangt man via Maubec zur größeren D 2. Rechts geht es nach **Coustellet** (s. S. 87 mit Anschluss an die Strecke „Plateau de Vaucluse"), nach links sind es 7 km bis Cavaillon.

Cavaillon

Das vor allem für seine ↗Melonen bekannte Provinzstädtchen ist das landwirtschaftliche Zentrum der Vaucluse. Die Stadt ist nicht eben spektakulär und eher interessant, um die Vorräte zu ergänzen. Auf einem Stadtbummel kann man die romanische **Kathedrale** mit Kreuzgang, die **Synagoge** mit jüdischem Museum, einen römischen

Bogen aus dem 1. Jh. und das **Musée de la Crèche Provençale** (Rte. des Taillades (D 143), ca. 1,5 km östl. des Zentrums) entdecken, das mit Santon-Figuren (s. Exkurs S. 87) bekannte Landschaften und Sehenswürdigkeiten der Region darstellt.

Information

Office de Tourisme: Place François-Tourel, 84300 Cavaillon, Tel. 0490713201, www.cavaillon-luberon.fr, o.t.cavaillon@wanadoo.fr

Parken

Parkplätze für einen Rundgang findet man an der Place François-Tourel, südwestlich der Altstadt beim Office de Tourisme.

Internet

Cyberporte, 123 Rue Lamartine (ca. 150 m nordöstlich des Rathauses; Mo.-Sa. 10-19 Uhr)

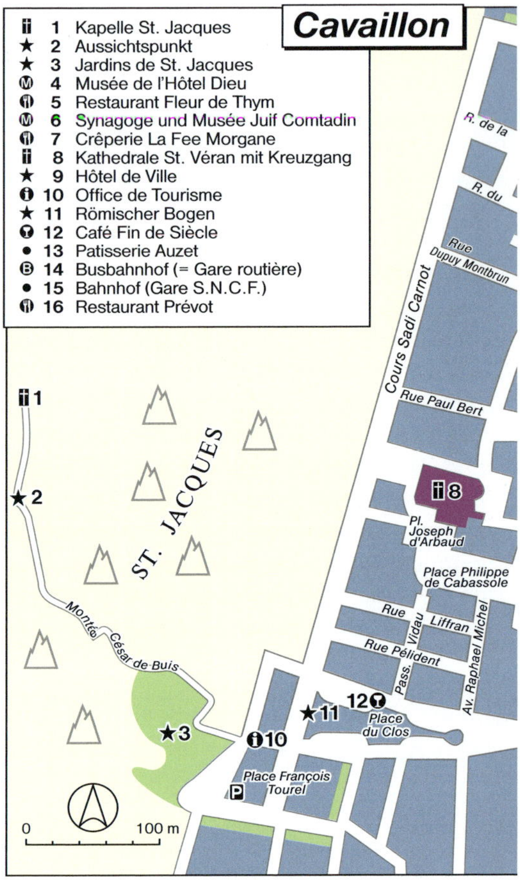

028pr Abb.: rh

Piste du Trou du Rat (Combe de Vidauque)

In Richtung Südosten führt die D 973 ca. 5 km zu dem Dorf **Cheval-Blanc.** Dort zweigt links die D 31 in Richtung **Vidauque** ab und führt zu einem Parkplatz (ebener, ruhiger Schotterplatz am Ortsrand unter hohen Bäumen; UTM: 31 T 06 67 934 mE 48 53 940 mN; 43,81947°N 5,08826°O, 106 m üNN) kurz vor dem Weiler. Hier beginnt die **Piste du Trou du Rat** (Rattenloch-Piste) zur Combe (Schlucht) **de Vidauque** ***, ein wahrhaft spektakuläres Bergsträßchen von insgesamt ca. 15 km Länge, das allerdings nur für kompakte und wendige Fahrzeuge geeignet ist. Als schmales und holperiges Teersträßchen mit engen Serpentinen und einer Stei-

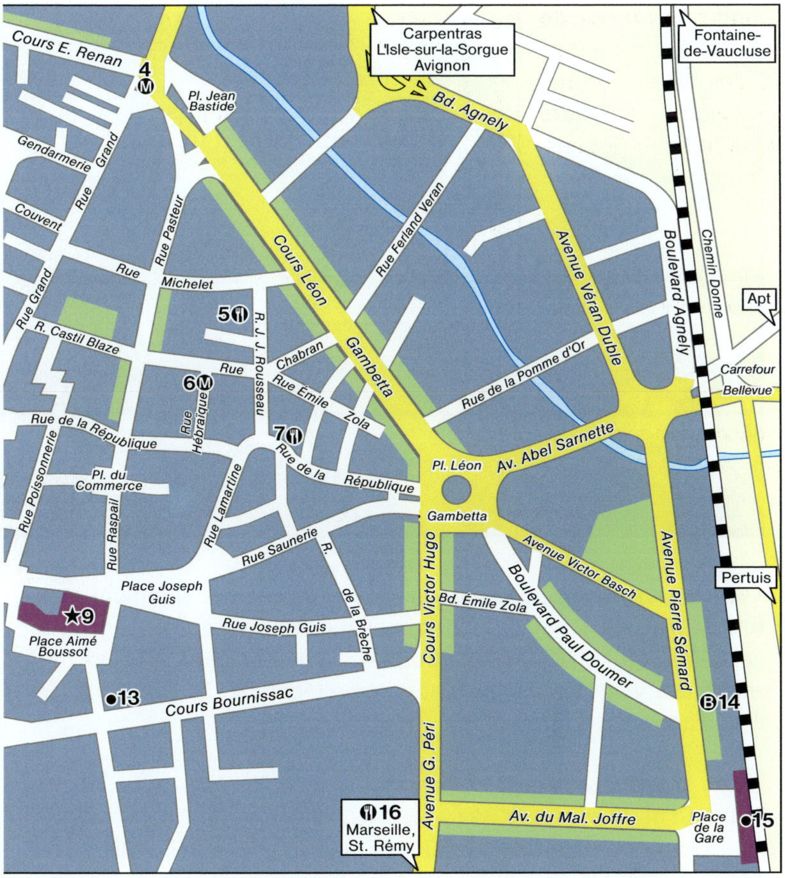

gung von bis zu 16 % klettert diese Route Forestière hoch hinauf über die Südhänge des Luberon mit eindrucksvollen Wäldern, Schluchten, Felshängen, großartiger Aussicht und einer fantastischen Vegetation. Mit dem geeigneten Fahrzeug (!) ist diese Strecke ein großartiges Erlebnis.

Die Route Forestière (RF) mündet einige Kilometer hinter Cheval-Blanc wieder auf die D 973, der man nach links durch das **Tal der Durance** folgt (mit größeren Fahrzeugen auf der D 973 bleiben!). 9 km hinter Cheval-Blanc zweigt kurz nach dem Weiler Le Logis Neuf links ein Sträßchen zu einem gebührenpflichtigen P Parkplatz ab, von dem aus man die **Gorges du Régalon** ** erkunden kann, eine fantastische Schlucht, deren 30 m hohe Felswände auf teils weniger als einen Meter zusammenrücken. Herrlich kühl im Sommer, aber nichts für klaustrophobische Naturen. Achtung: bei Gewittergefahr meiden! Hin- und Rückweg ca. 1 Std. Auf dem markierten GR 6 kann man von der Schlucht weiter über den Kamm des Kleinen Luberon bis nach **Oppède-le-Vieux** (s. S. 99) wandern (gut 4 Std.).

Einschränkungen

Die Piste ist Einbahnstraße, darf nur mit 30 km/h befahren werden und von eine Stunde nach Sonnenuntergang bis eine Stunde vor Sonnenaufgang ist das Befahren und das Parken entlang der Strecke verboten. Inzwischen ist die Piste auch für Fahrzeuge über 1,5 t gesperrt und dadurch für Wohnmobile praktisch tabu. Eine schöne Alternative bietet die D 232 bei Saignon (s. S. 95)

▶ *Blick auf die Felsen der Gorges du Régalon*

029pr Abb.: rh

Parken

Am jenseitigen Ende der **Piste du Trou du Rat** gibt es einen wunderschönen Waldparkplatz, wenngleich mit steinigem und nicht sehr ebenem Grund (UTM: 31 T 06 69 596 mE 48 49 741 mN; 43,78129°N 5,10759°O, 150 m üNN).

Etwa 3 km nach der Régalon-Schlucht erreicht man **Mérindol.** Vom Kreisverkehr führt ein Sträßchen nach rechts hinunter zu einem ruhig gelegenen Parkplatz nahe der Durance, in deren Schwemmland man zahlreiche Vogelarten beobachten kann (Achtung: Es können plötzliche Flutwellen auftreten!).

37 Rast- und Picknickplatz

UTM: 31 T 06 77 812 mE 48 46 524 mN, 43,7504°N 5,2086°O

Am östlichen Ortsende von Mérindol weist kurz vor dem Ortsschild eine Tafel „Garrigue" nach rechts den Weg zu einem herrlichen Park- und Rastplatz in einem idyllischen Park mit Zedern, Pinien etc., mit botanischem Lehrpfad, Tischen/Bänken und WC (zeitweise geschl.). Die Abzweigung ist spät erkennbar; aber kurz danach kann man wenden.

Wenig weiter kann man die D 973 bei **Les Borrys** verlassen und nördlich davon auf der kleineren und reizvolleren D 173 via **Lauris** (schöner schmiedeeiserner Glockenstuhl auf dem Kampanile – dem freistehenden Kirchturm) bis nach **Cadenet** weiterfahren (ca. 17 km von Mérindol). An die Zeit als Zentrum der Korbflechterei aus den an der Durance üppig gedeihenden Weiden erinnert das **Musée de la Vannerie** (Korbflechterei-Museum, Av. Philippe-de-Girard – D 943 nach S, Tel. 0490682444; Apr.–Okt. tägl. außer Di. und So.vormittag 10–12 und 14.30–18.30 Uhr; 3,50 €).

Abstecher zum Kloster Silvacane**

Folgt man weiter der D 943, überquert die Durance und hält sich danach rechts an deren Ufer entlang, so erreicht man kurz vor dem Ort La Roque d'Anthéron rechts der Straße die Abbaye de Silvacane

Trotz seiner würdevollen Atmosphäre wurde das Zisterzienserkloster Silvacane zeitweise als Stall und Scheune genutzt

(gebührenpflichtiger [P] Parkplatz direkt an der Straße rechts). Die neben Sénanque und Le Thoronet berühmteste Klosteranlage der Provence hat ihren Namen von den Schilfrohr-Wäldern (silva canorum) in den feuchten Niederungen der Durance. Die Abtei wurde bereits früh aufgelöst und diente als Pferdestall und Scheune ehe ihre Gebäude wieder restauriert wurden (Besichtigung ca. 1 Std.; Juni–Sept. tägl. 10–18 Uhr, sonst tgl. außer Di. 10–13 und 14–17 Uhr, Tel. 0442504169; 6 €).

Im Ort selbst gibt es ein stattliches **Renaissance-Schloss** mit einem Museum zur Geologie der Provence.

Von Cadenet fährt man nordwärts entweder via **Puyvert** („Pigeonniers" – Taubenschläge – am südlichen Ortsrand) oder auf der D 943 direkt nach **Lourmarin** (s. S. 96), von wo aus man weiter der Runde durch den **Großen Luberon** (s. S. 95) folgen kann.

Achtung

Der ausgeschilderte Parkplatz für die „Pigeonniers" war bei meinem Besuch abgesperrt, und die enge Zufahrt lässt keine Wendemöglichkeit.

058pr Abb.: rh

Landschaft und nochmals Landschaft bietet die Hochprovence – rau, einsam und von herber Schönheit. Im Gegensatz zur kultivierten Gartenlandschaft der Hügelprovence mit ihren Weinbergen und Obstplantagen, Zypressenalleen und vielfältigen Kulturdenkmälern, ist sie geprägt von kahlen Bergen, steinigen Hochebenen, Schafherden und weiten, samten-violetten Lavendelfeldern.

Schmale Sträßchen mit endlosen Serpentinen klettern aus riesigen Wäldern empor über Abgründe und Schluchten, über menschenleere Plateaus und durch unbehauste Einsamkeit.

Eine touristisch weniger erschlossene Landschaft – aber um so reizvoller für Menschen, die Stille, Abgeschiedenheit und ursprüngliche Natur lieben.

ROUTE 3

DIE HOCHPROVENCE:

BERGE, SCHLUCHTEN, EINSAMKEIT

› Landkarten Seite 106–109, 124

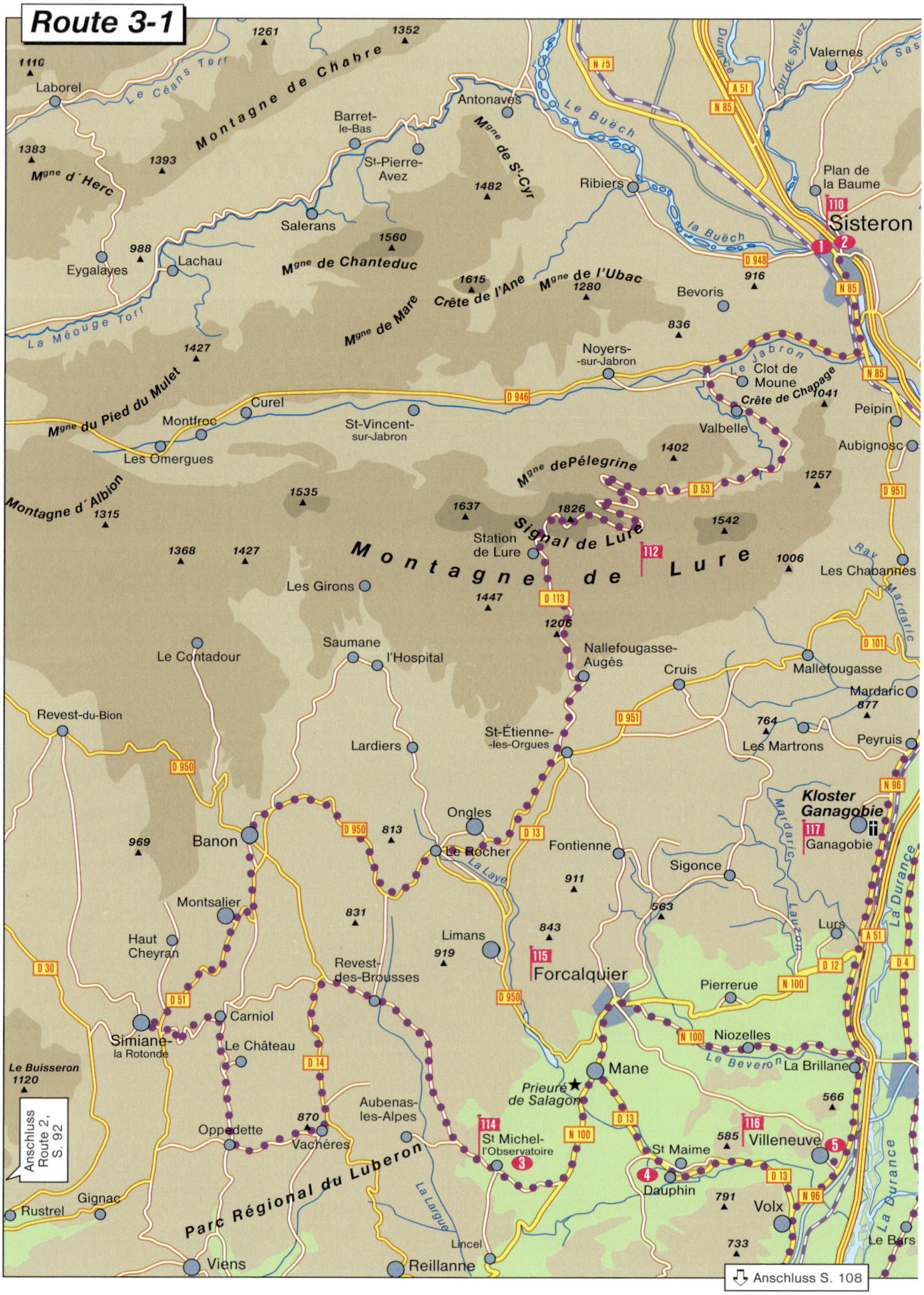
Route 3-1
Montagne de Chabre
Laborel
Barret-le-Bas
St-Pierre-Avez
Antonaves
Mgne de St-Cyr
Mgne d´Herc
Salerans
Ribiers
Sisteron
Plan de la Baume
Valernes
Eygalayes
Lachau
Mgne de Chanteduc
Crête de l'Ane
Mgne de l'Ubac
Mgne de Mare
Bevoris
Noyers-sur-Jabron
Clot de Moune
Crête de Chapage
Mgne du Pied du Mulet
Curel
Montfroc
Les Omergues
St-Vincent-sur-Jabron
Valbelle
Peipin
Aubignosc
Mgne dePélegrine
Montagne d´Albion
Signal de Lure
Station de Lure
Montagne de Lure
Les Chabannes
Les Girons
Le Contadour
Saumane
l'Hospital
Nallefougasse-Augès
Cruis
Mallefougasse
Mardaric
Revest-du-Bion
Lardiers
St-Étienne-les-Orgues
Les Martrons
Peyruis
Kloster Ganagobie
Ganagobie
Banon
Ongles
Le Rocher
Fontienne
Sigonce
Montsalier
Haut Cheyran
Limans
Forcalquier
Lurs
Revest-des-Brousses
Pierrerue
Simiane-la Rotonde
Carniol
Le Château
Niozelles
La Brillane
Mane
Prieuré de Salagon
Le Buisseron
Anschluss Route 2, S. 92
Oppedette
Vachères
Aubenas-les-Alpes
St Michel-l'Observatoire
St Maime
Dauphin
Villeneuve
Volx
Parc Régional du Luberon
Rustrel
Gignac
Viens
Reillanne
Lincel
Le Bars
La Durance
Anschluss S. 108

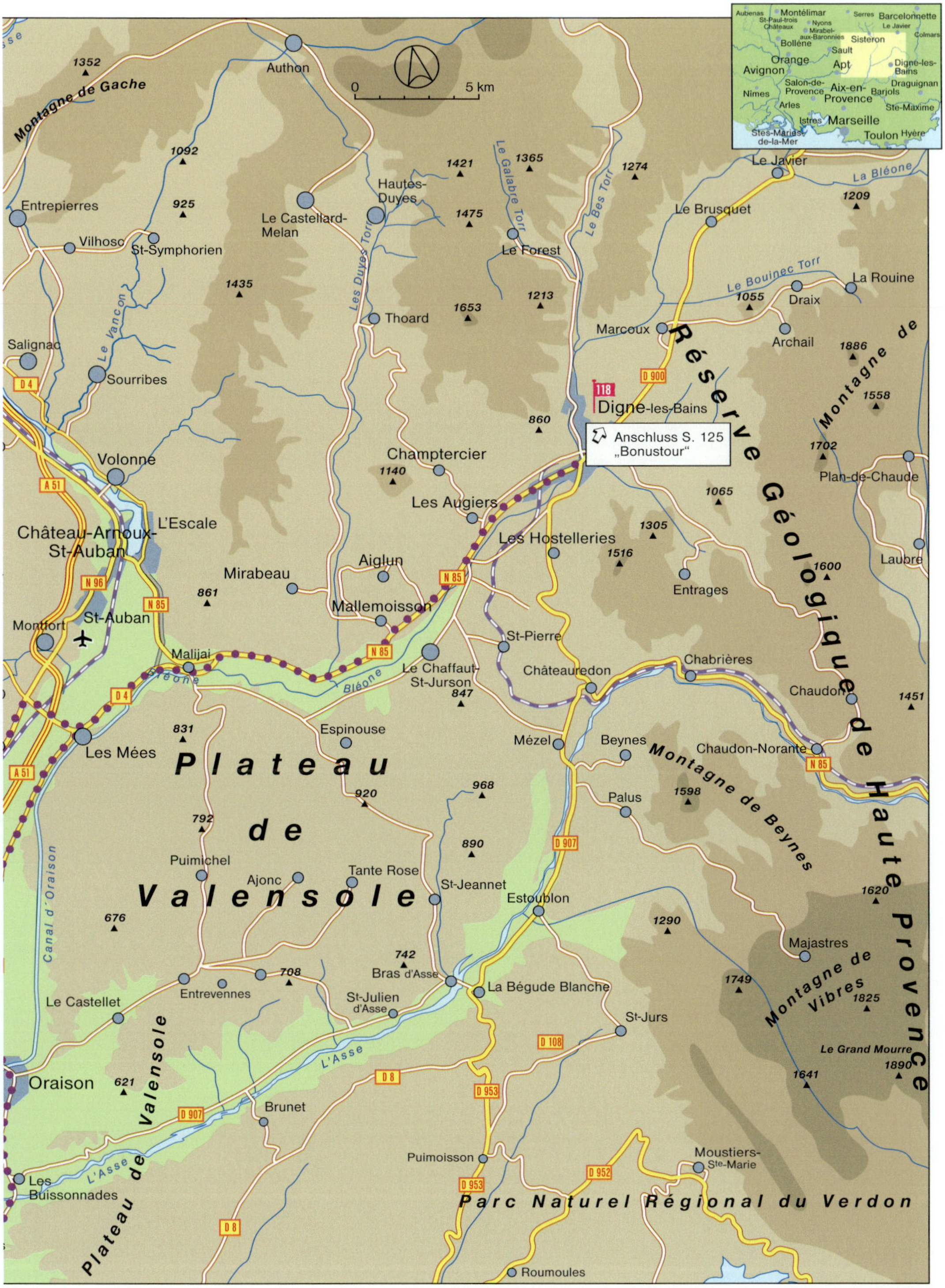

Montélimar
Barcelonnette
Sisteron
Bollène
Orange
Sault
Avignon
Apt
Digne-les-Bains
Nîmes
Salon-de-Provence
Aix-en-Provence
Draguignan
Barjols
Arles
Ste-Maxime
Istres
Marseille
Toulon
Hyère
Stes-Maries-de-la-Mer
0
5 km
Montagne de Gache
1352
Authon
1092
925
Entrepierres
Vilhosc
St-Symphorien
Le Castellard-Melan
Hautes-Duyes
Les Duyes Torr
1421
1475
1365
Le Galabre Torr
Le Forest
Le Bès Torr
1274
Le Javier
La Bléone
Le Brusquet
1209
1435
Le Vançon
Thoard
1653
1213
Le Bouinec Torr
1055
Draix
La Rouine
Salignac
Sourribes
Marcoux
Archail
1886
Montagne de
D 4
D 900
118
Digne-les-Bains
1558
860
Anschluss S. 125
„Bonustour“
Réserve Géologique de Haute Provence
Volonne
Champtercier
1140
1702
Plan-de-Chaude
A 51
1065
Les Augiers
Château-Arnoux-St-Auban
L'Escale
1305
Les Hostelleries
1516
Laubre
Mirabeau
Aiglun
N 85
Entrages
1600
N 96
861
Mallemoisson
Montfort
St-Auban
N 85
St-Pierre
Malijai
Le Chaffaut-St-Jurson
Châteauredon
Chabrières
Bléone
847
Chaudon
1451
D 4
831
Espinouse
Mézel
Beynes
Chaudon-Norante
Les Mées
Montagne de Beynes
Plateau de Valensole
A 51
968
920
1598
Palus
792
890
D 907
Puimichel
Ajonc
Tante Rose
St-Jeannet
Estoublon
1620
676
Canal d'Oraison
1290
Majastres
742
Bras d'Asse
708
Entrevennes
La Bégude Blanche
1749
Montagne de Vibres
1825
Le Castellet
St-Julien d'Asse
St-Jurs
D 108
L'Asse
Le Grand Mourre
1890
Oraison
621
D 8
1641
D 953
Plateau de Valensole
D 907
Brunet
Puimoisson
Moustiers-Ste-Marie
L'Asse
D 952
Les Buissonnades
D 953
Parc Naturel Régional du Verdon
D 8
Roumoules

Route 3-2

Anschluss S. 106

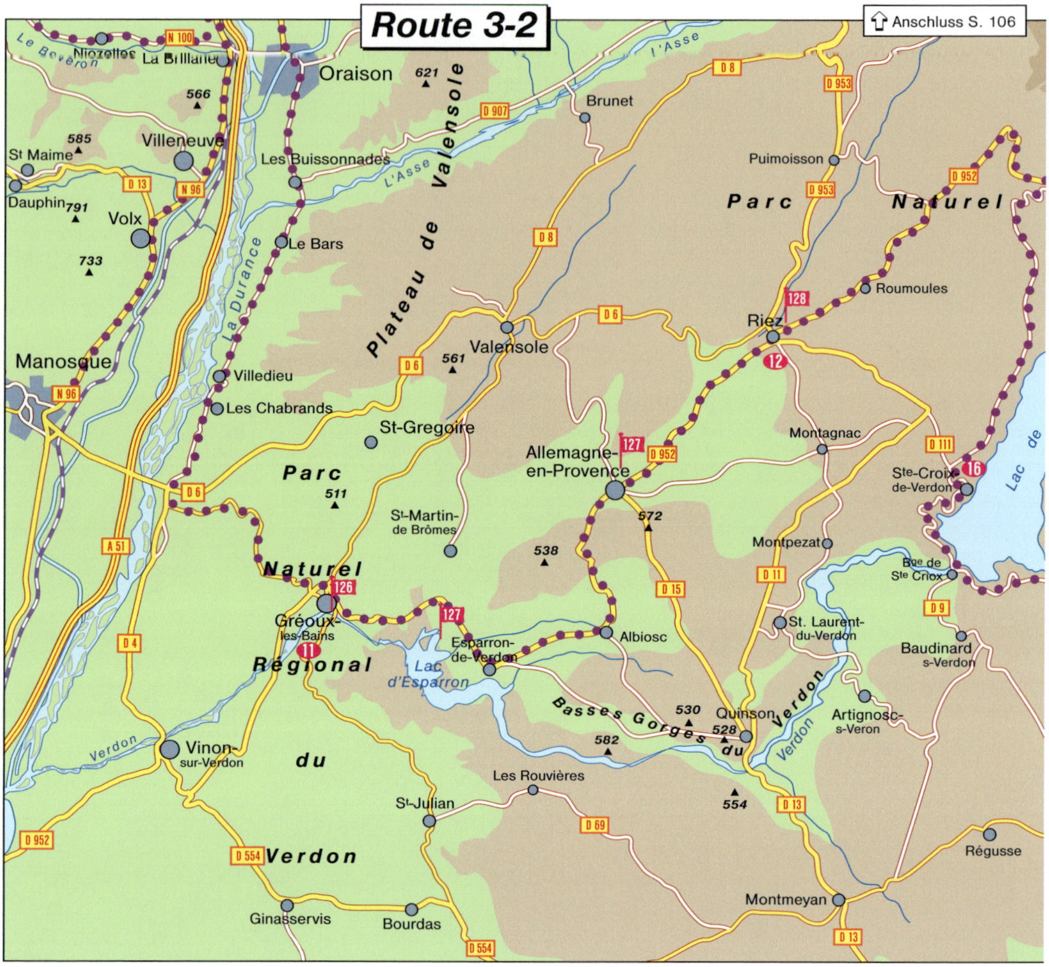

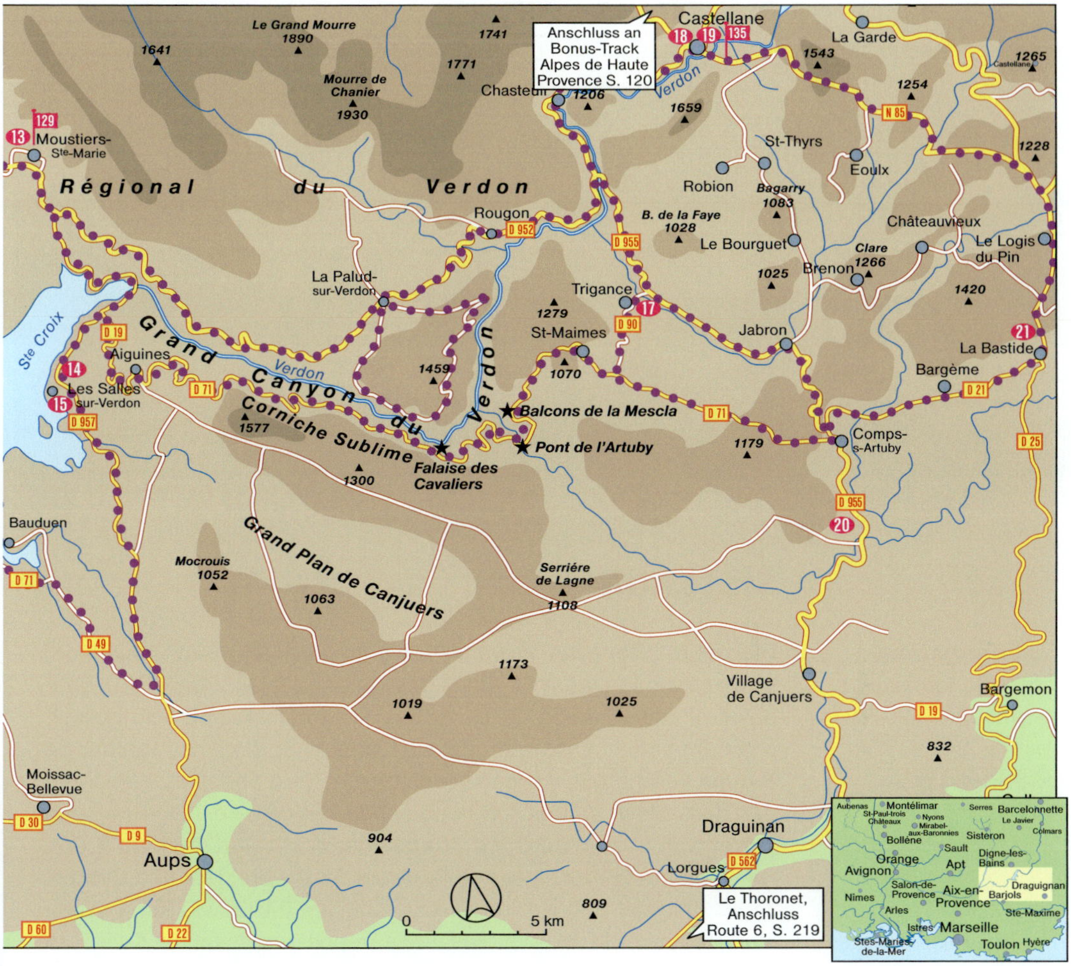
Le Grand Mourre
1890
1741
Anschluss an Bonus-Track Alpes de Haute Provence S. 120
Castellane
18
19
135
La Garde
1641
1771
Mourre de Chanier
1930
Chasteuil
1206
Verdon
1543
1265
1254
N 85
129
13
Moustiers-Ste-Marie
1659
St-Thyrs
1228
Eoulx
Robion
Régional du Verdon
Bagarry
1083
Rougon
D 952
B. de la Faye
1028
Châteauvieux
D 955
Le Bourguet
Clare
1266
Le Logis du Pin
La Palud-sur-Verdon
1025
Brenon
Trigance
1420
17
Ste Croix
D 19
Grand Canyon du Verdon
1279
D 90
St-Maimes
Jabron
21
La Bastide
Aiguines
1459
1070
Bargème
14
Les Salles sur-Verdon
D 71
15
D 957
Corniche Sublime
1577
Balcons de la Mescla
D 71
D 21
Pont de l'Artuby
1179
Comps-s-Artuby
D 25
1300
Falaise des Cavaliers
D 955
Bauduen
20
Grand Plan de Canjuers
Mocrouis
1052
Serrière de Lagne
D 71
1063
1108
D 49
1173
Village de Canjuers
Bargemon
1019
1025
D 19
832
Moissac-Bellevue
D 30
D 9
904
Draguinan
Aups
Lorgues
D 562
809
0
5 km
Le Thoronet, Anschluss Route 6, S. 219
D 60
D 22
Aubenas
Montélimar
St-Paul-trois Châteaux
Nyons
Mirabel-aux-Baronnies
Serres
Barcelonnette
Le Javier
Colmars
Bollène
Sisteron
Sault
Orange
Avignon
Apt
Digne-les-Bains
Draguignan
Nîmes
Salon-de-Provence
Aix-en-Provence
Barjols
Arles
Ste-Maxime
Istres
Marseille
Stes-Maries-de-la-Mer
Toulon
Hyère

SISTERON ★★

Information

Office de Tourisme:
Hôtel de Ville, 04202 Sisteron, Tel. 0492613650, otsi@sisteron.fr, www.sisteron.com

Wo sind denn hier die Apfelbäume?!

Wer etwas Französisch versteht, wird vermuten, dass die Kirche Notre-Dame-des-Pommiers einst in den Obstgärten vor der Stadt zwischen blühenden Apfelbäumen errichtet worden ist. Irrtum! Tatsächlich soll sich der Beiname vom lateinischen Ausdruck *pomoerii* = „zwischen den Mauern“ herleiten.

Die zweite „Pforte zur Provence“ liegt an der N 85 (Route Napoléon) sehr reizvoll in einem Engpass des Durance-Tales. Mächtige Kräfte des Erdinneren haben die Gesteinsschichten hier senkrecht gestellt und damit die ebenso schroffe wie fotogene Barriere des **Rocher de Baume** geschaffen, die den Durchgang nahezu abriegelt. Kein Wunder, dass diese strategisch bedeutende Passage seit rund tausend Jahren von einer mächtigen **Zitadelle** bewacht wird (tägl. ab 9 Uhr, Juli–Aug. bis 19 Uhr, Juni und Sept. bis 18.30 Uhr, Mai und Okt. bis 17.30 Uhr, Apr. und Nov. bis 16.30 Uhr; Tel. 0492612757; 4,60 €). Man kann sie zu Fuß über eine lange Treppe erreichen, mit dem Auto (wenn die Straße nicht wegen eines Markts gesperrt ist) und in der Saison (Juni–Sept.) mit einem kleinen Touristenzug ab Rathaus.

Die gepflegte **Altstadt** erreicht man von Norden kommend erst jenseits eines Tunnels (nicht links über die Brücke fahren). Schön hergerichtet und mit Baudenkmälern gesegnet, lohnt sie eine Besichtigung. Ein markierter Rundweg beginnt links der Kirche ↗**Notre-Dame des Pommiers.** Besondere Attraktionen sind u.a. der **Tour de l'Horologe** (Uhrturm), die **Rue Deleuze** mit schmucken Portalen und das **Musée Terre et Temps** ★ in der Kapelle hinter der Kathedrale (Ausstellungen zu Geologie, Erdgeschichte und Zeitmessung; Tel. 0492616130; E-Mail: musee_terre_et_temps@libertysurf.fr; 2,75 €), das zugleich Startpunkt der **„Route du Temps“** ist (markierte Rundstrecke mit Erklärungstafeln via Valernes, Sigoyer und Bayons). Auf der anderen Flussseite im Ortsteil Faubourg de la Baume lohnen die romanische **Kapelle St. Marcel** und die Kirche **St. Dominique** einen Besuch.

Sisteron-Lämmer???

Sisteron ist in ganz Frankreich – und ein tüchtiges Stück darüber hinaus – für seine Lämmer bekannt. Das „Agneau de Sisteron" soll nicht nur ein sehr zartes, sondern dazu ein ganz besonders aromatisches Fleisch haben, da sich die Tiere auf den trockenen Hochweiden nicht von schnödem Gras, sondern von erlesenen Provence-Kräutern ernähren. Soweit die Theorie. Die Realität: Jährlich werden in Sisteron fast 500.000 Lämmer geschlachtet, von denen noch nicht einmal die Hälfte von Weiden der Region Sisteron kommen. Teilweise werden sie über weite Strecken angekarrt, um sie dann mit dem begehrten Gütesiegel „Sisteron-Lamm" auf den Markt bringen zu können.

In der Altstadt von Sisteron und manch anderer Provence-Stadt sieht man Häuser, die über die engen Gassen hinweg durch teils bogenförmige Passagen miteinander verbunden sind – die so genannten **Andrônes,** vom griechischen Wort andron = Passage. Ein ungewöhnliches und besonders schönes Beispiel ist die **Longue-Andrône** zwischen der Rue Mercerie und der Rue du Glissoir.

Stellplatztipp

Einen weiteren (ruhigen!) Stellplatz ohne Ver-/Entsorgung gibt es bei **Peipin:** 6 km südl. via N 85 und rechts auf D 951; vor dem Zentrum links Richtung Aubignosc abbiegen; UTM: 31 T 07 36 871 mE 48 91 428 mN, 44,13767°N 5,96127°O; Picknicktische, nette Lage, schöner Spazierweg (1,2 km); WC bei Besichtigung defekt.

1 Camping

Camping Municipal des Prés-Hauts ****, via D 951 in Richtung La Motte, gleich hinter Plan de la Baume am Ufer der Durance, Tel./Fax 0492611969, März-Okt.; schön gelegener, sehr gut ausgestatteter und gemessen am Komfort günstiger Platz.

Stellplatz

2 Aire Communale de Sisteron

UTM: 31 T 07 35 261 mE 48 98 338 mN
44,2003°N 5,9443°O

Sehr beliebter und zentrumsnaher Parkplatz unter der Zitadelle mit schönem Blick auf Fluss und Felsen – aber oft sehr voll und neben der N 85 ganz gewiss nicht ruhig! **Lage/Anfahrt:** an der N 85 (Route Napoléon; Cours M. Donnet) am nördlichen Ortseingang von N kommend im Kreisverkehr erste Ausfahrt und dann gleich links; von der Stadt hinter dem Tunnel rechts; **Platzanzahl:** ca. 40; **Untergrund:** Asphalt; **Ver-/Entsorgung:** Trinkwasser, Abwasser, Chemie-WC (Flot Bleu Station; leider 2008 noch außer Betrieb); Toilette auf der Straßenseite gegenüber; **Sicherheit:** beleuchtet; **Preise:** Übernachtung gratis; Ver-/Entsorgung 2 €; **Max. Stand:** unbegrenzt; **Geöffnet:** ganzjährig; **Kontakt:** Tel. 0492610037

060pr Abb.: rh

MONTAGNE DE LURE UND PAYS DE FORCALQUIER

▲ *Blick von den Montagne de Lure auf die südlichen Alpen*

Von Sisteron führt die Tour auf der N 85 (Route Napoléon) etwa 3 km nach Süden und biegt dann rechts auf die D 946 das reizvolle **Tal des Jabron** aufwärts. Wer kleine Bergsträßchen scheut, kann 2 km weiter südlich nach rechts über die D 951 (ebenfalls eine reizvolle Route) bis **St. Etienne-les-Orgues** (s. S. 113) gelangen oder weiter der N 85 folgen und via N 96 und D 12 nach **Forcalquier** (s. S. 115) fahren.

MONTAGNE DE LURE ★★★

Nach 7 km biegt man links auf die D 53, überquert den Jabron und fährt durch den winzigen Weiler **Valbelle** (Beginn des GR 6) die bewaldeten Hänge der ↗Montagne de Lure empor.

Nach etwa 6 km durch herrliche Wälder erreicht man die **Aire de St. Robert,** einen herrlichen Rastplatz mitten im Wald und völlig ruhig gelegen (keine Einrichtungen; Wanderwege). Danach schlängelt sich die schmale Straße in Serpentinen höher und höher durch wechselnde Waldzonen den steilen Nordhang empor und eröffnet immer neue herrliche Fernblicke. Auf 1597 m erreicht man an der Waldgrenze den **Col du Pas de la Graille** ★ und fährt weiter den Kamm entlang über offene Matten bis dicht unter den Gipfel. Einige Parkplätze mit herrlichem Panoramablick (aber sehr exponiert!) laden zu Picknickpausen ein – und gelegentlich sieht man auch Wohnmobile über Nacht dort stehen.

Über die D 113 (gleiche Straße nur andere Nummer) geht es die Südseite wieder hinunter – ebenfalls mit zahllosen Serpentinen und wieder durch herrliche Wälder, aber etwas weniger einsam als an der Nordseite.

Kurz vor einer Rechtskurve und dem **Oratoire St. Joseph** (rechts) zweigt links in spitzem Winkel ein Schotterweg ab, der stellenweise holperig, aber fahrbar ist (größere Fahrzeuge müssten wegen des spitzen Winkels weiter unten wenden und zurückkehren). Nach knapp 600 m endet er bei einem herrlich gelegenen, aber sehr unebenen und steinigen P Parkplatz bei dem auf 1236 m in märchenhafter Waldidylle gelegenen Kloster **Notre-Dame-de-Lure** *. Die noch ganz mit Steinplatten gedeckte Kirche kann man besuchen oder im Schatten mächtiger Buchen ein Picknick machen (aber bitte mit Ruhe und Respekt).

Auf etwa 700 m Meereshöhe erreicht man die wunderschön in Wälder eingebettete Ortschaft **St. Etienne-les-Orgues,** biegt rechts auf die D 950, gelangt ca. 7 km weiter auf die D 950 (wieder rechts) und fährt durch stille ländliche Natur am Fuß der Lure Berge entlang nach **Banon,** das für seinen in Kastanienblätter gewickelten Ziegenkäse (↗„Banon de Banon") berühmt ist.

Weiter führt die D 51 durch Lavendelfelder nach Süden und ca. 10 km weiter erreicht man **Simiane-la-Rotonde** *, ein schmuckes Bergstädtchen mit einem mittelalterlichen Kern und der ebenso berühmten wie etwas mysteriösen **„Rotonde",** dem Überrest einer Burg aus dem 12. Jh. Der außen eher schlichte Turm birgt einen romanischen Kuppelsaal mit 12 Nischen und reichhaltigen Steinmetzarbeiten (Mitte Juni–Mitte Sept. 10–12.30 und 15–19 Uhr, So. nur 15–19 Uhr, sonst Mi.–Mo. 15–17.30 Uhr; Okt.–Ende März geschl.; Tel. 0492759047; 1,60 €).

Anschlussroute

Über die D 51 erreicht man ca. 14 km südwestlich **Rustrel** (s. S. 92) und damit die Route **„Plateau de Vaucluse"** der Route 2.

Montagne de Lure

Der Bergzug der Montagne de Lure ist eine Fortsetzung des Mont-Ventoux-Massivs und sein höchster Gipfel, der Signal de Lure, ist mit 1826 m nur unwesentlich niedriger als jener so populäre Provence-Berg. Von unten bietet er zwar nicht die einprägsame Pyramidenform – dafür von oben einen noch schöneren Blick auf die Kette der Alpengipfel. Dennoch sind die Lure-Berge erfreulich wenig bekannt und besucht – und während auf den Ventoux an schönen Wochenenden wahre Pilgerzüge strömen, kann man hier nahezu allein über malerische Sträßchen kurven. Die Hänge sind von herrlichen, endlos scheinenden Mischwäldern bedeckt, in den höheren Lagen grasen Schafherden auf der Wacholderheide und ganz am Gipfel dehnt sich auch hier das weiße Kalkgeröll neben spärlichen Matten.

Banon de Banon – Käse im Kastanienblatt

Der Name des kleinen Orts ist durch seinen Ziegenkäse zum Begriff geworden. Die einst regionale Spezialität ist heute landesweit bekannt und begehrt. Der frische Käse reift zunächst einige Tage im Keller, wird dann in warme Milch getaucht, mit Alkohol abgewaschen und schließlich in Kastanienblätter eingewickelt und mit Bast verschnürt. Die Gerbsäure der Blätter dient einerseits der Konservierung und verleiht dem Käse zudem ein besonderes Aroma. Aber Vorsicht: Da der Name einen guten Klang hat, werden als „Banon" auch Käse verkauft, die nicht nach den traditionellen Verfahren hergestellt wurden. Das echte Markenprodukt ist unter dem Namen „Banon de Banon" geschützt.

Die weitere Strecke folgt teils sehr schmalen, kurvigen Straßen und ist für große Fahrzeuge kaum geeignet (ggf. zurück nach Banon, ab dort der D 5 nach Süden folgen). Auf der D 18 nach Osten verlässt man das Tal und kurvt über sonnendurchglühte Hänge und durch die knorrigen Eichenwälder einer menschenleeren, ursprünglichen Landschaft im östlichsten Teil des **Naturparks Luberon** (s. S. 94). Nach 3 km beim Weiler **Carniol** biegt man rechts auf die noch schmalere D 201 (ich habe zunächst umgedreht, weil ich dachte, die Straße führt nur in das Gehöft hinein!) und dann südwärts nach **Oppedette.** Das kleine Dorf thront am Eingang der **Schlucht von Oppedette** **, die der Bach Calavon durch die Kalkfelsen gegraben hat.

▼ *Blick vom Parkplatz auf die Schlucht von Oppedette*

051pr Abb.: rh

Parken

Den hoch über der Schlucht gelegenen Parkplatz mit herrlichen Aussichtspunkten erreicht man, indem man südlich des Dorfes rechts abbiegt (nahe dem Friedhof) und den Schildern folgt.

Wandern

Vom Parkplatz führt ein gelb markierter Weg (hin und zurück ca. 3 Std.) in die 2,5 km lange und 120 m tiefe Schlucht hinunter zu Grotten, Felsteichen und bizarr geformten Säulen. Schwierige Passagen sind durch Drahtseile gesichert, aber man sollte dennoch trittsicher sein und den Weg nach Regen oder bei schlechtem Wetter meiden.

ST. MICHEL L'OBSERVATOIRE

Östlich von Oppedette klettert ein schmales, kurviges und teils steiles Teersträßchen (ohne Nummer!) den sonnigen Hang empor und gelangt nahe Vachères auf die D 14. Von dort kann man einen Abstecher nach Süden machen (schöne Aussicht kurz vor Vachères) nach Reillanne (Village perché) und Montfuron (restaurierte Windmühle) oder man fährt nach Norden und biegt ca. 6 km weiter nach rechts auf die D 5, über die man nach 11 km **St. Michel l'Observatoire** erreicht. Das hübsche Bergdorf mit seiner schlichten **romanischen Kirche** lohnt einen Spaziergang und eine Kaffeepause. **Parken** kann man dazu auf dem großen leeren Platz hinter dem Rathaus. Will man übernachten, so findet man einen schönen **Stellplatz** nördlich an der D 305 in Richtung Observatorium.

Das **Observatoire de Haute Provence** (Sternwarte) nördlich des Ortes ist ein Zeichen für die klare Bergluft der Region und kann besucht werden (April bis Ende Juni und September bis Allerheiligen Mi. 14–16 Uhr, letzte Vorführung 15.30 Uhr einstündige Führungen; 4 €, Tel. 0492706400, www.obs-hp.fr).

Stellplatz

3 Aire Communale de Saint-Michel

UTM: 31 T 07 18 121 mE 48 66 151 mN
43,9162°N 5,7167°O

Ruhiger, ebener und schön gelegener Wohnmobilplatz außerhalb des Ortes. **Lage/Anfahrt:** am Sport- und Tennisplatz links der nach N zur Sternwarte führenden D 305 folgen; am Dorfplatz links nach N und mit Blick auf die Kuppel bergab; kurz vor dem Waschhaus rechts der Straße links abbiegen (gute Zufahrt); **Platzanzahl:** 6; **Untergrund:** Schotter, Wiese; **Ver-/Entsorgung:** Trinkwasser, Abwasser, Chemie-WC; **Preise:** Übernachtung kostenlos; Ver-/Entsorgung 2 € (Jetons im Rathaus und den Geschäften); **Max. Stand:** unbegrenzt; **Geöffnet:** ganzjährig; **Kontakt:** Tel. 0492766004

FORCALQUIER

3 km östl. von Saint-Michel mündet die D 5 auf die N 100, der man in Richtung Norden folgt, um nach **Forcalquier** zu gelangen, das auf seinem Hügel von außen einen schönen Anblick bietet, aber neben seinem hübschen Stadtplatz, der romanisch-gotischen Kathedrale und einer eigenartigen neo-byzantinischen Kapelle nicht viele Attraktionen zu bieten hat.

Lohnender ist die romanische **Priorei Salagon** * (am südlichen Ortseingang von Mane links nach Westen abbiegen) mit sehenswerter Kirche, einem Jardin ethnobotanique (Klostergarten mit Heilpflanzen und Kräutern) und einer guten kleinen Buchhandlung. Einen **Stellplatz** findet man 5 km südlich von Mane bei dem Dorf **Dauphin.**

An der schmalen D 16, die südlich von Forcalquier durch die Weinberge führt, kann man einen **Meilenstein der römischen „Via Domitia“** entdecken.

Stellplatz

4 Aire Communale de Dauphin

UTM: 31 T 07 23 581 mE 48 64 595 mN
43,9006°N 5,7840°O

Großer, relativ ebener und sehr ruhiger Parkplatz bei der Festhalle am Ortsrand. **Lage/Anfahrt:** von der D 13 kommend im unteren Ort rechts und dann im Kreisverkehr links in Richtung Village; von W kommend gleich am Ortseingang beim Postamt links; Schildern „Salle Polyvalente“ folgen; problemlose Zufahrt; **Platzanzahl:** ca. 15; **Untergrund:** Asphalt; **Ver-/Entsorgung:** Strom, Trinkwasser, Abwasser, Chemie-WC (Stromanschlüsse haben bei meinem Besuch nicht funktioniert); **Sicherheit:** beleuchtet; **Preise:** Parken und Ver-/Entsorgung kostenlos; **Max. Stand:** 1 Nacht; **Geöffnet:** 01.04.-31.10.; **Kontakt:** Tel. 0492795818, Fax 0492795793

Information

Office de Tourisme: 13, Pl. du Bourguet, 04301 Forcalquier, Tel. 0492751002, www.forcalquier.com (auch zuständig für Umland und Montagne de Lure)

Einkaufen

Maison de Produits de Pays (am südlichen Ortseingang von Mane links), ein großer neuer Bau mit Parkplatz und vielen verschiedenen Produkten der Region – von Wein bis Wurst und von Keramik bis Käse.

Distilleries de Provence, Forcalquier, Av. St.-Promasse, Tel. 0492750058; 9–12 und 14–19 Uhr; Liköre und Apéritifs aus Pflanzen und Kräutern der Provence.

Abstecher

Von Forcalquier kann man in alle Richtungen Abstecher durch reizvolle Landschaften unternehmen:

- nach Norden auf der D 950 (Achtung: Die Straße verlässt den Ort zunächst nach Südwest!), der D 13 und der D 951 via St. Etienne-les-Orgues und Cruis
- direkt nach Norden auf der schmalen und kurvenreichen D 12 über bewaldete Berge nach St. Etienne-les-Orgues
- auf den gut ausgebauten Straßen N 100 und D 12 nach Osten ins Tal der Durance (s. u.)
- via N 96 südwärts nach Manosque

063pr Abb.: rh

▲ *Mächtige Tortürme bewachen den Zugang zur Altstadt von Manosque*

ABSTECHER: MANOSQUE *

Das im Tal der Durance gelegene Städtchen besitzt eine recht hübsche Altstadt mit zwei mächtigen Tortürmen aus dem 12. Jh., der **Porte Saunerie** und **Porte Soubeyran,** mit der romanischen **Kirche St. Sauveur,** mit einem Gewirr von Gassen und Plätzen und der schmucken Rathaus-Fassade.

Information

Office de Tourisme: Place du Dr. Joubert, 04100 Manosque, Tel. 0492721600, www.ville-manosque.fr

Parken

Parking de la Drouille auf der N 96 von Süden (Pertuis) kommend bei der ersten Ampel links in Richtung Apt; dann beim Kreisverkehr Richtung Zentrum; der große Parkplatz liegt rechts der Straße; von dort sind es zu Fuß weiter bergauf und dann links über den Place du Dr. Joubert nur wenige hundert Meter zum Office de Tourisme und zum Zentrum.

Einkaufen

L'Occitane, seit 25 Jahren Hersteller von Seifen, Parfums und Kosmetika, Z. I. St.-Maurice, 04100 Manosque, Tel. 0492701950, www.loccitane.com (D 907 Richtung SO und beim Kreisverkehr hinter der Autobahnbrücke und vor der Durance-Brücke rechts ins Gewerbegebiet); mit Fabrikführungen, Workshops und Boutique mit Fabrikverkauf (Mo.-Sa. 10-19 Uhr)

Camping

Camping Municipal Les Ubacs ***; Av. de la Repasse (am westl. Stadtrand, D 907 in Richtung Reillanne, Tel. 0492722808, April-Sept.; relativ preisgünstiger und doch recht gut ausgestatteter Platz mit Pool und Ver-/Entsorgungsstation; UTM: 31 T 07 26 436 mE 48 53 578 mN; 43,8006°N 5,8148°O

VILLENEUVE

Fahrradtour

Die schmale D 216 beim Friedhof nahe dem Stellplatz, die durch schöne Landschaft ca. 14 km weiter dem Kamm folgt, eignet sich ideal für eine Radtour!

Die N 100 und die D 12 führen von Forcalquier nach Osten aus den Bergen heraus ins breite Tal der Durance. Wer einen hübschen Übernachtungsplatz sucht, wendet sich dort zuerst nach Süden und passt gut auf, dass er die mit Womo-Piktogramm markierte Abzweigung rechts nach **Villeneuve** nicht verpasst. Die Schilder lotsen einen zuverlässig den Hang hinauf bis zu einem herrlich gelegenen **Stellplatz** jenseits des Orts (nicht aufgeben – er kommt schon noch!).

Stellplatz

5 *Aire Communale de Villeneuve*

UTM: 31 T 07 29 827 mE 48 64 320 mN
43,8961°N 5,8616°O

Ein vorbildlicher, traumhaft schön und ruhig gelegener Platz unter Pinien und Olivenbäumen mit Blick auf das Dorf. **Lage/Anfahrt:** an der D 216 hinter dem Dorf am Hang; von der N 96 den Schildern folgen; jenseits des Dorfes am Friedhof rechts, dann links den Hang hinunter und an einem Parkplatz vorbei; teils schmale Straße (besonders an Markttagen!) – aber sonst gut zu fahren; **Platzanzahl:** ca. 10; **Untergrund:** Schotter; **Ver-/Entsorgung:** Trinkwasser, Abwasser, Chemie-WC; **Sicherheit:** beleuchtet; **Preise:** Ver-/Entsorgung und Übernachtung kostenlos; **Max. Stand:** unbegrenzt; **Geöffnet:** ganzjährig, Frischwasser nur April–Okt.; **Kontakt:** Tel. 0492784231, Fax 0492785921, E-Mail: mairie.villeneuve@wanadoo.fr; **Hinweis:** oft früh schon voll belegt!

PLATEAU DE GANAGOBIE *

Von der D 5 biegt etwa 2 km vor ihrer Einmündung (bei 43,9599°N, 5,8839°O) die kleine D 462 ab, die nach **Lurs** * hinaufführt. Das kleine Dorf auf seinem Balkon über dem Durance-Tal war praktisch verlassen und dem Zerfall preisgegeben, als eine Gruppe von Grafikern es nach dem Zweiten Weltkrieg entdeckte, neu belebte und zu einem Zentrum der Druckkunst machte.

Rund 3,5 km nördlich der Einmündung D 5 in die D 96 zweigt links die schmale D 30 ab (wer sie verpasst, kann kurz danach auf einem Parkplatz wenden), die in engen Serpentinen und durch herrliche Natur das **Plateau de Ganagobie** * erklimmt.

Nach ca. 4 km erreicht man den großen Parkplatz, der zum **Kloster von Ganagobie** ** gehört (schöne Aussicht auf das Durance-Tal!). Ein Spaziergang durch die parkartige Landschaft führt knapp 1 km bis zur Klosterkirche mit einem prachtvollen Portal ** und einzigartigen romanischen Mosaiken ** in der Apsis. Weitere Fußwege erschließen die ursprüngliche Natur des Plateaus mit Eichen, Pinien, uralten Ruinen, neolithischen Steinsetzungen und großartigen Aussichtspunkten.

Wenn man kurz nach Abzweigung der D 30 nicht rechts hinauffährt, sondern dem Fahrweg geradeaus folgt (nur mit kleinen Mobilen oder zu Fuß!), so kommt man kurz danach zu einer **Römerbrücke.** Dahinter führt der Weg weiter nach **Lurs** * (s. o.).

Etwa 2 km nördlich von Peyruis führt nach links die schmale D 101 aus dem Tal heraus und erreicht etwa 2 km weiter die **Kirche St. Donat** *. Der ebenso schlichte wie harmonische Bau ist eine der ältesten romanischen Kirchen des Landes, errichtet an einer Stelle, an der der heilige Donat sich zurückgezogen haben soll, nachdem er die Region christianisiert hatte.

Ver-/Entsorgung

Biegt man ca. 2 km nördl. von Peyruis nicht nach links, sondern nach rechts, so gelangt man in die ZA Mardaris, wo die Firma „Alpes Provence Caravanes" links der Straße (UTM: 31 T 07 36 775 mE 48 80 986 mN; 44,0438N 5,9554°O) kostenlose Ver-/Entsorgung bietet (Di.–Sa. 9–12 und 14–18 Uhr; Tel. 0492680476).

Die Büßer von Mées

Die Form der Rochers de Mées erinnert an Mönche in ihren langen Kutten, weshalb sie auch die „Büßer von Mées" genannt werden. Eine Legende behauptet, dass hier im 6. Jh. eine Gruppe von Mönchen unterwegs gewesen sei, als ihnen just ein Tross leicht bekleideter Frauen begegnete. Die armen Mönche hatten das kurze Vergnügen, diesen Schönen den einen oder anderen Blick hinterher zu werfen – und das Pech, dass ausgerechnet auch noch der heilige Donatus hinzukommen musste, der sie, als Strafe für ihre „giergen" Blicke, allesamt zu Stein erstarren ließ.

064pr Abb.: rh

Folgt man weiter der Straße durch das Gewerbegebiet Mardaris, so überquert man kurz danach die Durance und erreicht **Les Mées,** wo man links abbiegend außerhalb des Ortes zu den fantastisch geformten **Rochers de Mées** gelangt, die wegen ihrer eigenartigen Form auch die ↗„Büßer von Mées" genannt werden. An ihrem Fuß gibt es einen hübschen [P] Parkplatz mit Toiletten, auf dem öfters Wohnmobile über Nacht stehen, wenngleich er etwas nahe der Straße liegt.

ABSTECHER: DIGNE-LES-BAINS

[i] Information

Office de Tourisme: Place du Tampinet, 04001 Digne-les-Bains, Tel. 0492366262, www.ot-dignelesbains.fr

Rund 6 km nordöstlich von Les Mées mündet die D 4 in die N 85 (Route Napoléon) und 18 km weiter erreicht man **Digne-les-Bains** *. Der Thermal-Kurort am nordöstlichen Rand der Provence ist ein Zentrum des Lavendelanbaus und liegt im **Geologischen Naturpark Haute Provence.**

Man kann einen hübschen Bummel durch die Altstadt machen und einige ihrer Museen besuchen: etwa das ↗**Musée Alexandra David-Neel** * (südlich des Zentrums via N 85, gleich links nach der Total Tankstelle; kostenlose 90-Min.-Führungen Juli–Sept. tägl. außer Sa. 10.30, 14, 15.30 und 17 Uhr, sonst 10.30, 14 und 17 Uhr; Tel. 0492310451, www.alexandra-david-neel.org), das **Musée de la Réserve Géologique de la Haute Provence** * (N 900 A in Richtung Barles und nach der Brücke den Schildern folgen; vom Parkplatz noch ca. 1 km; mit interessanten Lehrpfaden; Apr.–Okt. tägl., sonst nur wochentags 9–12 und 14–17 Uhr; 4,60 €, Tel. 0492367070) oder den **Jardin Botanique des Corderliers** (Place de Cordeliers, nördl. des Boulevard Gassendi; Apr.–Okt. Di.–Sa. 9–12 und 14–18 Uhr, Juli/Aug. 9–12 und 15–19 Uhr, Eintritt frei), einen historischen Klostergarten mit Gewürz- und Heilkräutern.

◀ *Digne-les-Bains: Römische Säulen und die Kathedrale Saint Jérome mit typisch provenzalischem Glockenstuhl aus Schmiedeeisen*

Parken

Trotz vieler großer Parkplätze (z. B. gleich hinter dem Kreisverkehr) ist oft alles sehr voll und eng; am günstigsten und doch sehr zentrumsnah parkt man beim **Intermarché** (im Kreisverkehr gleich rechts, Av. 8 Mai 1945, D 20), oder ein kurzes Stück weiter auf dem **Parking Piscine Eaux Chaudes.**

Übernachten

Offizielle Stellplätze gibt es nicht. Die **Thermalbäder** liegen außerhalb an der D 20 und auf ihren großen Parkplätzen vor schöner Bergkulisse sieht man oft viele Wohnmobile die Nacht durch stehen. Etwa 10 km nördlich via D 900 kurz hinter dem Ort Brusquet gibt es eine **Aire de Détente,** die ruhig und weit abseits der Straße liegt.

Alexandra David-Néel – eine außergewöhnliche Frau

1868 in Paris geboren, verließ Alexandra David-Néel noch ehe sie volljährig war das Elternhaus, um allein mit dem Fahrrad durch Spanien zu touren – und das zu einer Zeit, als andere Mädchen noch nicht einmal ohne Aufsicht einen Nachmittagsspaziergang machen durften! Sie studierte Orientalistik und Musik und brach mit 23 Jahren nach Indien auf. Nachdem sie in der Musik über Provinz-Opern nicht hinausgelangt war, heiratete sie 1904 den steinreichen Ingenieur Philippe Néel – und startete kurz danach erneut nach Asien, wo sie die folgenden 13 Jahre unterwegs war. Sie lernte Mahatma Gandhi, Sri Aurobinbo und den Dalai Lama kennen, wanderte zu Fuß durch Tibet und lebte zwei Monate als Bettlerin verkleidet in der für Ausländer bei Todesstrafe verbotenen Stadt Lhasa. 1928 ließ sie sich in dem Haus in Digne nieder, das heute die Stiftung beherbergt, wurde zur führenden Tibetologin des Landes und hielt Vorträge in ganz Europa. Mit über 70 Jahren reiste sie erneut für mehrere Jahre durch China – und noch im Alter von 100 Jahren soll sie die Verlängerung ihres Passes für eine Russlandreise beantragt haben, ehe sie kurz vor ihrem 101. Geburtstag starb.

„BONUS-TRACK“: RUNDFAHRT DURCH DIE ALPES DE HAUTE PROVENCE

Digne-les-Bains ist das Verwaltungszentrum des Départements Alpes de Haute Provence, das dem ordentlich sortierten Reisejournalisten etwas ins Schleudern bringen kann. Hört es sich doch ähnlich widersprüchlich an wie „Gebirgsmarine“, „Dutch Mountains“ oder „bayerische Ostseeküste“. Ja, was denn nun, mag man sich fragen: Alpen oder Provence – denn für unser Empfinden sind das nun mal zwei Paar Stiefel. Ungeachtet jeder bürokratischen Grenzziehung lassen die meisten Kollegen daher in ihren Provence-Publikationen diesen Alpenteil schlicht unter den Tisch fallen. Richtig, finde ich. Alpen sind nun mal Alpen und ein eigenes Thema. Und doch: Es gibt da eine gar zu verlockende Rundstrecke, die ich nicht ganz unterschlagen und wenigstens in etwas komprimierter Form erwähnen möchte (eine ausführlichere Darstellung wird der Band „Französische Alpen“ enthalten, der für die gleiche Reihe geplant ist).

Tipp

Es lohnt sich, die Route in der hier beschriebenen Richtung zu fahren, um die geradezu dramatisch gestaltete Steigerung landschaftlicher Schönheit und „interessanter“ Straßenführung zu genießen.

Sperrung

Die Pass-Strecke über den Col d'Allos ist zwischen Pra-Loup und La Foux d'Allos für Fahrzeuge über 3,5 Tonnen gesperrt. Die Rundstrecke ist daher für größere Wohnmobile nicht geeignet.

▲ *Blick auf den Lac de Serre-Ponçon*

DIGNE-LES-BAINS – BARCELONNETTE – CASTELLANE

Entfernung: 177 km
Dauer: 1 Tag

Man verlässt Digne auf der D 900 nach Norden in Richtung Le Brusquet und fährt durch eine ganz allmählich sich aufbauende Berglandschaft zunächst Wälder und schluchtartige Täler in zunehmend alpine Regionen empor.

Rast-/Picknickplatz

Etwa 10 km nördlich via D 900 kurz hinter dem Ort Brusquet findet man rechts und weit abseits der Straße eine schön und ruhig gelegene **Aire de Détente.**

Über den **Col du Labouret** (1240 m) gelangt man ins reizvolle Bergtälchen der Bès und überquert ca. 10 km weiter den **Col de Maure** (1346 m). Kurz danach (knapp 1 km nach dem Pass) führt ein kleines Sträßchen links hinauf ins Skigebiet von **Seyne** mit einem Wohnmobil-Stellplatz.

Etwa 12 km hinter Seyne erreicht man den **Col St. Jean** (1333 m) und bald darauf eröffnen sich schöne Ausblicke auf den südöstlichen Arm das **Lac de Serre-Ponçon** * (siehe Bild Seite 118).

Die D 900 schlängelt sich breit und gut ausgebaut hinunter und folgt nach Osten biegend dem malerischen **Ubaye-Tal** bis nach **Barcelonnette** (ca. 45 km von Seyne).

Stellplatz

6 Aire Communale de Seyne

UTM: 32 T 02 92 128 mE 49 10 949 mN
44,32205°N 6,39312°O

Großer Schotterplatz an der Liftstation auf 1355 m mit weitem Ausblick . **Lage/Anfahrt:** Kurz hinter dem Col de Maure und vor dem Ort links Richtung Skistation „Le Grand Puy“ hinauf bis zum Ende der Teerstraße und ein kurzes Stück weiter; rechts des Restaurants „Le Chalet“; etwas steile aber problemlose Anfahrt; die letzten Meter Schotter; **Platzanzahl:** im Sommer fast unbegrenzt! **Untergrund:** Schotter; **Ver-/Entsorgung:** Trinkwasser, Abwasser, Chemie-WC (s. u.); **Preise:** 3 €/Fahrzeug, pauschal für Übernachtung und Ver-/Entsorgung; **Max. Stand:** unbegrenzt; **Geöffnet:** ganzjährig; **Kontakt:** Tel. 0492350042, Fax 0492351898, E-Mail: mairie.seynelesalpes@wanadoo.fr.

Anmerkung: Die Gebühr von 3 € soll in eine Dose im Restaurant geworfen werden; ich habe aber im Herbst weder Dose noch eine Ver-/Entsorgungsstation gefunden!

7 Aire de Barcelonnette

UTM: 32 T 03 09 583 mE 49 17 491 mN
44,38569°N 6,60943°O

Nicht besonders schön zwischen Straße und Kleinflughafen gelegener Parkplatz. **Lage/Anfahrt:** ca. 1 km vor (westlich von) Barcelonnette links der D 900 am Flugplatz bei der Bar Le Planeur; problemlose Zufahrt; **Untergrund:** Schotter; **Ver-/Entsorgung:** Strom, Trinkwasser, Abwasser, Chemie-WC; **Preise:** ca. 1,50 € für die Ver-/Entsorgung (s. u.!); **Geöffnet:** ganzjährig; **Kontakt:** Tel. 04928138.

Bitte beachten: Eigentlich ist der Platz nur als Ver-/Entsorgungsstation gedacht; inzwischen haben sich die Piloten jedoch an Wohnmobile gewöhnt. Früher bekam man Jetons in der Flughafen-Bar, die jedoch inzwischen abgebrannt ist. Seither haben einige verantwortungslose Reisemobilisten offenbar wild in die Landschaft entsorgt. So bitte nicht!

In Barcelonnette biegt man rechts und dann wieder rechts auf die D 902 und knapp 2 km hinter dem Ort nach der Brückendurchfahrt erneut rechts auf die Straße nach **Pra-Loup.**

Stellplatz

Bei Pra-Loup soll es an der Talstation eines Lifts einen großen Parkplatz geben, auf dem Wohnmobile über Nacht stehen dürfen; er bietet einen weiten Panoramablick und soll nachts von der Ortspolizei überwacht werden. Leider habe ich zu kurz vor Drucklegung davon erfahren, um Details zu überprüfen. Die Zufahrt nach Pra-Loup ist recht steil, aber kein Problem.

Sperrung

Die Pass-Strecke über den Col d'Allos ist bis La Foux d'Allos für Fahrzeuge über 3,5 Tonnen gesperrt. Und das ganz sicher mit gutem Grund: Sie ist sehr schmal, nicht überall in gutem Zustand und höchst kurvenreich! Größere Fahrzeuge riskieren bei Gegenverkehr durchaus Probleme! Zwischen 1.12. und 15.5. ist die Passstraße meist gesperrt!

Kurz nachdem man von der D 902 auf die Straße nach Pra-Loup gebogen ist, zweigt in einer Rechtskurve nach links die D 908 ab, die **Pass-Straße zum Col d'Allos** ***.

Dies ist die eigentlich spektakuläre Strecke der Tour – und vor allem bei schönem Wetter im Herbst schon für sich allein eine Reise wert! In endlosen Serpentinen und mit zahlreichen fantastischen Ausblicken windet sich das schmale Sträßchen in eine wahrhaft bezaubernde bis atemberaubende Bergwelt empor.

067pr Abb.: rh

▶ *Bergbauernhof und Kapelle in der Mattenlandschaft nahe dem Col d'Allos*

Auf der Passhöhe bei 2247 m hat man die Waldgrenze weit unter sich gelassen und befindet sich in alpiner Mattenlandschaft. Danach geht es in Serpentinen und streckenweise steil (bis ca. 12 %) zum Skiort **La Foux d'Allos** hinunter.

Auf einer breiteren und gut ausgebauten Straße – aber immer noch durch sehr reizvolle Berglandschaft – geht es das Tal des Verdon abwärts und nach ca. 8 km erreicht man den Skiort **Allos.**

Stellplatz

8 Aire Communale de La Foux d'Allos

UTM: 32 T 03 06 084 mE 49 07 585 mN
44,29566°N 6,56923°O

Parkplatz an der Durchgangsstraße. **Lage/Anfahrt:** Parking de l'Hubrac, nahe Ortsmitte rechts der Straße; Zufahrt von Süden problemlos; von Norden nur bis 3,5 t und nicht im Winter; **Untergrund:** Asphalt; **Ver-/Entsorgung:** Trinkwasser, Abwasser, Chemie-WC; **Preise:** Parken und Ver-/Entsorgung kostenlos; **Max. Stand:** 3–4 Nächte; **Geöffnet:** ganzjährig; **Kontakt:** Tel. 0492831800, Fax 0492831807, E-Mail: mairie.allos@wanadoo.fr; **Achtung:** Der Parkplatz für bislang 20 Wohnmobile existiert seit Anfang 2005 nicht mehr (nur noch die Ver-/Entsorgungsstation).

9 Aire Communale de Allos

UTM: 32 T 03 10 143 mE 49 01 160 mN
44,2430°N 6,6222°O

Riesiger, aber schön gelegener und sonniger Parkplatz abseits der Durchgangsstraße. **Lage/Anfahrt:** von Norden kommend nach der Brücke, aber vor Ortseingang rechts hinunter; **Platzanzahl:** 40; **Untergrund:** Asphalt; **Ver-/Entsorgung:** Trinkwasser, Abwasser, Chemie-WC; **Preise:** 3 € inkl. Ver-/Entsorgung; **Max. Stand:** 3-4 Nächte; **Geöffnet:** ganzjährig; **Kontakt:** Tel. 0492831800, Fax 0492831807, E-Mail: mairie.allos@wanadoo.fr; **Beachten:** Leicht unebene Fläche (Keile). Ideal mit Kindern, da gleich daneben ein herrlicher Spielplatz liegt! Die Ver-/Entsorgungsstation folgt erst etwa 300 m weiter abwärts und links.

Etwa 8 km hinter Allos erreicht man das Städtchen **Colmars** * – und damit eine weitere Überraschung, denn etwas oberhalb am Hang entdeckt man zunächst die mächtigen Mauern und Türme der **Festung Savoie** * und kurz darauf die malerische **Altstadt** **. Danach wird das Flusstal allmählich weiter, verliert aber nicht seinen Reiz bis man etwa 28 km hinter Colmars nach **St. André les Alpes** gelangt.

Via N 202 und D 955 am Ufer des Lac de Castillon entlang erreicht man ca. 20 km weiter **Castellane** und hat dort Anschluss an die Verdon-Routen (s. S. 133).

Stellplatz

10 Aire Communale de St. André

UTM:32 T 03 00 009 mE 48 71 040 mN
43,9653°N 6,5070°O

Einfacher, sauberer, aber sehr steriler und leicht unebener Stadtparkplatz. **Lage/Anfahrt:** nahe dem südlichen Ortsende nach der Total-Tankstelle links der N 202; von Süden her gut, von Norden her kaum beschildert; problemlose Zufahrt; **Platzanzahl:** 40; **Untergrund:** Asphalt; **Ver-/Entsorgung:** Strom, Trinkwasser, Abwasser, Chemie-WC (Flot Bleu); **Preise:** Übernachten kostenlos; 3 € für Ver-/Entsorgung; **Max. Stand:** unbegrenzt; **Geöffnet:** ganzjährig; **Kontakt:** Tel. 0492890204, Fax 0492890256, E-Mail: mairie.st-andre-les-alpes@wanadoo.fr.

Tipp: Einen weitaus schöneren Parkplatz (ohne Verbotsschilder) findet man wenige Kilometer weiter südlich am Ufer des Lac de Castillon!
(UTM: 32 T 03 00 564 mE 48 68 982 mN; 43,9469°N 6,5147°O)

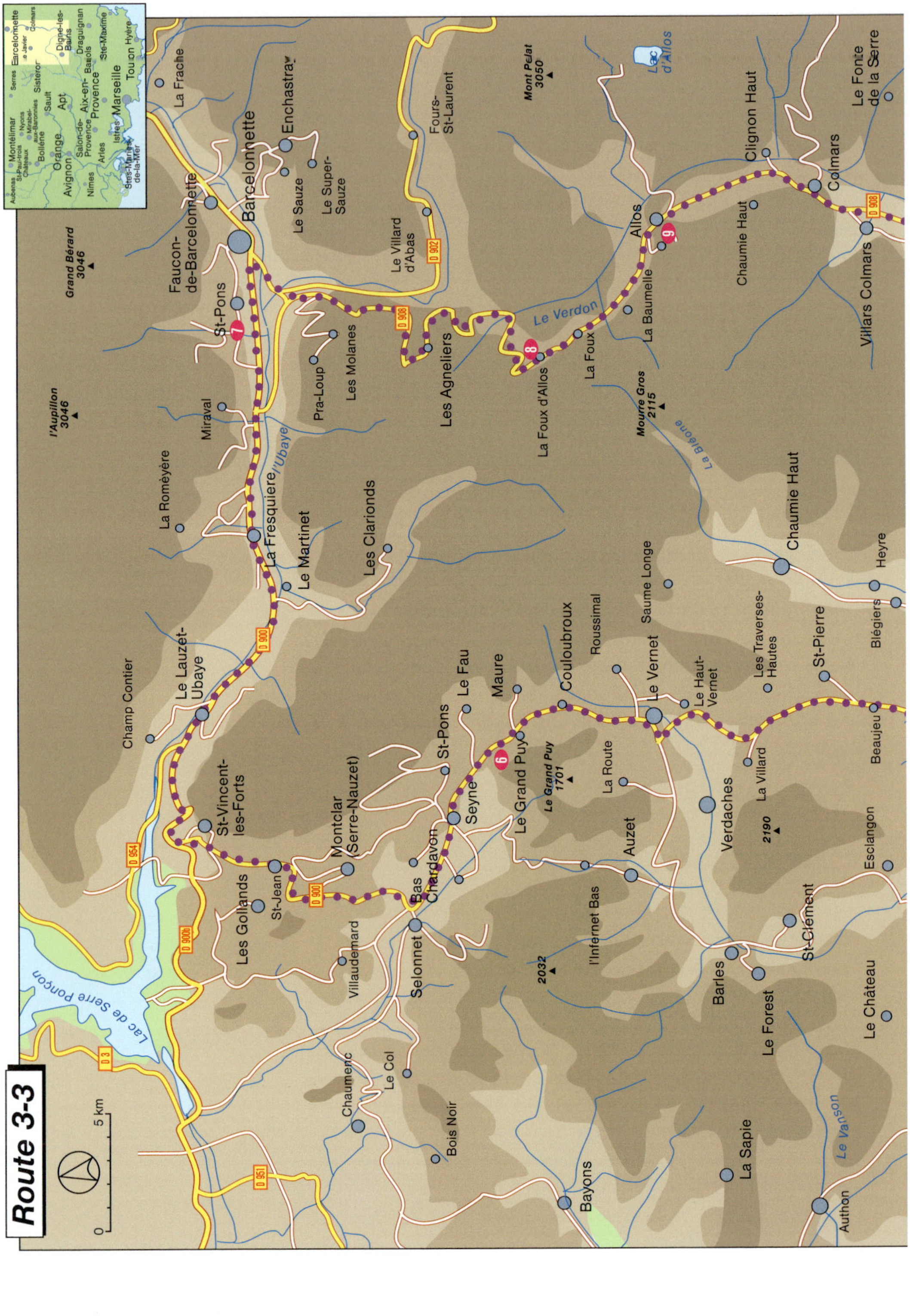
Route 3-3
0
5 km
Barcelonnette
Faucon-de-Barcelonnette
St-Pons
Enchastrayes
Le Sauze
Le Super-Sauze
La Frache
Grand Bérard 3046
l'Aupillon 3046
Miraval
La Roméyère
La Fresquière
l'Ubaye
Le Martinet
Les Clarionds
Pra-Loup
Les Molanes
Le Villard d'Abas
Fours-St-Laurent
Mont Pelat 3050
Lac d'Allos
Les Agneliers
La Foux d'Allos
La Foux
Le Verdon
La Baumelle
Allos
Chaumie Haut
Clignon Haut
Colmars
Le Fort de la Serre
Villars Colmars
Mourre Gros 2115
La Bléone
Champ Contier
Le Lauzet-Ubaye
St-Vincent-les-Forts
Les Gollands
St-Jean
Montclar (Serre-Nauzet)
St-Pons
Le Fau
Maure
Bas Chardavon
Seyne
Le Grand Puy
Le Grand Puy 1701
Couloubroux
Roussimal
Saume Longe
Le Vernet
Le Haut-Vernet
Les Traverses-Hautes
St-Pierre
Blégiers
Heyre
La Route
Auzet
Verdaches
La Villard
Beaujeu
2190
Esclangon
Selonnet
Villaudemard
l'Infernet Bas
2032
Barles
St-Clément
Le Forest
Le Château
Lac de Serre Ponçon
Chaumenc
Le Col
Bois Noir
Bayons
La Sapie
Le Vanson
Authon
D 900
D 900b
D 954
D 908
D 902
D 3
D 951
6
7
8
9
Montélimar
Orange
Avignon
Nîmes
Arles
Apt
Sault
Sisteron
Digne-les-Bains
Draguignan
Aix-en-Provence
Marseille
Toulon
Hyères
Ste-Maxime
Salon-de-Provence
Istres
Stes-Maries-de-la-Mer
Bollène
Nyons
Serres
Colmars

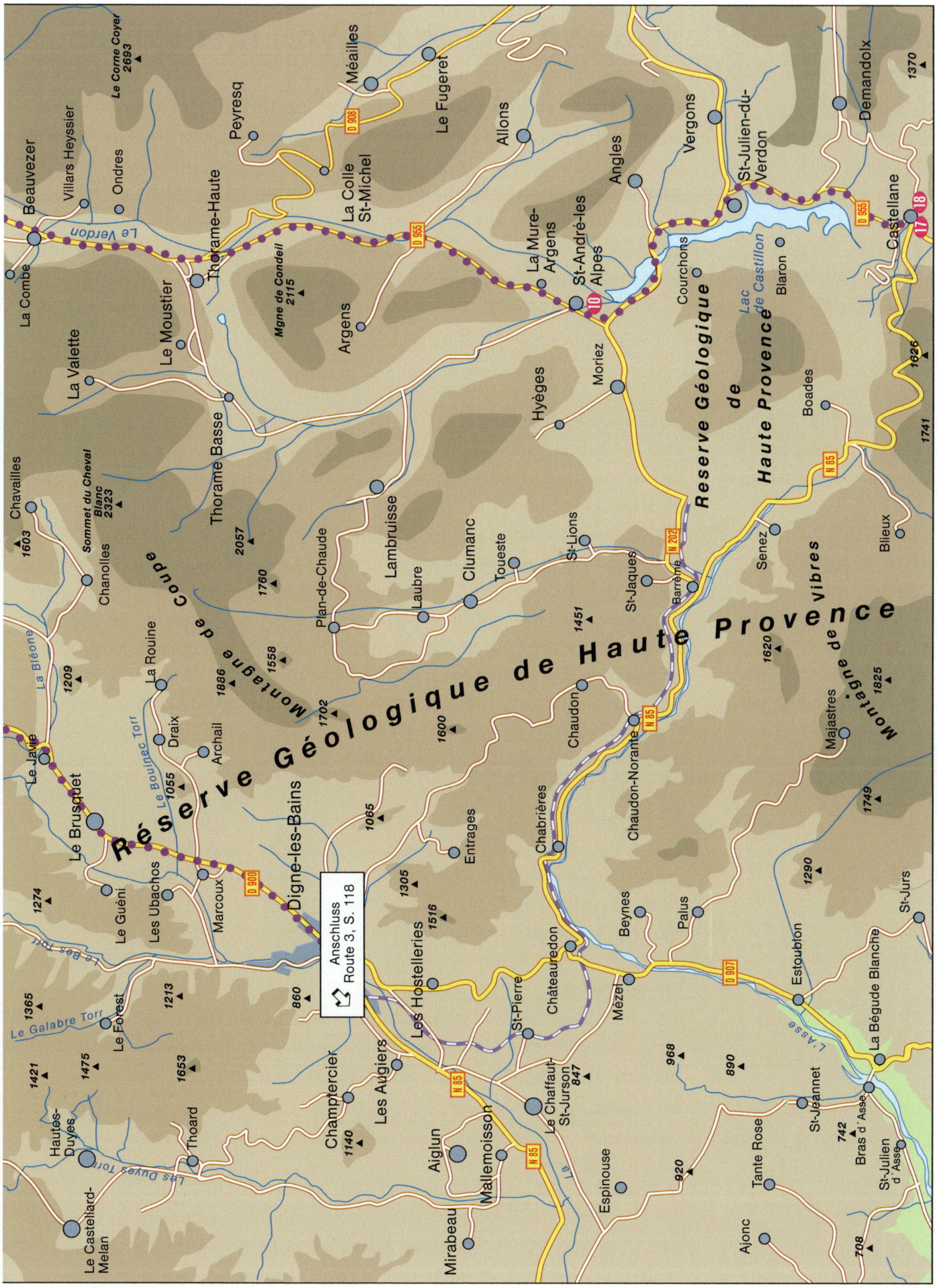
Beauvezer
Villars Heyssier
Ondres
Le Corne Coyer 2693
Peyresq
Méailles
Le Fugeret
La Colle St-Michel
Thorame-Haute
La Combe
Le Verdon
D 908
D 955
Allons
Vergons
Angles
St-Julien-du-Verdon
Demandolx
1370
Castellane
17
18
La Mure-Argens
St-André-les Alpes
10
Courchons
Lac de Castillon
Blaron
Mgne de Condeil 2115
Argens
Le Moustier
La Valette
Thorame Basse
Moriez
Hyèges
Reserve Géologique de Haute Provence
Boades
1626
1741
N 85
Chavailles
1603
Sommet du Cheval Blanc 2323
2057
Lambruisse
Clumanc
Plan-de-Chaude
Toueste
St-Lions
N 202
Senez
Blieux
Chanolles
Montagne de Coupe
1760
Laubre
St-Jaques
Barrême
1451
Réserve Géologique de Haute Provence
1620
Montagne de Vibres
La Bléone
1209
La Rouine
1886
1558
1702
Chaudon
1825
Le Bouinenc Torr
Draix
Archail
1600
Chaudon-Norante
Majastres
Le Javie
Le Brusquet
1055
Digne-les-Bains
1065
Entrages
Chabrières
1749
Le Guéni
Les Ubachos
Marcoux
D 900
1305
1516
Beynes
Palus
1290
St-Jurs
1274
Anschluss Route 3, S. 118
Les Hostelleries
Châteauredon
Mézel
D 907
Estoublon
Le Bès Torr
1365
1213
860
Le Galabre Torr
Le Forest
St-Pierre
L'Asse
La Bégude Blanche
1421
1475
1653
Champtercier
Les Augiers
Le Chaffaut-St-Jurson
847
968
890
Hautes-Duyes
Thoard
1140
Aiglun
Mallemoisson
St-Jeannet
742
Bras d'Asse
St-Julien d'Asse
Les Duyes Torr
Tante Rose
920
Espinouse
Le Castellard-Melan
Mirabeau
Ajonc
708

DAS PLATEAU DE VALENSOLE UND DER GRAND CANYON DU VERDON

Einkaufen

Unterwegs kann man in **Oraison** die Moulin Paschetta (6 Av. Charles-Richaud, Mo.-Sa. 8.30-12 und 14-18 Uhr, Jan. geschl.) besuchen, um Olivenöl direkt vom Erzeuger zu kaufen, oder man kann einen Abstecher nach Manosque * machen (s. S. 116).

An der D 6 südwestlich von Valensole findet man einen Lavendelrezeuger mit Direktverkauf.

Information

Office de Tourisme:
7 Place de l'Hôtel de Ville, 04800 Gréoux-les-Bains, Tel. 0492780108, E-Mail: tourisme@greoux-les-bains.com, www.greoux-les-bains.com

Das **Plateau de Valensole** * zwischen den Tälern der Durance im Osten, der Bléone im Norden und des Verdon im Süden ist eine relativ arme, stille und ursprüngliche Region. Es liegt innerhalb des **Parc Naturel Régional du Verdon** *** (s. S. 129) und ist geprägt von kleinen Landsträßchen, mediterranen Wäldern und smaragdgrünen Stauseen – vor allem aber von blühenden Mandelbäumen im März und vom endlosen Lila des Lavendels im Juli.

Von **Les Mées** folgt man – je nachdem wie eilig man es hat via D 4, N 96 oder gar A 51 – dem Tal der Durance nach Süden.

GRÉOUX-LES-BAINS

Bei Manosque verlässt man das Tal der Durance, erklimmt das Plateau via D 82 und fährt dann wieder hinunter in den Kurort **Gréoux-les-Bains** im Tal des Verdon.

In dem bis heute sehr beliebten und betriebsamen Kurort hatten schon die Römer ihre Thermen. Wer nicht kurt, kann einen kleinen Stadtbummel unternehmen und das mächtige **Château des Templiers** bewundern (nur von außen!) oder die **Crèche de Haute Provence,** ein Provence-Dorf en miniature mit über 300 Santons und einer Licht-und-Ton-Schau (16 Av. des Alpes; Führungen Juli/Aug. tägl. außer Mo. 10-12 und 14.30-19 Uhr, Apr.-Juni und Sept./Okt. Di.-Sa. 10-12 und 14.30-17.30 Uhr; 4 €).

Parken

Wohnmobile stehen ruhig und schattig auf dem großen Parkplatz vor den Thermes (am Kreisverkehr Richtung „Thermes", dann wieder links; UTM: 31 T 07 32 761 mE 48 48 941 mN; 43,75694°N 5,89136°O); ein großer, sehr zentrumsnaher Parkplatz – ohne Schatten – befindet sich hinter dem Office de Tourisme.

Stellplatz

Die in verschiedenen Publikationen genannte **Aire Communale** bei der Station d'épuration (Kläranlage) hat nie existiert! Hingegen sind nach Auskunft des Office de Tourisme alle Parkplätze des Ortes für Womo-Übernachtungen zugelassen; Ver-/Entsorgung gibt es keine.

11 Camping

La Pinède **, ca. 1,5 km außerhalb an der D 8 in Richtung St. Pierre, Tel. 0492780547, Fax 0492776905, lapinede@wanadoo.fr, www.camping-lapinede.com; März-Nov.; im schattigen Pinienwald mit Pool und Spielplatz; Übernachtung ca. 16 €; Ver-/Entsorgungsstation und Parkplatz auch vor dem Eingang.

014pr Abb.: rh

LAC D'ESPARRON *

Man verlässt **Gréoux** auf der D 952 nach Osten und biegt (sofern man kein zu großes „Dickschiff" fährt) ca. 2 km weiter rechts auf die D 315, die sich durch herrliche mediterrane Wälder auf das Plateau hinauf windet und bald Ausblicke auf die smaragdgrünen Wasser des Stausees **Lac d'Esparron** * eröffnet. Wer kleine Sträßchen scheut, fährt auf der D 952 weiter bis Allemagne-en-Provence (s. u.).

13 km nach **Gréoux** erreicht man den herrlich über dem See gelegenen kleinen Ort **Ésparron-de-Verdon** mit großen Parkplätzen über einer lauschigen Badebucht (der untere Parkplatz mit besserem Seeblick ist für Wohnmobile gesperrt). Der Ort besitzt eine alte Burg, einen kleinen Bootshafen, Campingplätze und eine gute touristische Infrastruktur.

ALLEMAGNE-EN-PROVENCE

Nordöstlich bieten mehrere winzige Landsträßchen durch einsame Natur verschiedene Varianten, um nach **Allemagne-en-Provence** zu gelangen (8 km von Ésparron), dessen Name nichts mit Deutschland zu tun hat, sondern von der Göttin Allemona herrühren dürfte, deren Statue den Schlosspark bewacht. Das **Renaissance-Schloss** * ist bis heute bewohnt, kann aber teilweise auch besichtigt werden (1-stündige Führungen Apr.–Juni und Mitte Sept.–Mitte Okt. Sa./So. 16 und 17 Uhr, Juli–Mitte Sept. tägl. außer Mo. und Di. 16 und 17 Uhr, 5,50 €, Tel. 0492774678).

Parken

Großer und relativ ruhiger Parkplatz mit öffentl. Toiletten direkt vor dem Schloss; kein offizieller Stellplatz, aber parkende Wohnmobile werden toleriert.

Einkaufen

2 km hinter Allemagne findet man an der D 952 in Richtung Riez das **Maison des Produits du Pays du Verdon** (Juli–Sept. tägl. 9.30–20 Uhr, sonst 10–12 und 14.30–18.30 Uhr, Jan. geschl., Tel. 0492774024) mit einer breiten Auswahl an landwirtschaftlichen und handwerklichen Produkten der Region.

Abstecher via D 15 nach Quinson

Wer kleine, ruhige Straßen sucht, kann von Allemagne auf der schmalen, kurvenreichen Landstraße D 15 durch einsame Landschaft nach Quinson fahren. Die Strecke führt knapp 16 km durch menschenleere Natur, wirkt aber noch länger. In Quinson befindet sich an der Durchgangstraße D 11 das bekannte Musée de la Préhistoire (Prähistorsiches Museum). Parken: Ein wenig weiter liegen links der D 15 große Parkplätze, die zum großen Teil durch 2-m-Barrieren abgesperrt sind, aber es gibt auch Plätze für Wohnmobile.
Hinter dem Ort geht die D 11 in die D 13 über und überquert den Verdon. Kurz danach kann man bei einer Bootsvermietung links abbiegen, um zu einem schönen Parkplatz am See zu gelangen. Auch hier ist der größte Teil durch 1,90-m-Barrieren abgesperrt, aber es gibt auch ein paar hübsche, kleine Winkelchen vor der Absperrung (UTM: 43,69489°N 6,04026°O; 32 T 02 61 488 mE 48 42 243 mN; 364 m üNN).

Lapidarium

(von lat. lapis = Stein) eine Sammlung von Steindenkmälern wie Skulpturen, Grabsteinen, Sarkophagen u. Ä.

121pr Abb.: rh

RIEZ *

Das etwas verschlafen und zeitverloren wirkende Städtchen (via D 952 ca. 8 km nordöstlich von Allemagne) besitzt mit seinem **Baptisterium** * aus dem 5. Jh. eines der ältesten christlichen Bauwerke Frankreichs. Der von außen höchst unscheinbar wirkende, quadratische Bau hat einen achteckigen Innenraum mit acht Apsiden, acht Säulen und einem achteckigen Taufbecken. Außerdem birgt er heute ein ↗Lapidarium.

Stellplatz

12 Aire Communale de Riez

UTM: 32 T 02 66 128 mE 48 55 595 mN
43,81643°N 6,09195°O

Stellplätze auf dem großen Parkplatz im Zentrum. **Lage/Anfahrt:** Am Kreisverkehr geradeaus (1. Ausfahrt), dann links; D 953; **Untergrund:** Asphalt; **Ver-/Entsorgung:** Trinkwasser (nicht im Winter), Abwasser (kleiner Deckel); **Preise:** Parken und Ver-/Entsorgung kostenlos; **Geöffnet:** ganzjährig. Schöner, angenehmer Platz, auf dem man aber in letzter Zeit leider öfters von Jugendlichen gestört wird. Außerdem werden die Womo-Plätze häufig von Pkws zugeparkt.

Es befindet sich beim Kreisverkehr am Ortseingang gleich links und kann zeitweise besichtigt werden (Apr.–Nov. 10–12 und 15–19 Uhr oder auf Anfrage beim Office de Tourisme; 4,50 €). Auf der anderen Seite des Flüsschens Colostre stehen ein paar Schritte stromab noch vier schlanke **korinthische Marmorsäulen** mit Architrav (Querbalken) von einem **Apollotempel** aus dem 1. Jh. Bei einem Bummel durch das Städtchen kann man etliche einst imposante, aber recht zerbröckelnde **Bürgerhäuser** und den **Tour d'Horologe** entdecken – und gemütliche Provence-Atmosphäre genießen.

Information

Office de Tourisme: Allée Louis Gardiol, 04500 Riez, Tel. 0492779909, www.ville-riez.fr

Camping

Rose de Provence, Tel. 0492777545, info@rose-de-provence.com, www.rose-de-provence.com; sehr schöner, ruhiger und sympathischer Platz am östlichen Ortsrand (Zufahrt beschildert) mit günstigen Preisen (ca. 13 € für 2 Pers. mit Strom); UTM: 32 T 02 66 662 mE 48 55 202 mN; 43,81306°N 6,09876°O

Internet

Cybercafé TarteaNet, 12 Rue du Marché; Ostern–Sept., tägl. 9–01 Uhr

Einkaufen

Maison de l'abeille et de la truffe, kleines, kostenloses Imker- und Trüffelmuseum mit Verkauf, ca. 2 km außerhalb an der D 932 (Tel. 0492778415).

MOUSTIERS-STE.-MARIE **

Über die D 11 nach SO ist es möglich, das 10 km entfernte **Ste.-Croix-de-Verdon** am Ufer des gleichnamigen Sees zu erreichen (s. S. 132) und eine schöne Rundfahrt entlang der Ufer anschließen – oder man fährt auf der D 952 15 km bis nach Moustiers-Ste.-Marie **, das dank seiner eindrucksvollen Felsennest-Lage als wohl malerischstes Provence-Dorf gilt (was bei der Fülle an „schönsten Dörfern" etwas heißen will!).

Einen kleinen Bummel durch die Gassen oder einen Kaffee an der Straße sollte man sich nicht entgehen lassen. Ein lohnender Kreuzweg erklimmt die Stufen hinauf zur **Wallfahrtskapelle N.-D.-de-Beauvoir** * und am südöstlichen Ortsausgang kann man das **Musée de la Faïence** (Mi.–Mo. 9–12 und 14–18 Uhr, Juli/Aug. bis 19 Uhr) besichtigen, das an eine alte Tradition des Ortes erinnert, die bereits ausgestorben war, aber um 1930 wieder belebt wurde. Als Fayence (frz. *faïence*) bezeichnet man die französische Ausführung von zinnglasierter Majolika-Keramik.

Außerdem ist der Ort Sitz für die Verwaltung des Naturparks Verdon: **Parc Naturel Régional du Verdon,** Quartier St. Jean, 04360 Moustiers-Ste.-Marie, Tel. 0492746784, www.parcduverdon.fr

Einkaufen

Faïence-Atelier „Soleil", Chemin de Quinson, 04360 Moustiers-Ste.-Marie, Tel. 0492746305, www.soleil-deux.fr, Franck.Scherer@wanadoo.fr (von der D 952 nicht links hinauf in die Altstadt, sondern beim Stellplatz rechts hinunter und dann sofort links; tgl. 9–17 Uhr, auch an Wochenenden); hochwertige handbemalte Faïencen nach traditionellen Verfahren direkt vom Hersteller, der einem gerne seine Produktion zeigt und immer auch einige günstige 2.-Wahl-Stücke hat.

070pr Abb.: rh

Der Stern an der Kette

Wer genau hinschaut, erkennt hoch über Moustiers einen Stern, aufgehängt an einer 225 m langen Kette, die sich über den weiten Abgrund zwischen zwei hohen Felsen spannt. Wer hat den Stern dort aufgehängt?! Die Legende behauptet, ein aus Moustiers stammender Ritter namens Blacas, der während eines Kreuzzugs in arabische Gefangenschaft geraten war, habe das Gelübde getan, über seiner Heimatstadt zu Ehren der heiligen Jungfrau einen Stern aus reinem Silber aufzuhängen, falls er je wieder dorthin zurückkehren würde. Offensichtlich hat es geholfen! Allerdings: Auf einem Gemälde aus dem 15. Jh. ist der Stern nicht zu sehen – und schon im 16. Jh. rätselten die Bewohner darüber, wer ihn wohl aufgehängt haben könnte. Inzwischen ist das 1,20 m große Schmuckstück zu einem Wahrzeichen der Stadt geworden. Der Stern ist zwar nicht mehr aus Silber – aber er wird regelmäßig erneuert, falls der Mistral ihn wieder einmal heruntergerissen hat.

Information

Office de Tourisme:
Place de l'église,
04360 Moustiers-Ste.-Marie,
Tel. 0492746784, moustiers@wanadoo.fr, www.moustiers.eu

Parken

Am südöstlichen Ortseingang nahe dem Faïence-Museum (Achtung: die Ortsdurchfahrt ist eine enge Einbahnstraße); in der Saison besser gleich unten an der D 952 parken (s. „Stellplatz").

Stellplatz

13 Moustiers

UTM: 32 T 02 76 424 mE 48 58 262 mN
43,84360°N 6,21871°O; 571 m üNN

Neu eingerichteter Platz am südlichen Ortsrand auf einer Terrasse mit Ausblick; **Lage/Anfahrt:** von Westen kommend am neuen Parkplatz unterhalb des Orts vorbei (dort gibt es jetzt eine 2-m-Barriere) und wieder bergauf; dort wo es links in den Ort hineingeht, rechts ab und dann sofort wieder rechts (links geht es zum Atelier „Soleil", s. v.); **Zufahrt:** für alle Fahrzeuge problemlos; **Platzanzahl:** ca. 20; **Untergrund:** Schotter, eben und fest; **Ver-/Entsorgung:** Trinkwasser, Abwasser, Chemie-WC; **Preise:** 6 €/Nacht in der Saison (es kommt jemand zum Kassieren); **Max. Stand:** 2 Nächte; **Geöffnet:** ganzjährig

Etwa 2 km hinter Moustiers biegt die D 952 nach links und führt durch fantastische Wald- und Berglandschaft mit weißen Felsen hinauf zur Rundfahrt um die **Gorges du Verdon** *** (s. S. 133). Geradeaus fährt man auf der ebenso reizvollen D 957 weiter und erreicht bald einen der schönsten Aussichtsparkplätze der Region: Unvermittelt blickt man von hoch droben auf die blaugrüne Weite des **Lac de Ste.-Croix** ** vor der weißen Wand der Verdon-Berge, aus der direkt gegenüber der berühmte „Grand Canyon" hervorbricht. Als kleine verstreute Punkte heben sich drunten die Wohnmobile vom Uferkies ab – und man wird es eilig haben, selbst dort zu stehen.

Kurz danach überquert man auf einer Brücke den Schluchtausgang und erreicht wenig weiter die Abzweigung der D 19 zur Südstrecke der Verdon-Runde via **Corniche Sublime** *** (s. S. 133). Von der Straße am Nordost-Ufer des Stausees gibt es eine ganze Reihe von Abzweigungen hinunter zum Ufer, die allerdings für Wohnmobile gesperrt sind (wenngleich das manche schlicht ignorieren) und auf denen schon öfters Wohnmobile aufgebrochen wurden. Aber es gibt ganz in der Nähe bei **Les Salles-sur-Verdon** durchaus auch Möglichkeiten, ruhig und ganz legal in Ufernähe zu stehen – inzwischen allerdings nur noch am Tag (s. S. 131).

RUNDFAHRT UM DEN LAC DE STE.-CROIX **

Gesamtstrecke ab/bis Moustiers: ca. 70 km
Dauer: ca. 3–4 Std. (mit Badepause 1 Tag)

Anstatt gleich zur Verdon-Schlucht hinaufzufahren, kann man zunächst eine Rundfahrt um den Lac de Ste.-Croix unternehmen oder zumindest einen Abstecher nach **Les Salles-sur-Verdon** machen (13 km von Moustiers). Eine kleine, neu angelegte Straße führt von der D 957 nach rechts zu dem Uferstädtchen, das ebenfalls neu und ein bisschen wie aus der Retorte wirkt, denn das alte Les Salles ist in den Fluten des Stausees versunken!

Der neue Ferienort bietet schöne Badestrände, einen kleinen Bootshafen, Wassersportmöglichkeiten und zwei offizielle **Reisemobil-**

Stellplatz

⑭ *Aire Communale 1 – Les Salles-sur-Verdon*

UTM: 32 T 02 75 668 mE 48 50 666 mN
43,77505°N 6,21250°O

Sehr großer, relativ ruhiger, schattiger Platz am Ortsrand – aber nicht in Seenähe. **Lage/Anfahrt:** Quartier Boucouenne, am nördlichen Ortseingang; auf einer sehr guten Teerstraße; **Platzanzahl:** 100; **Untergrund:** Wiese; fester Erdgrund; **Ver-/Entsorgung:** Trinkwasser, Abwasser, Chemie-WC; **Preise:** 6,50 €/Fahrz. inkl. Ver-/Entsorgung; **Max. Stand:** 1 Nacht; **Geöffnet:** ganzjährig; Mai–Sept. gebührenpflichtig; **Kontakt:** Tel. 0498106356, Fax 0494702170. Viel schöner ist der nebenstehend beschriebene Platz unten am See.

⑮ *Aire Communale 2 – Les-Salles-sur-Verdon, „Base Nautique"*

UTM: 32 T 02 75 076 mE 48 50 426 mN
43,77272°N 6,20525°O

Sehr schön gelegener Schotterplatz am Bootshafen; im August sehr voll und wenig Schatten. **Lage/Anfahrt:** Durch den Ort bis zum See hinunter in Richtung Camping – und in der Bucht rechts; kleiner Fahrweg, aber ohne Probleme; **Platzanzahl:** ca. 40; **Untergrund:** fester Schottergrund; **Ver-/Entsorgung:** Trinkwasser, Abwasser, Chemie-WC – im Preis inbegriffen; **Preise:** 6,10 €/Fahrz.; **Max. Stand:** nur am Tag!; **Kontakt:** Tel. 0498106356, Fax 0494702170. Zum Übernachten muss man auf den Platz 1 fahren. Direkt am See darf man zwischen 23 und 5 Uhr nirgends stehen. Wer doch dort übernachten will, zahlt dafür 137,20 € pro Nacht!

Stellplätze: Den ersten Platz findet man gleich am Ortseingang links; durch den Ort und rechts zum See hinunter entdeckt man an der Bucht ganz in Strandnähe einen zweiten, viel schöner gelegenen.

Südlich von Les Salles verlässt die D 957 zunächst das Ufer, führt aber in Richtung Aups weiterhin durch reizvolle Landschaft bis sie ca. 12 km nach Les Salles die D 49 kreuzt, der man nach rechts folgt. Bei der nächsten Gabelung (6 km weiter) geht es rechts nach **Bauduen,** ebenfalls ein Ufer- und Badestädtchen, das aber Wohnmobilen gegenüber weniger aufgeschlossen ist als die anderen Orte.

Eine **Uferstraße** zwischen Les Salles und Bauduen ist geplant – aber noch nicht gebaut.

072pr Abb.: rh

◀ *Der Strand von Ste.-Croix mit herrlichem Blick auf die Verdon-Berge*

Stellplatz

⑯ Aire Communale de Ste.-Croix-de-Verdon

UTM: 32 T 02 70 700 mE 48 49 172 mN
43,7601°N 6,1515°O

Herrlich gelegener Platz mit Toiletten und Dusche auf einer Terrasse hoch über dem See mit fantastischem Ausblick. **Lage/Anfahrt:** beschilderte Zufahrt an der kleinen, etwas steilen, aber guten Teerstraße zum Strand von Ste.-Croix; **Untergrund:** Asphalt; **Ver-/Entsorgung:** Trinkwasser, Abwasser, Chemie-WC; **Preise:** 5,50 €/Fahrz. inkl. Ver-/Entsorgung; **Max. Stand:** 2 Nächte; **Geöffnet:** 1. April–15. Sept., im Winter auch geöffnet, aber kein Wasser (dafür kostenlos); **Kontakt:** Tel. 0492778410; **Hinweise:** oft sehr voll; tagsüber kann man zum Strand hinunterfahren, an dem aber von 20 bis 8 Uhr für Reisemobile das Parken verboten ist.

Nach links auf der D 71 fährt man bald wieder in Ufernähe und hat auf den folgenden 11 km bis Ste.-Croix einige schöne Ausblicke auf Bauduen und den See. Unterwegs passiert man den **Staudamm,** bei dem es rechts immer am Ufer entlang auf der D 111 weitergeht.

Ste.-Croix, das einstige „Village perché" auf einem Felsensporn, ist durch den Staudamm unversehens zu einem Badeort mit Strand geworden. Seine Lage über dem blauen Wasser ist dadurch nur noch schöner und zudem besitzt es eine wunderschöne Badebucht und einen **Reisemobil-Stellplatz** mit herrlicher Aussicht auf den See und die weiße Wand der Verdon-Berge.

Weiter kann man entweder am Ufer entlang in Richtung Norden auf einer kleinen Straße ohne Nummer nach **Moustiers** (s. S. 129) fahren (15 km; am Ende ist ein kurviger und sehr steiler Abstieg zu bewältigen) oder über die D 11 rund 6 km nach **Riez** (s. S. 128) und von dort via D 952 weitere 15 km nach Moustiers.

073pr Abb.: rh

▶ *Die schönsten Blicke auf das blaugrüne Band des Verdon hat man von der Nordroute (Rive droite)*

RUNDFAHRT: VERDON-SCHLUCHT ***

Der **Grand Canyon du Verdon** *** ist eine der Hauptattraktionen der Provence und eines der großen Naturwunder Europas. *„Nichts ist romantischer als diese Mischung aus Felsen und Abgründen, aus grünem Wasser und purpurnen Schatten"*, hat der Provence-Dichter *Jean Giono* geschwärmt. *„Ici, c'est plus que loin, c'est ailleurs …"* (Hier ist man mehr als weit weg – man ist in einer anderen Welt …)

Bis zu 700 m tief hat sich der Fluss mit seinem blaugrünen Wasser in die weißen Kalkfelsen geschnitten – ein spektakulärer Canyon, der durch fantastische Bergstraßen auf beiden Seiten erschlossen wird. Beide lassen sich zu einer Rundstrecke kombinieren, bei der verschiedene Varianten möglich sind. Wer nur Zeit für eine Seite (und damit die Qual der Wahl) hat, wird sich eher für die Südseite über die **Corniche Sublime** entscheiden (Moustier-Castellane ca. 64 km).

Als eine der großen Attraktionen lockt die Schlucht jährlich rund eine Million Besucher an. Das heißt: Versuchen Sie, die Hauptsaison und die Wochenenden zu meiden! In der Nebensaison wird man die Straße zwar nicht für sich allein haben – aber es ist doch angenehm ruhig und man kann auf nahezu jedem Parkplatz anhalten.

Gesamtstrecke: ab/bis Moustiers ca. 138 km
Dauer: 1 Tag

Tipp

Besonders schön ist der Canyon Ende September/Mitte Oktober, wenn das Laub sich verfärbt und nicht mehr so viele Touristen unterwegs sind.

Wetter

Météo St. Auban, Tel. 0492649060

Information

Parc Naturel Régional du Verdon, Quartier St. Jean, 04360 Moustiers-Ste.-Marie, Tel. 0492746784, www.parcduverdon.fr
Maison des Gorges du Verdon, Le Château, 04120 La Palud, Tel. 0492773202, www.lapaludsurverdon.com
Centrale de Réservation Verdon Accueil, 83630 Aiguines, Tel. 0494702164 (Reservierungen für alle Arten von Aktivitäten und Veranstaltungen sowie

Wie hat der Verdon das geschafft?!

Wer darüber staunt, wie der „kleine grüne Wurm da unten" diese hohen Felsen durchschneiden konnte, der sollte zweierlei bedenken: Erstens hat der Verdon nicht wirklich eine hohe Wand durchtrennt, sondern er floss hier bereits, als das Land noch eine Ebene war und sich erst allmählich zu heben begann, und zweitens hatte er in der Vergangenheit zeitweise eine Wasserführung von über 1000 m³/Sekunde, wogegen er heute mit 10–50 m³/Sekunde vergleichsweise dünn daherplätschert.

VERDON SÜDROUTE: CORNICHE SUBLIME ***

Von **Moustiers** (s. S. 129) fährt man auf der D 957 am **Lac de Ste.-Croix** (s. S. 130) entlang, überquert den Schluchtausgang und biegt dann links auf die D 19, die sich in zahllosen Serpentinen den Hang empor windet. Der auf einer Hangterrasse gelegene, sehr touristische Ort **Aiguines** ist schon aus der Ferne an seinem schmucken **Renaissance-Schloss** zu erkennen und hat ein sehenswertes **Musée des Tourneurs** (Drechslermuseum; Juni–Sept. 9–12 und 14–18 Uhr).

Mit dem **Col d'Illoire** ** erreicht man auf 965 m einen ersten Aussichtspunkt mit schönem Blick über den Schluchtausgang, den See und die Straße in den Felsen gegenüber. Weiter windet sich die

Gesamtstrecke: Moustiers-Castellane: ca. 64 km; Moustiers-Pont-de-Soleils (Anschluss an die Nordroute): ca. 52 km
Dauer: ca. ½ Tag

074pr Abb.: rh

▶ *Aussichtsbalkon über dem Cirque de Vaumale*

Straße empor und erreicht über dem **Cirque de Vaumale** ** auf über 1200 m Meereshöhe und 700 m hoch über dem Verdon ihren höchsten Punkt. Weiter bis zur **Falaise des Cavaliers** * folgt man entlang der **Corniche Sublime** *** dem Schluchtrand, wo es mehrere grandiose Aussichtspunkte gibt, von wo man bis tief hinunter zum Fluss blicken kann.

Weitere spektakuläre Ausblicke hat man kurz vor und zwischen den **Tunnels de Fayet** **, wo man sich 300 m hoch fast senkrecht über dem Fluss befindet. Dann überquert man die **Pont de l'Artuby** **, eine über 100 m lange Bogenbrücke, die diesen Nebenfluss des Verdon in 200 m Höhe überspannt (lockt im Sommer Bungee-Jumper von weither an) und erreicht wenig später die **Balcons de la Mescla** *** mit Ausblick auf den Zusammenfluss (provenzalisch *mescla*) von Artuby und Verdon (sowie gastronomischem Angebot). Ein kurzer Fußweg führt über eine Treppe zum besten Aussichtspunkt.

Danach verlässt die Straße den Schluchtrand und führt durch einsame Bergwälder und über Schafweiden, an deren Rand sich manch hübsches Picknickplätzchen findet. Bald zweigt in weniger spektakulärer Buschlandschaft links die D 90 ab und führt hinunter nach

Stellplatz

17 Aire Communale de Trigance

UTM: 32 T 02 94 117 mE 48 48 453 mN
43,7605°N 6,4424°O

Vorbildlicher, wunderschön gelegener und ruhiger Stellplatz mit fantastischer Aussicht. **Lage/Anfahrt:** am Ortseingang von Trigance; über kurvenreiche aber problemlose Teerstraße; D 955, D 90; **Platzanzahl:** 10; **Untergrund:** Asphalt; **Ver-/Entsorgung:** Strom, Trinkwasser, Abwasser, Chemie-WC, öffentliche Toilette; **Preise:** 5 €/Fahrz., inkl. Ver-/Entsorgung (der Betrag wird kassiert); **Max. Stand:** 2 Nächte; **Geöffnet:** 1. April–30. Okt.; **Kontakt:** Tel. 0494769101, Fax 0494769244, E-Mail: trigance.mairie @libertysurf.fr, ot.trigance@free.fr. In der Hauptsaison werden auf der kleinen Parkfläche leicht die Plätze knapp.

Trigance und ins Tal des Jabron. Geradeaus kann man weiter auf der D 71 einen Abstecher nach **Comps-sur-Artuby** machen. Das traumhaft auf seinem Felsen gelegene Dörfchen **Trigance** ** besitzt nicht nur eine imposante Burg aus dem 11. Jh. (heute Luxus-Hotel) und ist für sich selbst und insgesamt eine Sehenswürdigkeit, sondern hat zudem am Ortseingang einen vorbildlichen **Stellplatz** eingerichtet.

Kurz hinter Trigance stößt man auf die D 955, auf die man nach links biegt, um 6 km weiter (hinter der Brücke Pont-de-Soleils) die D 952 zu erreichen. Dort kann man nach links weiterfahren, um die Rundstrecke fortzusetzen, oder nach rechts 12 km dem Verdon folgen, um **Castellane** zu erreichen. Unterwegs gibt es einige hübsche Parkplätze am Verdon, an denen aber Schilder Wohnmobile nachts fernhalten wollen.

Wasserstand beachten!

Entlang dem Verdon-Ufer ist Vorsicht geboten, da Staustufen oberhalb den Wasserspiegel schlagartig ansteigen lassen können!

CASTELLANE *

Zwischen bewaldeten Bergen und inmitten weiter Natur gelegen, mit einer hübschen Altstadt, engen Gassen und einer romanischen Kirche, ist Castellane ein beliebter Ferienort und Treff zahlreicher Reisemobilisten.

Auf einem Felsen 180 m hoch über dem Ort steht die Wallfahrtskapelle **Notre-Dame du Roc,** die man über einen hinter der Kirche beginnenden Fußweg per „Kurz-Wallfahrt“ in 30 Minuten erreichen kann. Von dort hat man einen herrlichen Ausblick!

075pr Abb.: rn

▲ *Die Verdon-Brücke nahe dem Stellplatz von Castellane erinnert an römische Vorbilder*

Information

Office de Tourisme: Route Nationale, 04120 Castellane, Tel. 0492836114, www.castellane.org, office@castellane.org

Essen

Mit Blick auf sein Wohnmobil kann man auf der Terrasse des **Nouvel Hôtel du Commerce** gute und fantasievolle provenzalische Küche genießen (Pl. de l'Eglise, Tel. 0492836100, accueil@hotel-fradet.com, Menüs 20–40 €; Di. ganztägig und Mi. nachmittags sowie Mitte Okt.-Ende Feb. komplett geschlossen).

Aktivitäten

Verschiedene Anbieter mit überwiegend recht ähnlichen Preisen bieten Exkursionen in die Verdon Schlucht zum Rafting, Canyoning u. Ä.

- **Aboard Rafting,** 8 Place de l'Église, Tel./Fax 0492837611, www.aboard-rafting.com
- **Aqua Verdon,** 9 Rue National, Tel./Fax 0492837275
- **Sports Passion,** 9, Rue du Mitan, Tel./Fax 0492836406, www.sports-passion-verdon.com

Parkplatz am Verdon

Nach 4 km auf der D 952 in Richtung Castellane führt rechts ein steiler Weg zum Ufer hinunter zu einem traumhaften Picknickplatz. Hier sollte man jedoch nicht nachts stehen! UTM: 43,83278°N 6,43652°O; 32 T 02 93 896 mE 48 56 495 mN; 675 m üNN

Stellplatz

⑱ *Camping Les Lavandes*★★

Kleiner Platz mit Sauna; ein Womo-Stellplatz außerhalb am Parkplatz. **Lage/Anfahrt:** Route des Gorges du Verdon, 300 m vom Zentrum; **Ver-/Entsorgung:** Strom, Trinkwasser, Abwasser, Chemie-WC; Flot-bleu-Station davor an der Straße (im Winter außer Betrieb); **Preise:** 10,50 €/Fahrz., Ver-/ Entsorgung alleine kostet 2 €; **Geöffnet:** 1. April–15. Okt.; **Kontakt:** Tel. 0492836878, Fax 0492836992, accueil@camping-les-lavandes.com. Insgesamt gibt es gut ein Dutzend Plätze rings um die Stadt – trotzdem ist im Sommer Reservierung dringend zu empfehlen.

⑲ *Aire Communale de Castellane*

UTM: 32 T 03 00 280 mE 48 57 770 mN
43,8460°N 6,5154°O

Großer und offenbar sehr beliebter Parkplatz zwischen dem Verdon und der Felswand. **Lage/Anfahrt:** am östlichen Ortsende vor der Brücke links; problemlose Zufahrt; **Platzanzahl:** ca. 40; **Untergrund:** Asphalt; **Ver-/Entsorgung:** Trinkwasser, Abwasser; Flot Bleu Station; **Sicherheit:** beleuchtet; **Preise:** 5 €/Fahrz.; **Max. Stand:** 2 Nächte; **Geöffnet:** ganzjährig (im Winter kann die Ver-/Entsorgungsstation außer Betrieb sein). Oft sieht man auch Wohnmobile gegenüber auf dem Parkplatz nach der Brücke rechts beim Schwimmbad; aber dort ist das Übernachten eigentlich verboten und man ist viel näher an der lauten Straße.

Tipp

Folgt man der N 85 (Route Napoléon) nach Südosten in Richtung Cannes, so findet man zahlreiche schöne und ruhige Park- und Picknickplätze in schöner Wald- und Bergnatur.

Routenvariante zurück zur Schlucht

Will man von Castellane aus zurück zur Schlucht (etwa um die Nordroute zu fahren), so kann man als Alternative die etwas längere, aber wunderschöne Strecke via **Route Napoléon** (N 85 nach Südosten) wählen und dann nach 19 km bei **Le Logis-du-Pin** rechts auf die gut ausgebaute D 21 biegen, der man 16 km durch ein malerisches Bergtal und an einigen fantastischen Park-/Picknickplätzen vorbei nach **Comps-sur-Artuby** folgt. Dort biegt man rechts auf die

Stellplatz

⑳ *„La Grange de Roux“*

UTM: 32 T 02 99 143 mE 48 42 219 mN;
43,70581°N 6,50706°O; 913 m üNN

Ganz neu angelegter und traumhaft schöner Platz inmitten der Bergnatur, zwischen Felsen und herrlichen Bäumen; mit Wiesenfläche, Picknicktischen und WC. Sehr großer, ruhiger und doch zentrumsnah gelegener Platz hinter einer Kellerei; **Lage/Anfahrt:** knapp 500 m südlich von Comps an der D 955; **Zufahrt:** für alle Mobile problemlos; **Platzanzahl:** 18; **Untergrund:** Teer; **Ver-/ Entsorgung:** Trinkwasser, Abwasser, Chemie-WC (bei Frost außer Betrieb); **Preise:** Übernachtung kostenlos; Ver-/Entsorgung mit Jetons zu 3 €, erhältlich in Comps (z. B. in der Pizzeria); **Max. Stand:** 24 Std.; **Geöffnet:** ganzjährig (Station im Winter außer Betrieb).

Stellplatz

21 Aire Communale de La Bastide

UTM: 32 T 03 08 819 mE 48 45 505 mN
43,7379°N 6,6259°O

Sehr ruhiger Stellplatz neben dem Spielplatz am Rande eines für die Weiterfahrt gesperrten Teerwegs.

Lage/Anfahrt: Von Osten kommend in der Ortsmitte von La Bastide bei der leicht zu übersehenden Hinweistafel rechts abbiegen und bis zum Ortsende fahren; schmale aber problemlose Teerstraße; **Platzanzahl:** 5; **Untergrund:** Asphalt; **Ver-/Entsorgung:** Trinkwasser, Abwasser, Chemie-WC, Flot Bleu Station (Jetons kostenlos in den Geschäften); **Preise:** Übernachten und Ver-/Entsorgung kostenlos; **Max. Stand:** 2 Nächte; **Geöffnet:** ganzjährig; **Kontakt:** Tel. 0494768019. **Tipp:** Einen sehr schönen Park-/Picknickplatz in malerischer Natur findet man etwa 2–3 km weiter in Richtung Comps rechts der D 21.

D 955 und fährt mit schönem Blick auf **Trigance** (s. S. 135) durch das Tal des Jabron 16 km bis zur Pont-de-Soleils, wo man links auf die Nordroute biegt. Gleich südlich von Comps liegt an der D 955 ein ganz neuer und sehr schöner Stellplatz (s. S. 136).

Einkaufen

Maison de Pays (mit Produkten der Region und auch Office de Tourisme) an der D 955 kurz vor der Abzweigung nach Trigance (22.06.–30.09. Di.–Fr. 14.30–18 Uhr; Sa./So. 10–12 und 14.30–18 Uhr)

VERDON NORDROUTE (RIVE DROITE)

Gesamtstrecke:
Moustiers – Pont-de-Soleils (Anschluss an die Südroute): 33 km
Moustiers – Castellane: 45 km
plus Rundstrecke „Route des Crêtes“ (D 23): 23 km

Die „Diretissima“ von Moustiers nach Castellane (D 952) bietet nur am Anfang und am Ende einige wenige Aussichtspunkte auf den Canyon; um so beeindruckender ist die Runde auf der „**Route des Crêtes**“ (D 23), die zudem Einbahnstraße ist (im Uhrzeigersinn), sodass die sonst lästigen Probleme mit dem Gegenverkehr entfallen.

Etwa 2 km hinter Moustiers biegt die D 952 nach links und führt durch fantastische Wald- und Berglandschaft mit weißen Felsen hinauf über den Canyon.

Bald schon hat man vom **Belvédère de Galetas** * einen imposanten Blick auf den Schluchtausgang und den blauen See, erklimmt dann den **Col d'Olivier** und erreicht den **Belvédère de Mayreste** **, der einen Blick in die Tiefe der Schlucht eröffnet (markierter Fußweg, hin und zurück ca. 15 Min., bei Nässe rutschig!). Einen weiteren Ausblick hat man vom **Col d'Ayen** * (ebenfalls 15 Min. Fußweg), von dem aus man aber nicht bis zum Fluss hinunter sieht.

Camping

Le Grand Canyon **, La Palud, Tel. 0492773813; Mai–Sept., überwiegend jugendliches Publikum

Wandern

Beim Chalet de la Maline beginnt der **Sentier Martel** *** (Wanderpfad GR 4; rot-weiße Markierung), der in die Schlucht hinunter und 14 km bis zum **Point Sublime** führt. Für die anstrengende Strecke muss man 5–6 Std. reine Gehzeit rechnen. Feste Schuhe, Regenjacke, reichlich Trinkwasser, Imbiss und eine Taschenlampe für die Tunnel nicht vergessen.

Anschlussroute

via Draguinan und Lorgues nach Le Thoronet (Route 6, s. S. 206)

Hinter **La-Palud-sur-Verdon** (www.lapaludsurverdon.com), Touristenort und Treff der Kletterer und Kanuten mit dem **Maison des Gorges du Verdon,** erreicht man die Abzweigung der **Panoramastraße Route des Crêtes** ***, von der sich dicht nacheinander eine ganze Reihe spektakulärer Ausblicke bieten: hinunter in die Tiefe, hinüber zum anderen Schluchtrand und auf die nackten Wände, an denen als bunte Punkte die Kletterer kleben.

Ab der CAF-Schutzhütte **Chalet de la Malline** wird die Straße wieder in beide Richtungen befahren!

Bei La Palud mündet die **Route des Crêtes** wieder zurück auf die D 592 und bald darauf hat man nach links einen sehr schönen Blick auf das Felsendorf **Rougon.** Etwas unterhalb des Dorfes führt von der D 952 ein markierter Pfad zum **Point Sublime** ***, dem nicht besonders hohen, aber wohl eindrucksvollsten Aussichtspunkt der Nordroute: auf den Eingang des Grand Canyon, die Einmündung des Baou und den fast senkrechten Einschnitt des Couloir Samson.

Unmittelbar vor dem folgenden Tunnel führt eine schmale Straße hinunter zur Einmündung des Baou mit Blick auf den **Couloir Samson** ** und einen besonders wildromantischen Abschnitt des Verdon mit uriger Natur und gigantischen Felsblöcken. Hier endet der **Sentier Martel** (s. o.).

Danach passiert man die Kalkfelsen und Blöcke der **Clue de Carejuan** * und erreicht einige Kilometer weiter ganz unten im Tal die Brücke Pont-de-Soleils und damit den Anschluss an die **Südroute** (Corniche Sublime ***, s. S. 133).

123pr Abb.: kw

Vom Belvédère de Galetas hat man einen imposanten Blick auf den Schluchtausgang und den türkisfarbenen Lac de Ste. Croix

STELLPLÄTZE ABSEITS DER ROUTE

Stellplatz

22 Draguinan: Aire Privée Intermarché

UTM: 32 T 02 93 923mEw 48 23 055mN
43,5323°N 6,4497°O

Parkplatz des Supermarkts. **Lage/Anfahrt:** Draguinan, 526 Av. Pierre Brossolette, D 557, Richtung Lorgues kurz vor dem Kreisverkehr; **Platzanzahl:** 4; **Untergrund:** Asphalt; **Ver-/Entsorgung:** Strom, Trinkwasser, Abwasser, Chemie-WC; **Preise:** Parken gratis; Ver/Entsorgung 2 € (Für 10 Minuten, d. h., man muss sich etwas sputen!); **Max. Stand:** unbegrenzt; **Geöffnet:** ganzjährig; **Kontakt:** Tel. 0494681819; **Bemerkung:** Das Gitter über dem Abwasserschacht ist häufig verstopft.

Stellplatz

23 Les Arcs: Cellier des Archers

UTM 32 T 02 95 928mE 48 14 443mN
43,45508°N 6,47766°O

Privater Platz auf dem großen Parkplatz der Kellerei-Kooperative. **Lage/Anfahrt:** von der N 7 via D 555 nach N in den Ort und auf der Av. des Laurons links Richtung „Cellier des Archers“; **Platzanzahl:** 35; **Untergrund:** Asphalt, Schotter; **Ver-/Entsorgung:** Trinkwasser, Abwasser, Chemie-WC; **Preise:** Parken und Ver-/Entsorgung kostenlos; **Max. Stand:** unbegrenzt; **Geöffnet:** ganzjährig; **Kontakt:** Tel. 0494733029, cellierdesarchers@free.fr; Gewiss keine besonders schöne Lage, aber u. U. hilfreich; im Laden (geöffnet Mo.–Sa. 8–12 und 14–18 Uhr) kann man Weine und andere Spezialitäten der Region erwerben.

Stellplatz

24 Lorgues: Weingut „Domaine St. Jean-Baptiste“

FRANCE PASSION

Privater Stellplatz auf einem Weingut.
Lage/Anfahrt: südlich von Lorgues; D 10 in Richtung Vidauban; nach 1 km sieht man links die Einfahrt zum Weingut; **Platzanzahl:** 3; **Preise:** Ver-/Entsorgung und Übernachten kostenlos; **Max. Stand:** unbegrenzt; **Geöffnet:** ganzjährig; Schattiger Platz mit Wasserversorgung und Abfalleimer; man spricht Deutsch

Das breite Tal der Rhone ist das wichtigste Zugangstor zur Provence. Das wussten schon die Römer, die auf dem Strom ihre Waren transportierten und an seinen Ufern Städte wie Arles, Avignon und Orange errichteten. Und das hat sich bis heute nicht geändert – wie man rasch merkt, wenn man sich zu Reisezeiten durch verstopfte Städte quält oder auf der A 7 im Stau steht.

So sehr es verständlich ist, wenn mancher dieses von Verkehrsadern, Zersiedelung, Lärm und Gedränge erfüllte Tal lieber rasch verlässt, so muss man doch zugeben, dass auch das Rhone-Tal touristisch viel zu bieten hat. Schließlich ist es nicht ohne Grund die „klassische“ Provence mit den imposanten römischen Bauten von Orange und Arles, dem Papstpalast in Avignon, der Felsenzitadelle von Les Baux und Festungsstädten wie Tarascon und Aigues-Mortes – sowie mit den (leider ziemlich angegriffenen) amphibischen Landschaften und Flamingo-Sümpfen der Camargue.

Die „echte“ Provence-Atmosphäre kann man im Miniaturgebirge der Alpilles entdecken: weiße Kalkfelsen, Zypressen-Alleen, malerische Städtchen, Ölbäume und duftende Kräuterwiesen.

077pr Abb.: rh

ROUTE 4

VON AVIGNON ZUR RHONE-MÜNDUNG:

› Landkarten Seite 181–183

DURCH DAS RHONE-TAL

ORANGE *

„Abgesehen von jenen römischen Resten und ihrem Namen ist Orange eine vollkommen gesichtslose Stadt“, hat der Schriftsteller *Henry James* ziemlich harsch geurteilt. Aber es stimmt. Ihr Name verspricht mehr als die Kleinstadt hält – aber eben: abgesehen von „jenen römischen Resten“. Und die sind einen Besuch von Orange allemal wert. Am besten kommt man dazu auf der N 7 von Norden, da man dann direkt auf den imposanten **römischen Triumphbogen** ** zufährt, der zu den schönsten und am besten erhaltenen zählt. Da Triumphzüge nur in Rom selbst abgehalten wurden, ist die Bezeichnung „Triumphbogen“ nicht korrekt, betonen viele Bücher. Und das ist ja „im Prinzip“ auch richtig. Der wuchtige Bau sollte daher eher als „Stadtgründungstor“ bezeichnet werden, heißt es – nicht zu verwechseln mit einem Stadttor, denn zu den Befestigungsanlagen hat das Monument nie gehört. Vielmehr war es ein Propaganda-Bau, eine Demonstration römischer Macht und Überlegenheit: des römischen Triumphs über die Gallier – also doch wieder eine Art von „Triumph“-bogen, oder?!

Keinesfalls versäumen sollte man einen Besuch des um Christi Geburt errichteten **Théâtre Antique** *** (Apr.–Sept. 9–19 Uhr, sonst 9–17 Uhr; 7,50 €), das rund 10.000 Zuschauer fasste und das einzige römische Theater ist, dessen prachtvolle Bühnenwand erhalten geblieben ist. Diese über 100 m lange und fast 40 m hohe Wand soll der Sonnenkönig als die „schönste Mauer seines Königreichs“ bezeichnet haben. Der Bau mit seiner exzellenten Akustik wird bis heute für Veranstaltungen genutzt und nirgends sonst kann man einen lebendigeren Eindruck von einem römischen Theater bekommen. Die Eintrittskarte gilt zugleich für das **Musée Municipal** (Apr.–Sept. 9.30–19 Uhr, sonst 9.30–12 und 13.30–17.30 Uhr, Tel. 0490511824) schräg gegenüber, dessen Ausstellungen einen Besuch des Theater ideal ergänzen.

▲ *Die berühmte Brücke von Avignon mit Brückenkapelle*

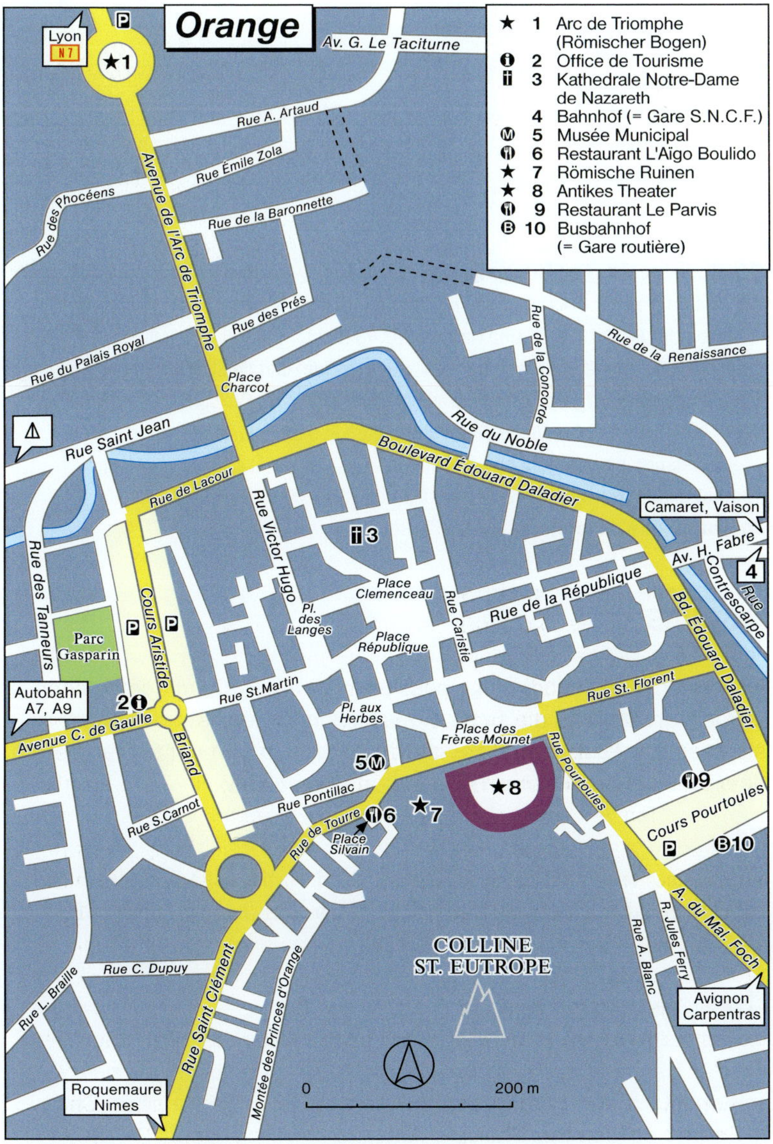

Information

Office de Tourisme: 5, Cours Aristide Briand, 84100 Orange, Tel. 0490347088, contact@otorange.fr, www.otorange.fr

Feste

Festival Romain, am letzten Samstag im Juli wird in den Straßen der Stadt die Römerzeit lebendig, mit Legionären und Gladiatoren, römischem Handwerk und einer Inszenierung im Theater.

Chorégis, renommiertes Festival zwischen Mitte Juli und Anfang August mit Schauspiel, Oper und Konzert im römischen Theater.

Parken

Gleich vor dem Tor links gibt es einen Parkplatz, auf dem man überraschend oft noch eine Lücke findet. Fährt man hinter dem Triumphbogen geradeaus weiter und biegt hinter der Meune-Brücke nach rechts (Rue Lacour), so gelangt man wenig später links auf den **Cours Aristide Briand,** mit großen Parkplätzen (die allerdings in der Hauptsaison dennoch voll sein können). Einen weiteren Parkplatz gibt es **am Theater** (nach der Brücke links via Blv. É Daladier).

Camping

❶ **Le Jonquier** ***, 1321 Rue A.Carrel, Tel. 0490344948, April-Sept.; 3 km nordwestlich des Zentrums via Rue St. Jean, wenig Schatten, Schwimmbad; schöner und preisgünstiger sind die nicht viel weiter außerhalb gelegenen Stellplätze auf Weingütern.

Stellplätze in der Umgebung

❷ **Jonquières** (ca. 8 km nach SO): **„Domaine J. & C. Rigot“,** im Ort an der Ampel in Richtung Camaret (D 43 Richtung Norden), dann dritte Straße rechts (nach der Feuerwehrstation) und den Schildern folgen.

❸ **„Domaine N. Rigot“:** am Kreisverkehr Richtung Violès/Vaison (D 977), 4 km weiter rechts der Straße; beide Weingüter bieten je 5 Stellplätze mit guter Zufahrt, Wasserversorgung, Abfalltonne und Toilette.

„Domaine du Parandou“ (am Fuß der Dentelles) - s. S. 74 (Route 2)

Bollène - **„Aire de Toronne“** - s. S. 65 (Route 1)

MORNAS

Auf der Anfahrt nach Orange passiert man etwa 10 km nördlich den kleinen Ort **Mornas** am Fuße eines steilen Felsens auf dem weithin sichtbar eine **Festungsruine** * aufragt (steile Zufahrt nur für Fahrzeuge bis max. 3,10 m Höhe! Besser man geht zu Fuß).

Fest-Tipp

Mit Komödianten und Kostümen aus dem 12. Jh. wird in den Ruinen das Mittelalter neu belebt (Juli/Aug. tägl. 11, 14, 15.30 und 17 Uhr, März-Juni und Sept. So. 11, 14, 15.30 und 17 Uhr; 6 €; Tel. 0490370126).

❹ Stellplatz

Mornas besitzt zwar eine Wohnmobil-Station gleich an der N 7 beim Relais Sud (UTM: 31 T 06 38 605 mE 48 95 350 mN; 44,19820°N 4,73458°O), die man aber derzeit getrost vergessen kann: Die Versorgungsstation ist leider defekt, der Abwasserschacht ist verstopft und der Platz zwischen N7 und Autobahn ist laut und schmutzig.

Anschluss

Nach Osten lohnen sich Abstecher in die **Dentelles de Montmirail** ** (s. S. 72) mit Anschluss an Route 2.

CHÂTEAUNEUF-DU-PAPE

Information

Office de Tourisme: Place du Portail, 84230 Châteauneuf-du-Pape, Tel. 0490837108

Gleich südlich des Zentrums kann man in Orange von der N 7 rechts auf die D 68 biegen und durch 10 km ländlichere Gefilde und Weinberge nach Châteauneuf-du-Pape fahren, das nicht nur seinen Beinamen, sondern auch seine weltberühmten **Rotweine** den Päpsten von Avignon verdankt. Degustieren kann man die renommierten (aber nicht ausschließlich erstklassigen) Weine aus 13 verschiedenen Rebsorten an allen Ecken und Enden – oder im Anschluss an einen Besuch des **Musée des Outils du Vigneron** in der Kellerei Anselm (kostenlos, Tel. 0490837007). Einen sehr schönen Blick über den Ort und seine Umgebung genießt man von der **päpstlichen Festung.**

079pr Abb.: rh

Die Parkplätze entlang der Stadtmauer von Avignon sind selbst außerhalb der Saison meist drückend voll

Weinproben und -verkauf

Vinadéa, 8 Rue du Maréchal-Foch, Tel. 0490837069, www.chateauneuf.com, März–Okt. tägl. 10–12.30 und 14–18.30 Uhr (Juli/Aug. ohne Mittagspause), Nov.–Feb. 10–12 und 14–18 Uhr

AVIGNON ***

Via D 17 nach Südosten gelangt man nach 6 km wieder auf die N 7, die kurz darauf Avignon errreicht.

Als einstige Papststadt und lebendiges Zentrum der Theaterkunst ist Avignon fraglos sehenswert – und doch fragt man sich, ob man Wohnmobilisten einen Besuch empfehlen kann, denn geeignete Parkplätze gibt es kaum. Selbst außerhalb der Saison tut man sich schwer (und fragt sich entsetzt, wie es hier erst im Sommer aussehen mag!). Auf den überall empfohlenen **Parkplätzen entlang der Stadtmauer** habe ich selbst im März nichts gefunden – und musste mühsam rückwärts wieder herausmanövrieren! Achten Sie unbedingt darauf, **keinesfalls innerhalb der Stadtmauern zu fahren** (egal welche Parkplatzschilder dorthin locken!), denn in den engen Gassen voller Hindernisse und rechtwinkligen Kurven kann es selbst gelassenen Naturen etwas unbehaglich werden!

Der mit seinen über 50 m hohen, abweisenden Mauern und rund 15.000 m² Wohnfläche eher imposante als schöne **Papstpalast** *** ist fraglos die Hauptattraktion der Stadt (mit oder ohne Führung 1–2 Std.; Einlass Juli–Sept. 9–19 Uhr, Mitte März–Juni und Okt. 9–18 Uhr, 9,50 €, Nov.–Mitte März 9.30–17.15 Uhr, 7,50 €; Tel. 0490275073, www.palais-des-papes.com). Da er – nachdem Avignon 1791 zu Frankreich kam – geplündert wurde und als Gefängnis und Kaserne diente, beeindruckt er mit seinen riesigen, kahlen Räumen auch von innen mehr durch schiere Dimensionen als durch seine Ästhetik.

Aber auch sonst hat Avignon innerhalb seiner hervorragend erhaltenen über 4 km langen **Ringmauer** so viel zu bieten, dass es den Rahmen eines Reisemobil-Führers sprengt. Allein für einen Rundgang im Viertel um den Papstpalast sollte man 3–4 Stunden veranschlagen: zur **Kathedrale** gleich neben dem Palast, zum **Petit Palais**

Information

Office de Tourisme: 41 Cours Jean Jaurès, 84004 Avignon, Tel. 0432743274, www.ot-avignon.fr, www.avignon-tourisme.com

Internet

Cyberdrome, 68 Rue Guillaume-Pux

Tipp

Wer Avignon intensiver kennen lernen möchte, kann sich beim Office de Tourisme oder einem der Museen die **Carte-Pass** besorgen, die 2 Wochen lang 20–50 % Ermäßigung für Museen und den öffentlichen Nahverkehr in Avignon und Villeneuve gewährt (nur den ersten Eintritt bezahlt man voll).

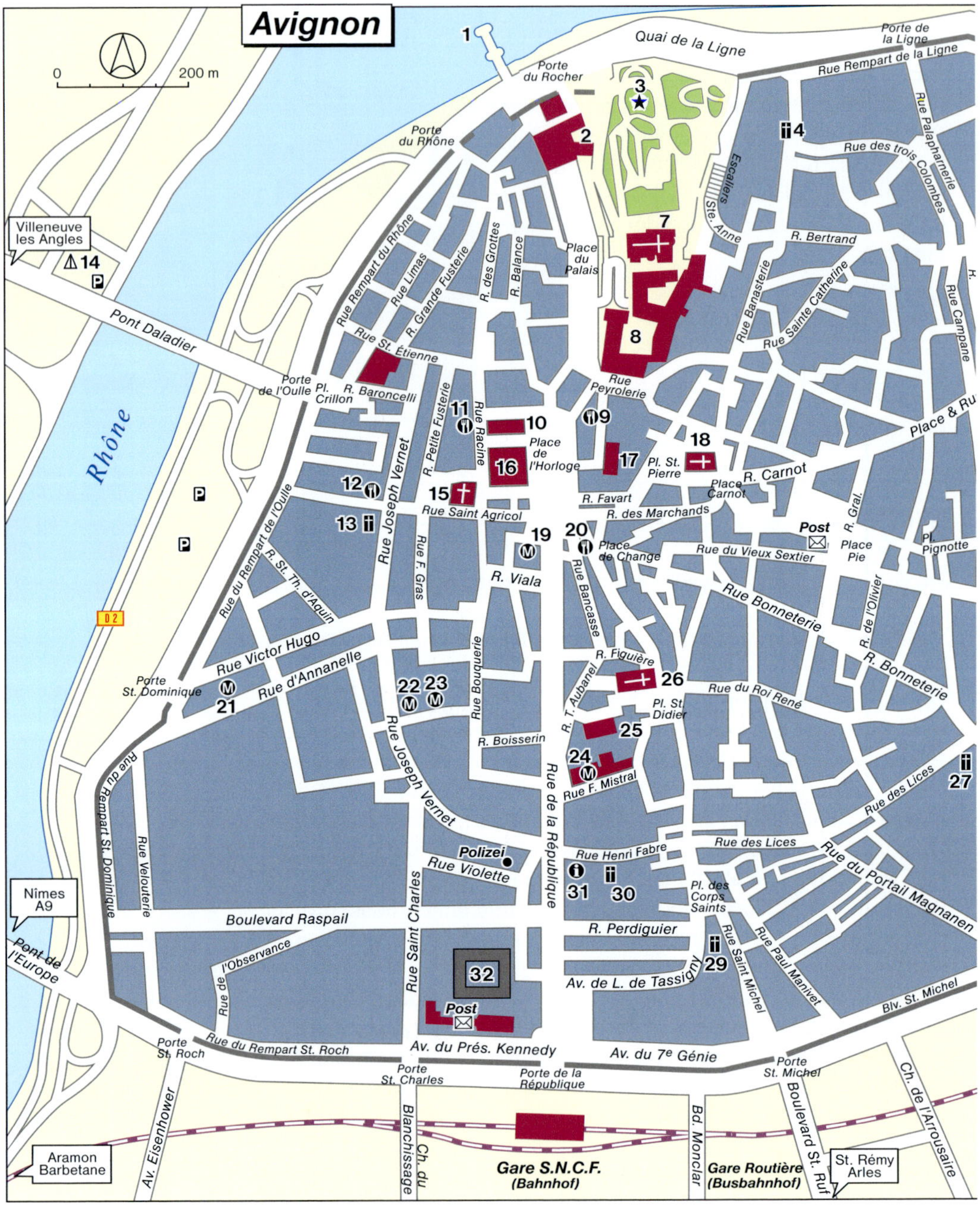

Parken

Der nach meiner Erfahrung sicherste Parkplatz-Tipp, wenn man die Stadt besuchen möchte: Folgen Sie der Ringstraße N 100 zwischen Altstadt und Rhone-Ufer, biegen Sie rechts auf die Pont Édouard Daladier (N 580) und gleich jenseits der Brücke hart rechts und dann sofort wieder rechts, um zum **Camping Bagatelle** (s. u.) zu gelangen. Die Parkplätze davor werden vom Office de Tourisme ausdrücklich für

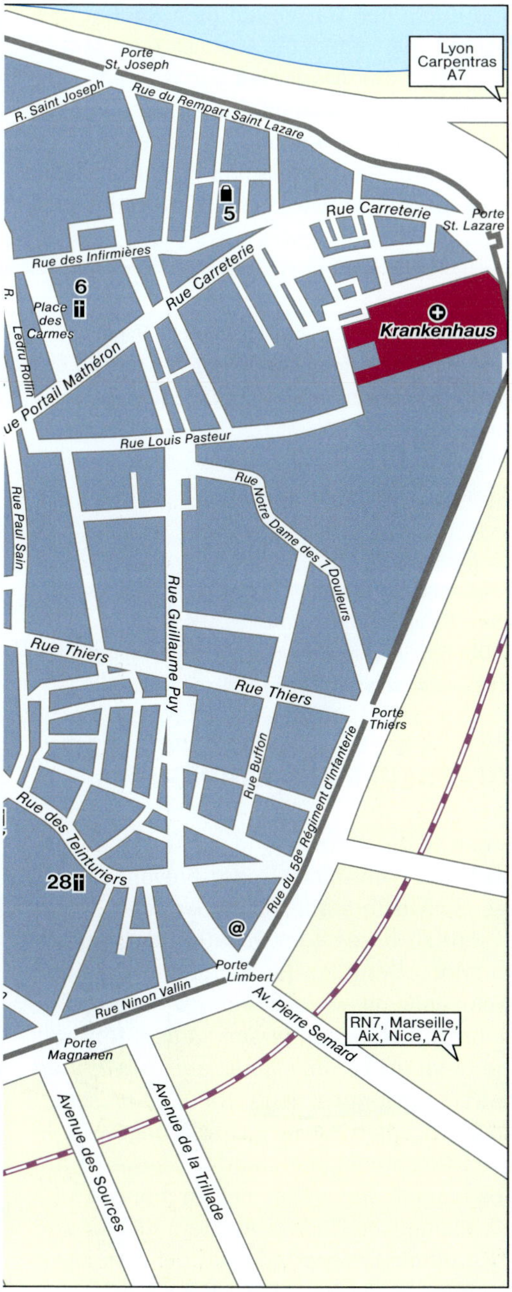

1 Pont St. Bénézet
2 Petit Palais
★ 3 Rocher des Doms
4 Chapelle des Pénitents Noirs
5 Restaurant Le Jardin de a Tour
6 Église und Cloître des Carmes
7 Kathedrale Notre-Dame-des-Doms
8 Palais des Papes
9 Restaurant Christian Etienne
10 Oper
11 Restaurant La Fourchette
12 Restaurant Le Vernet
13 Chapelle de l'Oratoire
14 Camping Bagatelle
15 Église St. Agricol
16 Hôtel de Ville
17 Maison Jean Vilar
18 Église St. Pierre
19 Palais du Roure
20 Rest. D'ici et d'Ailleurs
21 Musée Louis Vouland
22 Musée Calvet
23 Musée Requien
24 Musée Lapidaire
25 Livrée Ceccano (Médiathèque)
26 Église St. Didier
27 Chapelle des Cordeliers
28 Chapelle des Pénitents Gris
29 Convent des Célestins
30 Église und Cloître St. Martial
31 Office de Tourisme
32 Hospice St. Louis

Reisemobile empfohlen (obwohl Schilder Reisemobilen das Parken verbieten!). Gelegentlich hängt einem auch der Campingplatz-Betreiber Verwarnungen an die Scheibe, die aber nichts zu besagen haben. Wer der Empfehlung nicht traut, kann ein paar Meter weiter rechts unter die Brücke fahren, wo er (mit etwas Glück freie) Parkplätze ohne Verbotstafel findet. Vom Campingplatz verkehren in der Saison kostenlose Pendelbusse zum Zentrum – aber auch zu Fuß ist es nicht weit und von der Brücke genießt man einen schönen Blick auf die Altstadt und die „Pont d' Avignon". Eine schöne Alternative bietet der **Campingplatz bei Villeneuve** (s. „Camping").

On y danse?

Die berühmte „Brücke von Avignon" heißt mit „bürgerlichem Namen" korrekt Pont St.-Bénezet. Der Legende zufolge soll ein Mönch 1177 von einem Engel den Auftrag zu ihrem Bau erhalten haben. Obwohl alle ihn wegen der Unmöglichkeit des Unterfangens auslachten, ließ er sich nicht beirren und begann mit der Arbeit. Und sie wurde fertig gestellt! Auch wenn sie heute einen eher „unvollendeten" Eindruck macht. Doch im 17. Jh. hat sie ein Hochwasser zerstört und seither endet sie mitten im Fluss, noch ehe sie die Rhone-Insel erreicht. Trotzdem ist sie bis heute – vielleicht noch vor dem Papstpalast – die bekannteste Attraktion von Avignon. Getanzt allerdings – so wie das populäre Lied es behauptet – wurde auf der Rhonebrücke auch in früheren Zeiten noch nie. Die Tanzlokale lagen vielmehr auf der Flussinsel Bartelasse unter den Brückenbogen.

Kardinals-Livrées

Als der Heilige Stuhl 1309 unversehens nach Avignon verlegt wurde, genügte es nicht, den früheren Bischofspalast zum Papstpalast auszubauen und die Stadt besser zu befestigen. Es musste auch Platz für die gesamte Kurie und ihre Dienerschaft geschaffen werden. In wenigen Jahrzehnten verdoppelte sich die Einwohnerzahl. Ganz Avignon verwandelte sich in eine riesige Baustelle. Dutzende von Klöstern, Kirchen und Kapellen entstanden – und die prachtvollen Livrées der Kardinäle, palastartige Residenzen mit mächtigen Toren, die um einen Innenhof herum gebaut und zusätzlich befestigt wurden (viel Gottvertrauen scheint man nicht gehabt zu haben). Die Bezeichnung Livrée soll sich entweder von der Kleidung ihrer Dienerschaft herleiten – oder von der Tatsache, dass den Kardinälen die ersten Residenzen zunächst von anderen Besitzern abgetreten (frz. „livré") werden mussten.

und durch den Garten auf dem **Rocher des Doms** * mit weitem Ausblick oder rechts am **Hôtel des Monnaies** vorbei durch das **Quartier de la Balance** (früher Zigeunerviertel, um 1970 von Grund auf renoviert) zur berühmten **Pont d'Avignon** ** (Zutritt Juli–Sept. 9–19 Uhr, März–Juni 9–18 Uhr, sonst 9.30–16.30 Uhr; 3,50 €).

Feste

Festival d'Avignon: Das wohl berühmteste Theater-Festival Europas bringt die Stadt jedes Jahr im Juli/August zum Überkochen. Info und Reservierungen: Bureau du Festival d'Avignon, 20 Rue Portail Boquier, Tel. 0490141460, www.festival-avignon.com, für die Off-Veranstaltungen: www.avignon-off.org

Camping

5 **Camping Bagatelle** *** auf der Rhone-Insel via Daladier-Brücke (Anfahrt s. „Parken"), Tel. 0490863039; ganzjährig geöffnet und zentrumsnah, aber weder besonders schön noch sehr sauber

VILLENEUVE-LÈS-AVIGNON **

Jenseits der Rhone (und damit genau genommen nicht mehr in der Provence) liegt die Schwesterstadt Villeneuve-lès-Avignon – sehr zu Unrecht im Schatten des großen Avignon. Denn es ist keine gesichtslose Wohnsiedlung, wie der Name „Villeneuve" (= Neustadt) vermuten lassen könnte. Neu war die Stadt im 14. Jh. einmal, aber inzwischen hat sie nicht nur ordentlich Patina angelegt, sondern einen für ihre Größe ungewöhnlichen Reichtum sehenswerter Bauwerke angesammelt: Eng an den Felsen drängen sich mittelalterliche Häuser, Kirchen, Klöster und ↗**Kardinals-Livrées** im Schutz der mächtigen **Festung St. André** * (Okt.–März 10–12 und 14–17 Uhr, Apr.–Sept. 10–12.30 und 14–18 Uhr; 5,50 € bzw. 6,50 € mit Chartreuse; Tel. 0490256133). Besonders schön sind die italienischen Gärten der Festung.

Eine „Stadt in der Stadt" ist die **Chartreuse du Val de Bénediction** ** (60 Rue de la République, einstündige Führungen, Apr.–Sept. 9–18.30 Uhr, Okt.–März 9.30–17.30 Uhr; 5,50 €, Okt.–Ende Mai kostenlos; Tel. 0490152424), die etwas versteckt hinter den Häuserfassaden liegt. Den schönsten Blick ** auf das nahe Avignon genießt man vom **Tour Philippe-le-Bel** (13. Jh.), gleich hinter der Brücke rechts via D 980.

Camping

6 Camping Municipale de la Laune ***, Chemin St. Honoré (nahe der Festung), Tel. 0490257606, April–Mitte Okt.; ruhiger, schattiger Platz mit großen Stellplätzen, guten und behindertengerechten Sanitäranlagen, Pool und Tennisplatz; Busse der Linie 11 nach Avignon halten direkt vor dem Eingang (eine gute Lösung, um Avignon ohne Parkplatz-Stress zu besuchen!)

Information

Office de Tourisme:
Pl. Charles-David, 30400 Villeneuve-lès-Avignon, Tel. 0490256133, www.villeneuvelesavignon.fr/tourisme

BARBENTANE *

Wenn man denn der Provence im engeren Sinne durch den Abstecher aufs jenseitige Ufer schon einmal untreu geworden ist, so ist es keine schlechte Idee, gleich am jenseitigen Ufer auf der D 2 weiter nach Süden zu fahren und die Rhone erst bei der Brücke von Aramond wieder zu überqueren. Andernfalls muss man etwas kompliziert durch Avignon und dann via N 570 und D 36 nach Barbentane fahren.

Der kleine und auf den ersten Blick unscheinbare Ort am Hang über dem Rhone-Tal besitzt ein sehenswertes klassizistisches **Schloss** **, das unerwartet an Pariser Palais-Pracht erinnert (45 Min. Führung, Mitte Apr.–Mitte Okt. tägl. außer Mi. 10–12 und 14–18 Uhr, sonst nur Sonn- und Feiertags; 6 €). Am Kreisverkehr die D 77 B hinauffahren und ehe man das Rathaus erreicht rechts in die Rue du Moulin biegen (Einbahnstraße, leicht zu übersehen). Auch im Ort selbst gibt es schöne alte Bauten.

Überragt wird Barbentane vom **Tour Anglica,** dem Donjon einer längst verschwundenen Festung. Es lohnt sich, dort hinaufzufahren (via D 35 E bergauf und dann bei der Windmühle links), denn man hat dort nicht nur einen schönen Blick über den Ort, sondern findet außerdem Picknickplätze, einen herrlich ruhigen Parkplatz (UTM: 31 T 06 40 532 mE 48 61 847 mN) und Spazierwege durch die schattige Parklandschaft.

Folgt man weiter der D 35 E, so fährt man durch die wunderschöne und wochentags meist angenehm ruhige Berglandschaft der **Montagnette** * mit traumhaften Picknickplätzen (Vorsicht: Waldbrandgefahr!).

080pr Abb.: rh

▼ *Der Tour Anglica ist alles, was von der Festung von Barbentane noch übrig ist. Dahinter findet man einen herrlich ruhigen Parkplatz*

KLOSTER ST.-MICHEL DE FRIGOLET

Kaum 5 km weiter hat man das „Miniatur-Gebirge" schon fast durchquert und erreicht das Kloster St.-Michel de Frigolet (geöffnet 7–12 und 13–19 Uhr; im Winter bis 18 Uhr; Führungen 15 Uhr, sonntags 16 Uhr, 4 €).

7 Parken/Stellplatz

Auf dem (im Sommer gebührenpflichtigen) Kloster-Parkplatz inmitten der Natur kann man – zumindest außerhalb der Saison – eine ruhige Nacht unter Pinien verbringen (Achtung: Diebstahl ist aber auch vor der Klosterpforte nicht ausgeschlossen!).
In der rechtwinkligen Kurve direkt vor dem Kloster nach Westen (rechts) abbiegend, erreicht man nach knapp 100 m einen großen, kostenlosen Wiesenparkplatz (UTM: 43,85970°N 4,72705°O; 31 T 06 38 791 mE 48 57 740 mN; 115 m üNN).

Einkaufen

Klosterlikör, Kräuter, Bücher und Allerlei verkauft der betriebsame Kloster-Shop.

Essen

Mittags und abends kann man im Kloster ein gutes Menü zu günstigen Preisen bekommen; und wer möchte kann auch ein Zimmer mieten.

▼ *Als Wahrzeichen von Tarascon ragen die mächtigen Mauern des Château du Roi René hoch in den Himmel*

081pr Abb.: rh

TARASCON ★

Weiter via D 81 das hübsche Tal hinunter und dann auf der N 970 nach Süden (links) erreicht man ca. 11 km vom Kloster entfernt die Stadt Tarascon, bekannt für ihr wuchtiges und wehrhaftes **Château du Roi René** ★★ (Apr.–Sept. 9–19 Uhr, sonst 10.30–17 Uhr, 6 €, Tel. 0490910193) auf einem Felsen hoch über der Rhone. Einst Grenzfeste zwischen Provence und Frankreich, ist es heute einer der imposantesten und am besten erhaltenen Wehrbauten der Region. Ihm gegenüber erhebt sich die **Kirche Ste. Marthe** ★ aus dem 12. Jh, später gotisch umgebaut.

Wer sich für die berühmten provenzalischen ↗Indiennes-Stoffe interessiert, sollte sich an der Rue Proudhon 39 das **Musée Souleïado** (Mai–Sept. tägl. 10–18 Uhr, sonst nur Di.–Sa. 10–17 Uhr; Boutique Mo.–Fr. 10–13 und 14–19 Uhr; Tel. 0490915011; 6 €) nicht entgehen lassen, das u.a. 40.000 Druckmuster besitzt und zudem Direktverkauf von Stoffen sowie Kurse anbietet.

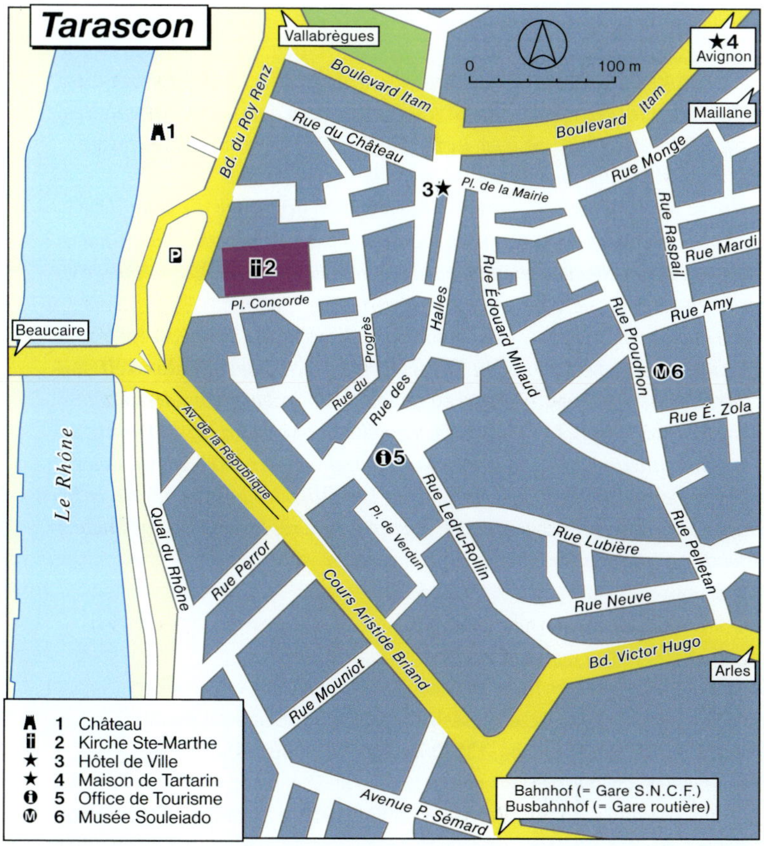

Parken

Zwischen Schloss und Kirche erstreckt sich ein großer Parkplatz, auf dem man, zumindest außer der Saison, meist einen Platz findet.

Feste

Beim **Tarasque-Fest** am letzten Juni-Wochenende wird eine Nachbildung des legendären Drachens durch die Stadt geführt; gefährlicher (weil aus echter Muskelmasse!) sind die Hauptdarsteller des zu diesem Anlass durchgeführten Stiertreibens! Der Legende zufolge soll seit grauer Vorzeit in den Rhone-Fluten beim Felsen von Tarascon ein fürchterlicher Drache gehaust haben: „die" Tarasque – denn das amphibische Monster, das den Fluten entstieg, um kleine Kinder und unvorsichtige Fährleute zu verschlingen, wurde als weibliches Wesen gesehen. Eines Tages jedoch kam glücklicherweise die heilige Martha des Weges und hat das Ungeheuer mit ihrem Kreuz besiegt. Die wackere Martha wurde daraufhin zur Schutzheiligen der Stadt – und die Tarasque zum Anlass für ein ausgelassenes Fest!

Camping

8 **Tartarin** ★, Route de Vallabrègues (D 81 A), Tel. 0490910146; hübscher Platz mit sauberen Sanitäranlagen auf einer Wiese am Rhone-Ufer; Mitte März–Sept.

Information

Office de Tourisme:
16 boulevard Itam, 13150 Tarascon, Tel. 0490910352, tourisme@tarascon.org, www.tarascon.org

Besuchstipps

Lassen Sie es nicht – wie viele Besucher – bei einem kurzen Schlossrundgang bewenden. Die nach Bombenangriffen von 1944 neu aufgebauten Häuserfronten täuschen: Dahinter verbirgt sich eine reizvolle Altstadt. Besuchen Sie Tarascon möglichst nicht bei Südwind, da dann der Gestank der nahen Papierfabrik heftig ist!

› Landkarte Seite 181

Indiennes-Stoffe

Die provenzalischen Indiennes-Stoffe aus Indien und anderen orientalischen Ländern mit leuchtenden Farben und exotischen Mustern kamen etwa ab 1600 über den Hafen von Marseille und die große Messe von Beaucaire in die Provence. Und da diese farbenfroh und originell bedruckten, leichten Baumwollstoffe ganz dem Lebensgefühl der Provenzalen entsprachen wurden sie unter dem Namen Indiennes zu einem modischen Renner. Rasch lernten auch einheimische Manufakturen die Kunst des Stoffdrucks, bereits 1648 wurden die Stoffe in Marseille bedruckt und es entstand sogar der Beruf des „Indienneurs".
Da der große Erfolg der Indiennes eine ernste Konkurrenz für die königlichen Manufakturen darstellte, wurden sie 1686 verboten. Daraufhin wichen die Produzenten ins päpstliche Avignon aus; und als sie durch ein Konkordat zwischen Papst und König auch dort schließen mussten, verlegten sie ihre Produktion in die Schweiz – und der Schmuggel blühte.
Ab 1758 schließlich gestattete die königliche Finanzbehörde wieder den Verkauf der Stoffe, damit sich „auch die ärmsten Bürger billige Kleidung beschaffen können".
Bis heute wird diese Kunst von zwei traditionellen Firmen gepflegt und weiter entwickelt: der Firma Souleïado in Tarascon, deren Name praktisch zu einem Synonym für Indiennes geworden ist, und von der 1818 gegründeten Manufaktur Les Olivades im nur 6,5 km entfernten St. Étienne-du-Grès, die mit etwas anderen Techniken arbeitet.

Einkaufen

Indiennes-Stoffe werden heute nicht nur für die Herstellung von Kleidern verwendet, sondern auch als Tischdecken, Kissen, Bettüberwürfe, Sets etc. verkauft.
Souleïado, 39, Rue Proudhon, 13150 Tarascon, Tel. 0490915011
Les Olivades, Chemin des Indienneurs, 13103 St. Étienne-du-Grès, Mo.-Fr. 9-12 und 14-18 Uhr, Sa. 10.30-17 Uhr, Tel. 0490491919, accueil@les-olivades.com, www.les-olivades.com; mit Filialen in München (www.la-maison-francaise.de) und Aachen (www.la-cigale-de-provence.de)

BEAUCAIRE *

Information

Office de Tourisme:
24 Cours Gambetta, 30300 Beaucaire, Tel. 0466592657, beaucaire@mnet.fr, www.ville-beaucaire.fr, www.ot-beaucaire.fr

Auch wenn es schon wieder nicht mehr „Provence" ist: Wer Tarascon besucht, sollte einen Abstecher über die Rhone hinweg nach Beaucaire nicht versäumen. Hübsch und einladend ist schon die Straße zu beiden Seiten des **Kanals** (Canal du Rhône à Sète) mit Cafés, mediterranen Fassaden, bunten Booten und schattigen Parkplätzen.

Wie die Schwesterstadt, so besitzt auch Beaucaire ein mächtiges **Château** *, errichtet im 11. Jh. auf dem „schönen Felsen" *(beau caire)* nördlich des Kanals. Die einst bedeutendste Festung Südfrankreichs wurde zwar 1632 durch *Richelieu* geschleift, ist aber selbst als Ruine noch imposant und eine stilvolle Kulisse für **Vorführungen mit frei fliegenden Greifvögeln** (20.03. bis 2.11. tgl. außer Mi., in den Ferien jeden Tag nachmittags je drei, Juli/Aug. jeden Nachmittag vier Vorführungen; 10 €; Tel. 0466592672, www.aigles-de-beaucaire.com).

Zwischen dem Kanal und der Ruine erstreckt sich die denkmalgeschützte **Altstadt,** die schon als Filmkulisse gedient hat. In ihren

Lauschig mediterrane Atmosphäre und gemütliche Straßencafés findet man entlang dem Kanal von Beaucaire

082pr Abb.: rh

schattigen Gassen kann man bei einem Bummel die Barockkirche **N.-D.-des-Pommiers,** das imposante **Rathaus** sowie einige prachtvolle **Hôtels particuliers** aus dem 17./18. Jh. bewundern, die den Reichtum widerspiegeln, den Beaucaire seiner berühmten ↗**Messe** verdankt. Über diese Messe informiert u. a. auch eine Ausstellung im **Musée August-Jacquet** (Apr.–Okt. 10–12 und 14.15–18.45 Uhr, Nov.–März 10.15–12 und 14–17.15 Uhr, Di. und feiertags geschlossen; 2,20 €), das in den Ruinen des Schlosses untergebracht ist.

In der Umgebung laden zwei Bauernhöfe zu einer Zeitreise ein: der **Vieux Mas** (an der D 15 südlich der Stadt; Tel. 0466596013; Apr.–Sept 10–18 Uhr, 5,50 €), ein Bauernhof aus der Zeit um 1900 mit Tierhaltung, Handwerken, Vorführungen etc. sowie der **Mas des Tourelles** (D 38 in Richtung St. Gilles, tägl. 14–18 Uhr, www.tourelles.com), ein gallo-römischer Hof mit Weinkellerei, Weinpressen und römischen Weinproben!

Feste

Die **Festivales de Beaucaire** (die letzten 10 Tage im Juli) erinnert mit Mittelaltermarkt, zahlreichen Stiervorführungen, Feuerwerk und Folklore an die glorreichen Zeiten der Messe von Beaucaire (Tel. 0466597134).

Anschluss

Von Tarascon oder Beaucaire kann man links oder rechts der Rhone in Richtung Süden nach **Arles** weiterfahren. Sehr empfehlenswert ist es aber, zunächst eine Rundfahrt durch die malerischen **Alpilles** *** einzuflechten, die ein Höhepunkt jeder Provence-Reise sind.

Die Messe von Beaucaire

Auch wenn man es dem Städtchen heute nicht mehr ansieht: Es war über Jahrhunderte hinweg eine der bedeutendsten Messestädte des Landes. Seine bereits 1217 durchgeführte Handelsmesse war in ganz Europa bekannt und wegen ihrer günstigen Lage und der gewährten Steuerfreiheit ein wahres Dorado für Käufer und Verkäufer. Zu ihrer Blütezeit im 18. Jh. brachte die Messe einen ganzen Monat hindurch nicht weniger als 300.000 Händler, Gaukler und sonstiges Volk in die Stadt (die heute gerade einmal 13.000 Einwohner zählt!). Hier wurde schlicht alles gehandelt, was irgend „käuflich" ist. Und die in Beaucaire ausgefeilschten Preise galten als Richtpreise im ganzen Königreich.

083pr Abb.: rh

LES ALPILLES ★★★: DIE ESSENZ DER PROVENCE

Les Alpilles, die „kleinen Alpen“, nennt sich das karstige Miniaturgebirge, das sich (in Fortsetzung des Luberon) zwischen Tarascon und Salon-de-Provence als letzter Riegel vor das Rhone-Delta schiebt. Sie gelten als das Herzstück und als Inbegriff der Provence – mit ihren weißen Kalkfelsen über einem Gürtel silbrig glänzender Olivenhaine, mit kleinen Bergsträßchen und Alleen schlanker Zypressen, mit duftenden Kräuterwiesen, sonnigen Weinbergen, einzigartigen Lichtstimmungen und einer reichen Fülle von Baudenkmälern. Sie sind die Heimat von *Frédéric Mistral,* dem Dichter der Provence, und hier hat *Vincent van Gogh* das Wesen dieser Landschaft in seinen Bildern eingefangen und verewigt. Es ist die Provence der Bildbände und der Reiseträume – herb und paradiesisch zugleich. Am besten besucht man sie zeitig im Frühjahr oder ab September. Denn wenngleich sie sich erstaunlich viel von ihrer Ursprünglichkeit bewahrt haben: Ein Geheimtipp sind die Alpilles längst nicht mehr.

Die meisten landschaftlichen Reize und kulturellen Attraktionen der Alpilles kann man auf zwei Rundstrecken erkunden, die jeweils in **St. Rémy-de-Provence** beginnen und enden: Die eine Runde führt durch den westlichen Teil der Berge, die **Alpilles des Baux,** und die andere durch die östlichen **Alpilles d'Eygalières.** Beide lassen sich zu einer großen Acht kombinieren (Gesamtstrecke ab Tarascon bis Arles: ca. 98 km; Dauer: mindestens ein ganzer Tag).

DURCH DIE ALPILLES LES BAUX

Folgen Sie von Tarascon der gut ausgebauten D 99 nach Osten in Richtung St. Rémy-de-Provence. Etwa 8 km nach dem Dorf **St. Étienne-du-Grès** biegen Sie rechts auf die D 27 (Wegweiser: „Les Baux 7 km"). Das Sträßchen ist so schmal, dass man Gegenverkehr nicht überall problemlos passieren kann (und zur Hauptsaison kann es schon mal Gedränge geben), aber es wird auch von Bussen befahren – und zumindest in der Nebensaison sollte man sich eine Fahrt auf dieser Route nicht entgehen lassen.

Gesamtstrecke: ca. 50 km
Dauer: ca. 5 Std.
Beste Zeit: Frühjahr oder Herbst, definitiv **nicht** in der Hauptsaison!

Durch ein grünes Tal, gesäumt von weißen Felszacken, klettert die D 27 zum Kamm der Alpilles empor, bietet herrliche Ausblicke und schlängelt sich durch ein Labyrinth bizarr geformter Felsen, aufgelassener Gruben und eigenartiger Grotten, in denen früher ↗**Bauxit** abgebaut wurde. „Man kommt von Saint-Rémy, wo die Provence-Erde lauter Felder von Blumen trägt – und auf einmal schlägt alles in Stein um," hat *Rilke* diesen Kontrast in Worte gefasst.

Bauxit

In der Umgebung von Les Baux – insbesondere entlang der beschriebenen D 27 – entdeckt man links und rechts der Straße zwischen Felsen und Gebüsch immer wieder eigenartige Gruben und Grotten. Das aluminiumhaltige Mineral, das hier 1822 entdeckt und über 150 Jahre lang abgebaut wurde, hat dem Felsendorf zu einem wirtschaftlichen Aufschwung verholfen – und von ihm dafür seinen Namen erhalten: Bauxit. Erst um 1990 wurden die letzten Gruben geschlossen.

Aussicht ★★

Nahe der Passhöhe zweigt links (östlich) ein kleiner, steiler und sehr holperiger Teerweg ab, auf dem man ca. 1 km zum **Plateau de Bringasses** hinaufspazieren (oder mit kleineren Mobilen bis 3,5 t auch fahren) kann, um bizarre Felslandschaft und den schönsten Panoramablick auf Les Baux zu genießen.

An der folgenden Gabelung links via D 27A in Richtung Les Baux passiert man bald linker Hand die **Cathédrale d'Images** (tägl. 10–18 Uhr, April–Sept. bis 19 Uhr, 7,50 €, Tel. 0490543865, contact@cathedrale-images.com, www.cathedrale-images.com). In der Kulisse einer über hundert Jahre lang fast vergessenen, unterirdischen **Bauxit-Mine** mit weißen Kalkwänden und hohen Hallen werden dort audiovisuelle Vorführungen mit 40 Projektoren und passender Musik angeboten, die das Innere des Felsens in eine wahre Märchenwelt verwandeln (Dauer etwa 30 min.; jährlich wechselnde Themen). Unmittelbar darauf erreicht man Les Baux.

Les Baux ★★★

Selbst wenn das Felsendorf als „Freilichtmuseum" und Opfer seiner Popularität heute ganz und gar in der Hand des Tourismus ist, so lohnt sich ein Spaziergang durch seine Gassen doch allemal. Wer nicht außer der Saison kommen kann, sollte wenigstens versuchen, ganz früh am Morgen durch die Steingassen zu streifen. Immerhin werden die rund 400 Bewohner des Dorfes jährlich von mehr als einer Million Besuchern überflutet!

Information

Office de Tourisme: Porte Mage, 13520 Les Baux, Tel. 0490543439, tourisme@lesbauxdeprovence.com, www.lesbauxdeprovence.com

Jahrhundertelang war der steile Felsen (provenzalisch *„bàus“*) der Stammsitz der mächtigen *Grafen von Les Baux,* die ihre Abstammung auf *Balthasar,* einen der drei Weisen aus dem Morgenland, zurückführten. Seit 1642 sind Fels, Stadt und Festung im Besitz der *Grimaldis,* der Fürsten von Monaco. Nachdem seine Festung zweimal geschleift worden war, bot Les Baux im 19. Jh. das traurige Bild einer toten und nahezu verlassenen Stadt. Heute sind die alten Adelshäuser renoviert und die verschachtelten Gassen gesäumt von Restaurants und Souvenirgeschäften, die Santon-Püppchen und in Säckchen verpackte Provence-Kräuter verkaufen. Doch wer sich dadurch nicht ablenken lässt, entdeckt zwischen Tand und Touristennepp eine Fülle prachtvoller Renaissance-Fassaden und hübscher Details – und er kommt in den seltenen Genuss einer ausgesprochen behutsam renovierten Altstadt: ohne Autos, ohne Telefondrähte und ohne Fernsehantennen.

084pr Abb.: rh

▲ *In den engen Gassen von Les Baux sind außer dem Postauto keine Fahrzeuge zugelassen*

Über das **Musée d'Histoire des Baux,** am Ende der Rue Trencat, hat man Zugang hinauf zur Oberstadt und zum **Schloss** ★ (März–Okt. 9–19.30 Uhr, Juli/Aug. bis 20.30 Uhr, sonst bis 17 Uhr; Tel. 0490545556, www.chateau-baux-provence.com; 6,50 €). Die Festung auf dem nordöstlichen Teil des Plateaus erreicht man nach einem ca. 1,2 km langen Fußweg mit mehreren fantastischen Aussichtspunkten. Sie ist teilweise direkt aus dem Fels gehauen und so eng mit ihm verwachsen, dass man kaum sagen kann, wo das eine aufhört und das andere anfängt.

Einkaufen

Besser anderswo!

Parkplätze

Gebührenpflichtige Parkplätze (3–4 €) säumen die Straße; die **Wohnmobil-Parkplätze** erreicht man allerdings erst ein ganzes Stück hinter dem Ort und den jenseitigen Hang wieder abwärts (wer „fremd“ zu parken versucht, wird feststellen, dass die Polizei – selbst außer der Saison – meist schneller dasteht, als er den Zündschlüssel abziehen kann).

Fährt man vom Wohnmobil-Parkplatz zurück den Berg hinauf und biegt auf der anderen Seite links, so gelangt man via D 27 an der Westseite des Plateaus in das Tal **Vallon de la Fontaine** mit dem **Pavillon de la Reine Jeanne** (auch auf einem Fußweg von der Porte Eyguières zu erreichen), einem kleinen Renaissance-Pavillon, der *Frédéric Mistral* als Vorlage für sein Grab gedient hat. Weiter nach Westen erstreckt sich das **Val d'Enfer** (Höllental) mit steinzeitlichen Höhlenwohnungen und einer bizarren Felsenlandschaft, das man auf einem kurzen Spaziergang (15–20 Min.) erkunden kann.

Weiter via D 78F und D 17 nach Osten erreicht man bald den Ort **Paradou** (provenzalisch für „Paradies"). Wer Geschmack an solchen Dingen findet, der kann dort in der **Petite Provence** (rechts der D 17 in Richtung Fontvieille; Mi.–Mo. 10–19 Uhr, 4,50 €) das „ganze provenzalische Leben" auf wenigen Quadratmetern erleben: nachgestellt mit – teils animierten – Santon-Puppen (s. Exkurs Seite 87).

Moulin de Daudet

Via D 17 erreicht man 6 km westlich von Paradou das typische Provence-Städtchen **Fontvieille** und biegt dort links auf die D 33 (Av. des Moulins), die wenige Kilometer außerhalb links der Straße einen großen, ausgesprochen schön gelegenen (und abends sehr ruhigen) [P] **Parkplatz** mit Toiletten passiert (9–17 Uhr bewacht und gebührenpflichtig, 2 €).

Ein kurzer Fußweg führt von diesem Parkplatz auf ein kleines Kalkplateau und zur buchstäblich(!) „legendären" **Moulin de Daudet** (Apr.–Sept. 10–12 und 14–18 Uhr, Okt.–März 10–12 und 14–17 Uhr, Jan. geschl., 2,50 €), die offenbar jeder Franzose einmal besucht haben muss. Sie hat das vorher namenlose Bauern- und Steinbruch-Städtchen zu einer erstrangigen Attraktion des Landes gemacht – ganz einfach, indem ein findiger Kopf die alte Mehlfabrik kurzerhand zu eben jener Mühle erklärte, in der *Alphonse Daudet* seine „Briefe aus meiner Mühle" geschrieben haben soll – und die wiederum sind Pflichtlektüre an jeder französischen Schule. Dass *Daudet* tatsächlich nie in dieser Mühle gewohnt (und seine Briefe überwiegend in Paris verfasst!) hat, scheint keinen zu stören. Jeder weiß es – trotzdem kommen sie in Scharen und aus zahllosen Autobussen.

085pr Abb.: rh

▲ *Die „Daudet-Mühle": Dass der Schriftsteller tatsächlich nie darin gewohnt hat, hält die Scharen nicht von einem Besuch ab.*

All das ändert auch nichts daran, dass die gut erhaltene Windmühle (besonders zu ruhigeren Zeiten und im Abendlicht) einen wirklich hübschen Anblick bietet – und in ihrem Inneren zudem je ein kleines **Mühlen-** und ein **Daudet-Museum.** Und schließlich gibt es in ihrer Umgebung auch noch einige schöne Spazierwege zu weiteren Windmühlen.

Am Ortsausgang von Fontvieille in Richtung Mühle D 33 (Av. des Moulins) sieht man oft auf einem (gar nicht sonderlich schönen!) [P] **Parkplatz** links der Straße hinter der Arena Grüppchen von Wohnmobilen stehen; viel schöner und ruhiger ist jedoch der große **Parkplatz** (tagsüber 3 €, ab 17.30 Uhr frei) bei der Mühle (kein offizieller Stellplatz – aber wir konnten auch nirgends Verbotstafeln entdecken). Laut Auskunft des Ortspolizisten ist das Übernachten okay (UTM: 31 T 06 37 886 mE 48 42 155 mN, 43,71961°N 4,71178°O).

Römer und Technik

Haben Sie schon einmal überlegt, warum fast keine technischen Anlagen aus der Römerzeit erhalten sind? – Weil es kaum welche gab! Sklavenarbeit war damals billiger als die Technik. Auch die Mühle bei Fontvieille stammt aus der späten Römerzeit, als der Nachschub an Sklaven knapp wurde.

086pr Abb.: rh

▲ *Das römische Aqueduc de Barbegal zieht sich ohne großen Touristenrummel mitten durch die Felder*

Abstecher zum Aqueduc de Barbegal ★★

Weiter lohnt sich ein kleiner Abstecher die D 33 nach Süden und 4 km von Fontvieille nach links in ein sehr schmales, namenloses Sträßchen (einspurig) hinein, das ein kurzes Stück danach zu den Ruinen des Aqueduc de Barbegal (nicht zu verfehlen, da es von der Straße durchschnitten wird; aber nur wenige Parkmöglichkeiten am Straßenrand). Auf einem kleinen Trampelpfad kann man den teils gut erhaltenen, teils malerisch zerfallenen Bogen des 2000 Jahre alten Monumentes folgen, das gerade deshalb so reizvoll ist, weil es touristisch völlig unerschlossen inmitten der Felder steht. Es wurde erbaut, um das Wasser von den Alpilles zu einer riesigen **Mühlenanlage** südlich des steil abfallenden Hangs zu leiten.

Abbaye de Montmajour

Folgt man von Fontvieille der D 17 westwärts, so erreicht man nach 4,5 km kurz vor den Toren von **Arles** (s. S. 163; Anschluss an Rundfahrt „Camargue") die **Abbaye de Montmajour** (P Parkplätze gegenüber rechts der Straße zwischen Buschwerk; Mai–Sept. tgl. 9–19 Uhr, sonst Di–So 10–17 Uhr; 6,10 €, Tel. 0490184122 und 0490546417). Sie erhebt sich auf einem Felsen, der einst von Sümpfen und Wasser umgeben war. Das Innere der Bauwerke kenne ich leider nicht, da ich bei meinem Besuch keine Möglichkeit einer Besichtigung fand. Wunderschön hingegen war der Anblick der romanischen **Chapelle Ste. Coix** ★, ca. 200 m links der Klosteranlage hinter einem Bauernhof (Führungen Apr.-Sept. 9–19 Uhr, Tel. 0490546417), vor der noch die Umrisse in den Fels gehauener Gräber zu erkennen sind.

Um die Runde zu schließen, fährt man von Fontvieille via D 33 zwischen Ölbäumen und Weinbergen nach Norden und passiert nach etwa 6 km die ebenfalls sehr schöne romanische **Chapelle St. Gabriel** ★ (nur auf Anfrage, Tel. 0490910352), die sehr romantisch in einem alten Olivenhain liegt, ehe man über die D 32 und D 99 weitere 12 km bis **St. Rémy-de-Provence** ★ fährt.

Stellplätze

Entlang der Rundstrecke gibt es einige hübsche Parkplätze (s. o.), aber bislang keinen offiziellen Stellplatz. Eine Möglichkeit in der näheren Umgebung ist der **Parkplatz bei Glanum** (s. u. Route „Alpilles d'Eygalières"). Der **Stellplatz von Caphan** bei St. Martin-de-Crau existiert leider nicht mehr.

DURCH DIE ALPILLES D'EYGALIÈRES

Saint-Rémy-de-Provence *

Saint-Rémy-de-Provence ist das Zentrum der Alpilles und für viele der Inbegriff einer malerischen Provence-Stadt mit mediterranem Charme, Platanen-Boulevards, kleinen Plätzen und lauschigen Cafés. Bekannt ist St. Rémy aber auch als Geburtsort von *Nostradamus* (1503) und weil *van Gogh* hier ein Jahr in der Nervenheilanstalt verbracht hat. So schön das Städtchen in ruhigeren Zeiten sein kann - während der Saison würde ich es lieber meiden.

Die Kirche **Collégiale St.-Martin,** gegenüber des Place de la République, passt mit ihrer wuchtigen klassizistischen Fassade eigentlich nicht so recht ins Bild des gemütlichen Städtchen (vom Vorgängerbau aus dem 14. Jh. ist nur der Turm erhalten), aber gleich dahinter geht es durch die Gässchen der verschachtelten Altstadt. An der Rue Hoche (nach der Kirche gleich rechts) stand das **Geburtshaus des Nostradamus.** Nach links geht es zum **Musée des Alpilles** (Pl. Favier, Di.–Sa. 10–12 und 14–17 Uhr, im Sommer länger; 3,50 €) in einem schönen Renaissance-Bau, das 2003 ganz neu gestaltet wurde und über Natur und Menschen der Alpilles informiert. Jenseits des Platzes, an der Rue du Parage ist im prachtvollen Stadtpalais **Hôtel de Sade** das **Musée Archéologique** (Tel. 0490926404, einstündige Führungen Mitte April–Sept. 11–18 Uhr, sonst bis 17 Uhr; 2,50 €; Kombi-Ticket mit den Ruinen von Glanum 6 €) untergebracht, das Funde aus der nahen Römerstadt zeigt.

Gesamtstrecke: ca. 45 km
Dauer: ca. 4 Std.

Information

Office de Tourisme: Pl. Jean-Jaurès, 13210 St.-Rémy-de-Provence, Tel. 0490920522, info@saintremydeprovence.com, www.saintremy-de-provence.com

Feste

Fête de la Transhumance: Am Pfingstmontag treiben die Schäfer ihre Herden durch den Ort und hinauf in die Alpilles.

Parken

Außerhalb der Saison kann man auf dem Place de la République, gegenüber der Kirche parken. Sonst fährt man via Av. A. Schweitzer (D 571) nach Norden, wo man unweit des Zentrums nahe dem Kreisverkehr an dem die D 5 von der D 99 abzweigt einen großen Parkplatz findet (UTM: 31 T 06 47 206 mE 48 50 500 mN, 43,79292°N 4,82971°O), der allerdings zeitweise abgesperrt sein kann.

Camping

9 **Monplaisir,** Chemin Monplaisir, Tel. 0490922270, www.camping-monplaisir.fr; D 5 in Richtung Maillane; März–Mitte Nov; kleiner, familiärer Platz auf dem Lande, 1 km vom Zentrum, ruhig, schattig, mit Pool; der preisgünstigste in der Umgebung

10 **Mas de Nicholas,** Camping Municipal, beim Stadion ca. 800 m vom Zentrum, Tel. 0490922750, camping-mas-de-nicholas@wanadoo.fr; 15. März–15. Okt.; top-sauber, schattige Wiesenplätze, bewacht

Stellplatz

Parking Les Antiques
(s. S. 160)

Monastère St. Paul-de-Mausole *

Gleich südlich von St. Rémy via D 5 erreicht man zwischen Olivenhainen das Monastère St. Paul-de-Mausole (April–Okt. 9.30–19 Uhr, sonst 10.30–17 Uhr; 3,50 €) mit einem reich verzierten Kreuzgang und einer sehr schönen romanischen Kirche. Nach der Revolution wurde es zur Nervenheilanstalt umfunktioniert – und ihr berühmtester Patient war *Vincent van Gogh,* der hier u.a. seine „Sternennacht“ gemalt hat.

Der **Van-Gogh-Weg** erschließt die Landschaften, die den Meister inspiriert haben. Führungen werden von April bis Mitte Oktober angeboten (Do. und Sa. 10 Uhr), aber man kann auch ungeführt spazieren, denn auf Schautafeln an rund 20 Stationen sind die Bilder dargestellt, die an dieser Stelle vermutlich entstanden sind. Und wann sonst hat man schon einmal Gelegenheit, weltberühmte Kunstwerke so unmittelbar mit ihrer Originalvorlage zu vergleichen?

Nur 200 m entfernt kann man den ↗**Mas de la Pyramide** (Apr.–Okt. 9–12 und 14–19 Uhr, sonst bis 17 Uhr; 4 €) entdecken, mit (teils bis heute genutzten) Höhlenwohnungen und einem Museum in den ehemaligen römischen Steinbrüchen von Glanum.

Knapp 2 km südlich des Ortes führt die D 5 zwischen den Ruinen von Glanum (links) und den Antiques (rechts) hindurch.

Was ist ein Mas?

Ein Mas ist der typische provenzalische Gutshof, ein imposanter, großer Bau, der meist Wohn- und Nebengebäude, Stallungen, Scheune und Vorratshaltung unter einem Dach vereint. Hauptraum, wenngleich von eher bescheidenen Dimensionen, ist die Küche, die im Erdgeschoss direkt auf den Hof führt. Auch Backofen, Stallungen und Vorratsräume befinden sich zu ebener Erde. Darüber lagen traditionell die Schlafräume, ein Raum für die Zucht von Seidenraupen (magnanerie), Taubenschlag und Speicher. Dieser Grundplan kann je nach Region und Größe des Guts variieren – und manche der Räume können auch in Anbauten untergebracht sein.

Glanum und die Antiques **

Die Antiques sind zwei römische Bauwerke aus der Zeit um Christi Geburt. Das außergewöhnlich gut erhaltene und 18 m hohe **Julier-Monument** (Mausoleum) ist nicht wirklich ein Grab, sondern ein Denkmal – entweder für die Enkel des Kaisers *Augustus* oder für eine der reichen Bürgerfamilien von Glanum. Etwas weniger gut erhalten, aber dennoch sehr imposant ist das (manchmal auch als Triumphbogen oder Ehrenbogen) bezeichnete **Stadtgründungstor** mit Reliefs gefangener Gallier. Auf der Straßenseite gegenüber befindet sich der Eingang zum **Ausgrabungsgelände** * (April–September 9–19 Uhr, sonst 9–12 Uhr und 14–17 Uhr; 6 €), auf dem bislang Fundamente und Säulen aus drei Epochen freigelegt wurden: ein Brunnenheiligtum der Gallier aus dem 6. Jh. v. Chr. auf der Erhebung ganz am südlichen (jenseitigen) Ende, eine griechische Siedlung und die römische Stadt mit Forum, Tempeln, Thermen etc., die zeitweise bis zu 5000 Einwohner gezählt haben muss. Wie bei allen ähnlichen Ausgrabungen sind auch hier ein erläuternder Plan (und eine gute Portion Fantasie!) sehr hilfreich.

P Park-/Stellplatz

11 Parking Les Antiques: Die weitläufigen, gebührenpflichtigen Parkplätze (Wohnmobile 5 €) rechts der Straße bei den Antiques bieten auch eine schöne und ruhige Übernachtungsmöglichkeit.

Nahe der Passhöhe (ca. 240 m) passiert die D 5 einen sehr schön gelegenen 🅿 **Waldparkplatz** (UTM: 31 T 06 54 888 mE 48 46 741 mN; 43,7575° N 4,9241° O), von dem aus man herrliche **Spaziergänge und Wanderungen** unternehmen kann: z. B. auf dem GR 6 nach Osten bis zur D 24 bei Eygalières oder nach Westen zur D 27 bei Les Baux (s. S. 155) und weiter durch die ganzen Alpilles bis nach St.-Étienne-du-Grès und zur Kirche St. Gabriel an der D 33 (s. S. 158).

087pr Abb.: rh

▲ *Les Antiques: Ein römisches Stadtgründungstor und das Julier-Monument erheben sich direkt neben der Straße*

Wer so weit nicht gehen will, sollte sich zumindest den Spaziergang hinauf zum **La-Caume-Panorama-Gipfel** ** *(*387 m; ca. 3 km; einfach) nicht entgehen lassen. Außerdem kann man auf dem 🅿 Parkplatz sicher auch eine ruhige Nacht verbringen (keine Verbotstafel, aber auch kein offizieller Stellplatz).

Vogelschutzgebiet

Die Berge des La-Caume-Massivs sind ein Greifvogel-Schutzgebiet, in dem noch Bonelli-Adler, Geier und Uhus heimisch sind. Aus Rücksicht auf diese gegen Störungen sehr empfindlichen Vögel sollte man sich bei Wanderungen stets strikt an markierte Wege halten.

Maussane-les-Alpilles

Den Südhang der Alpilles hinunter (mit schönen Blicken auf die Berge!) passiert man 3 km nach dem Pass die Abzweigung links nach Les Baux (s. S. 155) und erreicht 2,5 km weiter **Maussane-les-Alpilles,** das für sein exzellentes Olivenöl mit der AOC-Auszeichnung (Appellation d'Origine Controllé, wie bei gutem Wein) prämiert wurde.

Einkaufen

Moulin Cornille, Rue Charloun-Rieu, Tel. 0490543237, werktags 9–12 und 14–18 Uhr; die Mühle der Kooperative für das Vallée de Baux arbeitet noch weitgehend mit traditionellen Methoden; Direktverkauf.

Moulin St. Michel, im benachbarten Mouriès, Cours Paul Revoil, 13890 Mouriès, Tel. 0490475040, contact@moulinsaintmichel.com, www.moulinsaintmichel.com, Di.–Sa. 9–12 und 14–18 Uhr; schön restaurierte Ölmühle aus dem 18. Jh., die einen interessanten Einblick in die Ölherstellung bietet und neben Öl auch verschiedene andere Produkte der Region verkauft.

Eygalières

Weiter folgt man nach Osten der D 17 und biegt dann gleich wieder links auf die D 78, die am Fuß der Alpilles entlang durch Olivenhaine führt. Nach 8 km stößt man auf die D 24, biegt wieder nach links

088pr Abb.: rh

Tödlicher Wasserzauber

Die Kapelle St. Sixte wurde im 12. Jh. an der Stelle eines alten, keltischen Ritualplatzes errichtet und an jedem Ostermontag wird dort eine provenzalische Messe zelebriert, die jenen uralten heidnischen Wasserzauber fortleben lässt. Die Verlobte reicht ihrem Zukünftigen einen Becher des heiligen Quellwassers. Wenn er es trinkt, wird er sie noch im selben Jahr heiraten – oder sterben!

und überquert den Kamm der Alpilles noch ein weiteres Mal.

Nach etwa 7,5 km auf der D 24 geht es rechts via D 24 durch **Eygalières,** ein malerisches (und noch relativ stilles!) Provence-Dörfchen, das von einem alten Festungsturm überragt wird und einen schönen Blick auf die Berge bietet.

Etwa einen Kilometer östlich des Örtchens liegt links auf einem kleinen Felsenhügel die ebenso schlichte wie bezaubernde romanische ↗**Kapelle St. Sixte** **, die in ihrer einsamen Lage zwischen himmelragenden Zypressen von einem geradezu magischen Zauber umgeben ist – insbesondere, wenn man sie bei Sonnenuntergang und zu einer ruhigen Zeit besucht.

Weiter kann man entweder der D 24 bis Orgon folgen und dann im Bogen via N 7 und D 99 nach St. Rémy zurückkehren (ca. 20 km ab der Kapelle). ⇨ Aber es lohnt sich auch, von Eygalières dem Schild „Mas de la Brune" zu folgen, um auf der schmalen D 74A nur etwa 1 km nördlich des Ortes den **Jardin de l'Alchimiste** (1. Mai–1. Okt. Di.–So. 10–19 Uhr, Tel. 0490906767, contact@jardin-alchimiste.com, www.jardin-alchimiste.com; 6 €, Führungen 9 €, UTM: 31 T 656408 mE 4848312 mN, 43,77134°N 4,94339°O) zu erreichen – einen originell gestalteten Garten mit medizinischen Pflanzen, Steinen, Wasseranlagen und alchimistischen Symbolen, der durch seine Farben und Formen verzaubert – oder zumindest beruhigt und entspannt. Er gehört zum **Mas de Brune,** einem Gehöft aus dem 16. Jh, in dem heute ein einzigartiges Hotel mit zeitlosem Charme untergebracht ist (hat man erst einmal gelernt, Blei in Gold zu verwandeln, dann wird man dort auch ohne weiteres bei Zimmerpreisen von 340 Euro ein paar Tage entspannen können!).

2 km nördlich von Eygalières gelangt man auf die D 99, der man links biegend zurück nach St. Rémy folgen kann.

Entweder über eine der oben beschriebenen Routen durch die Alpilles oder auf der N 570 erreicht man (ca. 20 km von St. Rémy) Arles, Schatzkammer der Kulturgeschichte und das „Tor zur Camargue".

Picknickplatz

Einen schönen Picknickplatz mit Bach und Brücke findet man in stiller Natur westlich von Eygalières.
GPS: 31 T 654888 mE 4846741 mN; 43,75752°N 4,92406°O

Picknickplatz

Einen schönen Picknickplatz mit Bach und Brücke findet man in stiller Natur westlich von Eygalières.
UTM: 31 T 654888 mE 4846741 mN; 43,75752°N 4,92406°O

ARLES ★★★

Für viele ist die alte Stadt am Beginn des Rhone-Deltas das eigentliche Herz der Provence. Keine andere ist so reich an wertvollen Baudenkmälern, in keiner ist das römische Erbe so sehr gegenwärtig und keine hat den unaufdringlichen, heiter-melancholischen Charme dieser wahrhaft klassischen Provence-Stadt. Seit 1981 in die UNESCO-Liste des Weltkulturerbes aufgenommen, ist Arles ein Ort, den niemand versäumen wird, der die Provence hauptsächlich wegen ihres kulturellen Erbes besucht. Tatsächlich ist die Stadt der Künstler und des Lichts so reich an Baudenkmälern, dass Spötter sie gar als „Reliquienschrein der Provence" bezeichnet haben. Was nicht stimmt, denn Arles ist keineswegs ein Museum für Touristen, sondern eine durchaus sehr lebendige Stadt. In der römischen Arena finden auch heute wieder spektakuläre Veranstaltungen statt, altes Brauchtum und die wunderschönen arlesischen Trachten werden bei vielen Anlässen gepflegt und die zahlreichen Feste sind nicht etwa Touristenspektakel, sondern lebendige Tradition.

Wer eine Parkmöglichkeit gefunden oder sich auf einem der nahen Campingplätze einquartiert hat, der sollte sich wenigstens einen Tag Zeit nehmen, um einige der Kulturschätze von Arles kennenzulernen. Für einen Rundgang zu den Hauptattraktionen kann ein halber Tag reichen; wer hingegen auch einige Museen besuchen will, der sollte zwei Tage einplanen.

Vom empfohlenen Parkplatz (s. S. 167) verlässt man das Rhone-Ufer und gelangt durch die Rue Voltaire rasch zum **Amphitheater** ★★ (**Arènes;** Mai–Sept. 9–19 Uhr, Nov.–Feb. 10–17 Uhr, sonst 9–18 Uhr, 4 €, Kombiticket für alle Baudenkmäler und Museen der Stadt 13,50 €, Foto s. S. 140). Das 136 m lange Oval mit einer ca. 70 m langen Arena stammt aus dem 1. Jh. und fasste über 20.000

ℹ Information

Office de Tourisme: Esplanade Charles de Gaulle, 13200 Arles, Tel. 0490184129, ot-arles@visitprovence.com, www.tourisme.ville-arles.fr

▲ *Die Ruinen des römischen Theaters von Arles - von den Christen niedergebrannt und als Steinbruch ausgeplündert*

Max Frisch über die römische Arena

„Was ihre Arenen betrifft, verwundert mich am meisten, welche Riesenarbeit sich dieses Lebewesen macht, um sich zu unterhalten, um in seiner eroberten Muße nicht zu verzweifeln. Welche Bastion gegen die Langeweile! Und wie fleißig das gewölbt ist, wie unwitzig, wie massenhaft, wie römisch! … Eine unsägliche Arbeit, bis unser Lebewesen wenigstens für einige Stunden auf seine Rechnung kommt: zu sehen, wie einer den anderen in die Fresse haut …“
Max Frisch, „Tagebuch“

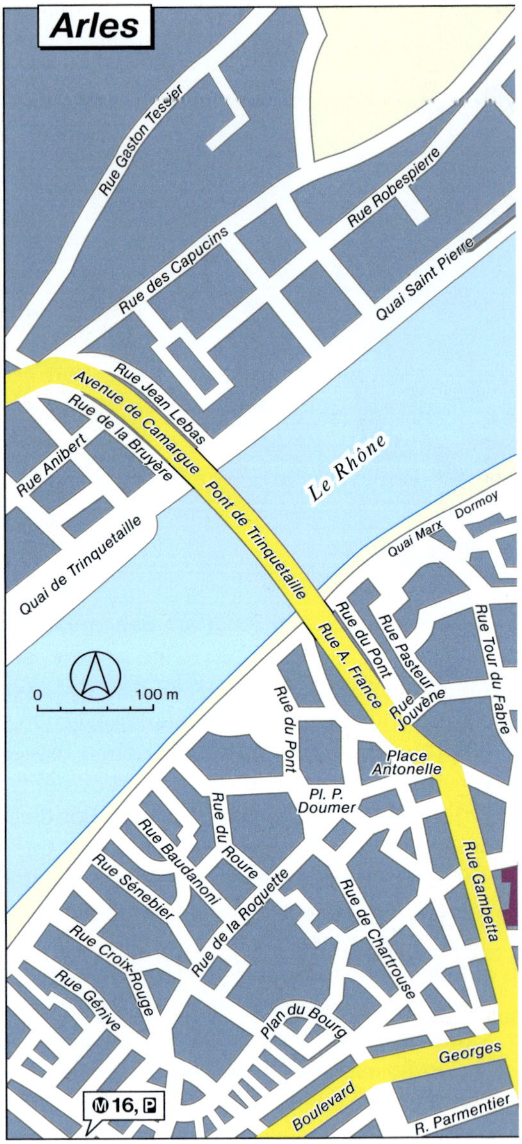

Zuschauer. Im Mittelalter nutzten die Bewohner den mächtigen Mauerring als schützende Befestigung und bauten ihre Häuser in die Arena hinein, sodass eine Stadt in der Stadt entstand. Erst im 19. Jh. wurde der heutige Zustand wieder hergestellt, wobei aus der Festungszeit nur die Wehrtürme erhalten blieben, von denen man einen schönen **Ausblick** * über die Dächer von Arles genießt.

Durch die Rue Port de Laure nach Süden sind es vom Amphitheater nur wenige Schritte bis zur zweiten römischen Hauptattraktion, dem **Théatre Antique** ** (Mai–Sept. 9–19 Uhr, Nov.–Feb. 10–12 und 14–17 Uhr, sonst 9–12 und 14–18 Uhr; 4 €, Kombiticket 13,50 €), das aus der Zeit kurz vor Christi Geburt stammt und Platz für rund 12.000 Zuschauer bot (während heutige Großstadt-Theater gerade einmal 2000–3000 Personen fassen). Der Schriftsteller *Maurras* soll das römische Theater von Arles als *„eine der schönsten Ruinen der Welt“* bezeichnet haben – aber sicher wäre es noch schöner, hätten es die Christen nicht im 5. Jh. als Stätte heidnisch-unsittlicher Schauspiele niedergebrannt und hernach als Steinbruch für Baumaterial genutzt.

Andererseits haben sie sich keineswegs geniert, Teile dieses so verruchten Sündenpfuhls in ihr Gotteshaus zu integrieren – in die berühmte romanische **Kathedrale St. Trophime** *, die heute zum Weltkulturerbe zählt und vor allem durch ihr überaus prachtvolles **Portal** ** fasziniert, neben dem der übrige Bau eher schlicht wirkt.

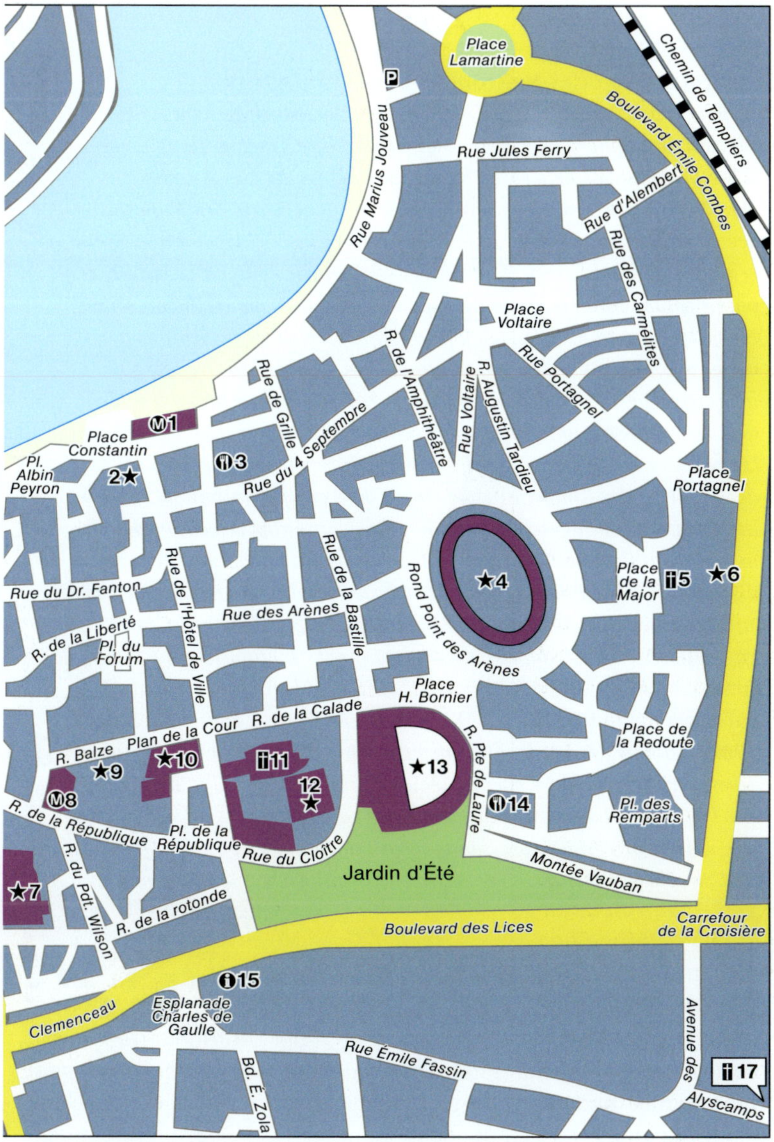

- Ⓜ 1 Musée Réattu
- ★ 2 Thermen des Konstantin
- 🍴 3 Restaurant L'Olivier
- ★ 4 Amphitheater (Arènes)
- ⛪ 5 Kirche Notre-Dame-de-la-Major
- ★ 6 Stadtmauer
- ★ 7 Espace van Gogh
- Ⓜ 8 Museon Arlaten
- ★ 9 Kryptoportiken des Forums
- ★ 10 Hôtel de Ville
- ⛪ 11 Kathedrale St-Trophime
- ★ 12 Kreuzgang von St-Trophime
- ★ 13 Antikes Theater
- 🍴 14 Restaurant Lou Caleù
- ℹ 15 Office de Tourisme
- Ⓜ 16 Musée de l'Arles Antique und antiker Zirkus
- ⛪ 17 Alyscamps und Kirche St-Honorat

Das dazugehörige **Kloster St Trophime** ** (Mai–Sept. 9–19 Uhr, Nov.–Feb. 10–12 und 14–17 Uhr, sonst 9–12 und 14–18 Uhr; 4 €, Kombiticket 13,50 €), im Übergang zwischen Romanik und Gotik erbaut, ist eines der berühmtesten und elegantesten der Provence. Um seine Atmosphäre genießen zu können, lohnt es sich, zu einer möglichst ruhigen Zeit zu kommen.

Einen etwas längeren – aber lohnenden – Fußweg (vom Kloster ca. 750 m nach Südosten via Bv. des Lices und Av. des Alyscamps) muss man in Kauf nehmen, um die **Alyscamps** ** (Mai–Sept. 9–19

Alyscamps, die Edel-Nekropole des Mittelalters

Schon zu gallisch-römischer Zeit pflegten die Bewohner von Arles (wie die Bewohner vieler römischer Städte) ihre Toten entlang einer Allee draußen vor den Toren beizusetzen. Dass die Via Aurelia vor den Pforten von Arles zur berühmtesten und begehrtesten Ruhestätte des Abendlandes aufstieg und als „Champs Elysées" legendären Ruhm erlangte, verdankt sie der Tatsache, dass hier der heilige Bischof St. Trophime seine (vorerst) letzte Ruhe fand – und dass man sich von seiner Nähe dereinst beim Jüngsten Gericht einen deutlichen „Strafnachlass" versprach. Der Ruhm dieser „himmlischen Gefilde" verbreitete sich im ganzen Land – und bald kamen die Toten von weit her, um in den Genuss eines so namhaften Fürsprechers zu gelangen. Um Kosten und lange Wege zu sparen – so heißt es – profitierte man dabei von der Lage der Stadt an der Rhone: In Holzsärgen oder auch in leeren Salzfässern ließ man die Dahingeschiedenen den Fluss hinuntertreiben, nachdem man ihnen (als Obolus für den Totengräber) ein Goldstück zwischen die Zähne gesteckt hatte. Zeitweise war der Andrang so stark, dass man entlang einer Strecke von zwei Kilometern die Sarkophage in mehreren Lagen übereinander stapeln musste, während die einfacheren Leute in endlosen Reihen dahinter beigesetzt wurden. Als man 1152 die Reliquien des St. Trophime in die Kathedrale überführte, kam die Nekropole allmählich aus der Mode. Die prachtvollsten Sarkophage wurden als Souvenirs verschenkt – oder als Baumaterial genutzt. Und im 19. Jh. fiel ein Teil der elysischen Gefilde dem Eisenbahnbau zum Opfer. Einige der schönsten noch erhaltenen Sarkophage sind heute im Musée d'Art Chrétien zu sehen – aber auch die Alyscamps sind noch einen Bummel wert.

Uhr, Nov.–Feb. 10–12 und 14–17 Uhr, sonst 9–12 und 14–18 Uhr; 4 €, Kombiticket 13,50 €) zu besuchen, über Jahrhunderte hinweg die gefragteste Begräbnisstätte des Christentums. Von den einstigen Dimensionen und der früheren Pracht ist zwar nur noch ein bescheidener Abglanz erhalten, dennoch lohnt sich ein Spaziergang durch die von Marmor-Sarkophagen und schattigen Alleebäumen gesäumte Straße der Vergangenheit, an deren Ende sich die Ruine der romanischen Kirche **St. Honorat** erhebt.

Neben all den baulichen und historischen Kostbarkeiten von Arles sollte man eine andere viel gepriesene Schönheit von Arles nicht übersehen: die Schönheit seiner Frauen. Setzen Sie sich in eines der lauschigen Straßencafés unter den Platanen des Boulevard des Lices und bewundern Sie bei einem Café noir die „Belles Arlésiennes". Oder kommen Sie zum **Grande Pegoulado provençale** bei dem jedes Jahr am 3. Juli mit großem Aufwand an traditionellen Trachten die schönste Arlésienne zur Königin gekürt wird.

Feste

Fête des Gardians am 1. Mai mit Umzug und Vorführungen der Camargue-Cowboys in der Arena

Feria Pascale, Stiertreiben, spanische Corrida und unblutige provenzalische Stierspiele am Osterwochenende

Pegoulado, Umzüge mit Trachten und Fackeln (Ende Juni/Anfang Juli) und Wahl der Königin von Arles

Reservierungen: Bureau des Arènes, Tel. 0490960370, www.arenes-arles.com (für Veranstaltungen im Amphitheater)

Essen

Sehr angenehm und bei heißem Wetter zudem schattig-kühl sitzt man im Innenhof des Jardin de Manon, 14 Av. Alyscamps, Tel. 0490933868; Mi. geschl., im Winter auch Do. und So.-Abend; sehr ordentliche regionale Küche mit frischen Zutaten und gutem Preisverhältnis.

Einkaufen

Die traditionellen Märkte von Arles (Mi. und Sa.) gehören zu den schönsten und beliebtesten der Provence.

Camping

Östlich der Stadt an der Straße nach St. Martin-de-Crau findet man zwei Plätze, die beide nicht begeistern, aber als Basis für Stadtbesichtigungen dienen können (von beiden fahren Busse der Linie 2 in die Innenstadt):

Camping City ★★, 67 Rt. de Crau, Tel. 0490930868, contact@camping-city.com, www.camping-city.com; März–Okt.; am nächsten beim Zentrum gelegen, schattig, mit Schwimmbad – aber zeitweise auch mit vielen Moskitos!

Camping Les Rosiers ★★, Pont de Crau, Tel. 0490960212, www.arles-camping-club.com, lesrosiers.arles@wanadoo.fr; 3 km südöstlich via N 543; Mitte März–Mitte Okt.; ruhig, schattig und besser gepflegt – aber auch mit Moskitos

Parken

Zahlreiche Parkplätze säumen den **Blvd. des Lices** und den **Blvd. Émile Combes** am Stadtring (Mi. und Sa. 0–15 Uhr wegen Markt gesperrt, sonst meist voll); bessere Chancen bietet der **Parking Ségonnaux,** gleich nördlich der Altstadt am Rhone-Ufer (nahe Bahnhof und Place Lamartine), dessen 2-m-Schranke bislang problemlos umfahrbar war (UTM: 06 31 419 mE 48 37 960 mN). Einen weiteren geeigneten Parkplatz gibt es südwestlich des Zentrums beim **Musée de l' Arles Antique,** via Avenue Jean Monnet.

090pr Abb.: rh

◀ *Auch das gehört zu einem Arles-Besuch: in einem netten Straßencafé die Stimmung genießen*

› Landkarte Seite 182

DIE CAMARGUE ★★★

Über 90.000 ha groß ist das von der Rhone angespülte Schwemmland aus Sand und Kies, das sich von Arles bis an die Küste zwischen den beiden Hauptarmen des großen Stroms erstreckt. Ihr höchster Punkt (abgesehen von den Salzhalden!) liegt etwa 4 m über dem Meeresspiegel – ihr tiefster sogar mehr als einen Meter darunter.

Die Küste der Camargue verändert sich ständig. Über 20 Millionen Kubikmeter Sand und Geröll schwemmt die Rhone alljährlich heran, sodass die Küste stellenweise bis zu 30 und 40 m pro Jahr ins Meer vorrückt. An anderen Stellen hingegen holt sich das Meer die verlorenen Flächen wieder zurück. Das Städtchen Les-Saintes-Maries-de-la-Mer zum Beispiel, das einst mehrere Kilometer von der Küste entfernt lag, hat heute einen Hafen und muss mit Deichen gegen die anbrandenden Wogen geschützt werden.

Für manche ist diese eigentümliche Landschaft aus Land und Wasser, Salz und Sonne eines der letzten großen Wildnisgebiete und das exotischste Naturparadies Europas – für andere ein ödes Sumpfland voller Reisäcker, Moskitos, Touristen und Autoknacker. Beides stimmt. Es sind die zwei Seiten einer Münze. Gewiss ist die Camargue längst keine ursprüngliche Wildnis mehr, sondern durch Dämme und Kanäle vom Menschen „gezähmt" und kontrolliert. Unbestreitbar ist, dass weite Teile der amphibischen Landschaft bereits zerstört sind. Von Norden her schieben sich monotone Reisfelder immer weiter vor, im Osten rauchen die Schlote der Industrieanlagen von Fos sur Mer, im Westen türmen sich die Ferienanlagen von La Grande Motte und im Süden hat sich Les-Saintes-Maries-de-la-Mer zu einem weiteren

▲ *In der Camargue leben halbwilde, weiße Pferde*

Zentrum des Massentourismus entwickelt, um das sich immer neue Gürtel von Ferienhäusern und Hotels legen. Und doch ist sie weder ganz verschwunden noch völlig zum Touristen-Spektakel degradiert. Nach wie vor findet man hier faszinierende und höchst eigenartige Landschaften. Nach wie vor sind die Sümpfe und ↗*Étangs* ein Paradies für zahlreiche, teils seltene Vogelarten. Und trotz Cowboy-Mythos für Touristen gehören schwarze Stiere, weiße Pferde sowie die Gardians und ihre harte Arbeit auch heute zum Alltag des Rhone-Deltas. Wie man die Camargue erlebt hängt ganz davon ab, wann und wie man dieses für Mitteleuropa einzigartige Sumpfland zwischen den Deltaarmen der Rhone besucht.

1970 wurde der **Parc Naturel Régional de la Camargue** *** geschaffen, um die letzten intakten Gebiete dieses einzigartigen Ökosystems zu erhalten. Kein leichtes Unterfangen, denn es gilt dabei, Landwirtschaft, Wassernutzung, Tourismus und Natur in Einklang zu bringen. Das allgemein zugängliche Schutzgebiet umfasst mit 86.000 ha praktisch die gesamte Fläche zwischen den beiden Flussarmen der Kleinen und der Grand (Großen) Rhône.

Innerhalb dieses Parks liegt die 13.000 ha umfassende **Réserve nationale de Camargue,** die das Kernland um den **Étang de Vaccarès** schützt und nur von befugten Biologen betreten werden darf. Aber auch in den Randzonen hat man gute Möglichkeiten, viele der rund 350 Vogelarten zu beobachten, die zu bestimmten Jahreszeiten in großen Schwärmen hier einfallen.

Ètang

(von lat. stagnum) Bezeichnet generell ein stehendes Gewässer von geringer Tiefe; die Étangs in der Camargue enthalten außerdem fast immer Brackwasser (eine Mischung aus Salz- und Süßwasser).

Information

Parc naturel régional, Centre d'Information du Parc, Pont-de-Gau, 13460 Les Stes.-Maries-de-la-Mer, Tel. 0490971082, 0490978632; www.parc-camargue.fr
Réserve Nationale, La Capelière, 13200 Arles,Tel. 0490970097; www.reserve-camargue.org
Musée Camarguais, Mas du Pont de Rousty, 13200 Arles, Tel. 0490971082

CAMARGUE-RUNDFAHRT

Entfernung: ca. 160 km ab/bis Arles
Dauer: ca. 1–2 Tage (mit Spaziergängen, Badepausen u. Ä. mindestens 2 Tage)

Verlässt man Arles auf der D 570 in Richtung Stes.-Maries-de-la-Mer nach Südwesten, so fährt man zunächst durch eher enttäuschende Landschaft mit Weiden, Äckern und Reisfeldern. Aber vielleicht bald schon sieht man die ersten weißen Camargue-Pferde, einen Silberreiher oder Flamingos und freut sich gespannt auf weitere Entdeckungen.

Eine hervorragende Gelegenheit, gleich zu Beginn eine gute Einführung in Natur und Leben im Rhone-Delta zu erhalten, bietet das **Musée Camarguais** * (ca. 9 km hinter Arles links; Juli–Aug. 9–18 Uhr, Okt.–März Mi.–Mo. 10–16 Uhr, sonst tägl. 9–17 Uhr; ca. 1 Std.; 4,50 €; Tel. 0490971082) im **Mas du Pont de Rousty,** einem ehemaligen Hof, in dem auch die Parkverwaltung ihren Sitz hat. Die sehr

Vogelbeobachtungen

Die Camargue ist nicht nur die Heimat weißer Pferde und schwarzer Stiere, sondern auch Rückzugsgebiet für Wildtiere wie Füchse, Wildschweine und Nutria (Sumpfbiber). Aber vor allem ist die amphibische Landschaft als Vogelparadies bekannt. Die wohl berühmtesten gefiederten Bewohner der Camargue, die Flamingos (Flamant rose), sind das ganze Jahr über anzutreffen – ebenso verschiedene Reiherarten. Bei den übrigen Spezies ist zu beachten, dass viele von ihnen Zugvögel und daher nicht jederzeit hier „zu Hause" sind. Den Winter hindurch (zwischen September und März) kann man vor allem Enten beobachten, die mit rund einem Dutzend Arten und Zehntausenden von Exemplaren vertreten sind. Besonders günstige Zeiten sind Frühjahr und Herbst, wenn zahlreiche Arten aus Mitteleuropa auf dem Durchzug hier Station machen. Im Sommer kann man u. a. Uferschnepfen und Stelzenläufer, Bienenfresser, Blauracken und Wiedehopfe beobachten.

- *Die beste Tageszeit für Beobachtungen sind der frühe Morgen (bis ca. 10 Uhr) und die Abenddämmerung.*
- *Geeignete Stellen sind die Parkplätze entlang dem Étang de Vaccarès, die Pfade von la Capelière und der Domaine de la Palissade, der Digue à la Mer und natürlich der Parc Ornithologique (Vogelpark) von Pont-de-Gau.*
- *Am besten lassen sich Vögel und Tiere vom geparkten Auto aus beobachten (da sie an Fahrzeuge gewöhnt sind) – oder von speziellen Beobachtungsposten.*
- *Ein gutes Fernglas ist für jede Beobachtung unerlässlich.*
- *Für Fotos braucht man ein Teleobjektiv von mindestens 300 mm (möglichst lichtstark) und auf jeden Fall ein Stativ.*
- *Vergessen Sie nicht, ein gutes Mückenmittel mitzunehmen, denn vor allem im Frühjahr und Herbst (Mitte Mai bis Mitte Juni und Sept./Okt.) können die geflügelten Blutsauger zur wahren Plage werden.*

gut und anschaulich gestalteten Ausstellungen über Entstehung, Geschichte und Kultur der Camargue sind mit einem europäischen Museumspreis ausgezeichnet worden. Sie zeigen u. a. Leben und Arbeit ihrer Bewohner ohne romantisch-folkloristische Verbrämung.

Wandern

Ein 3,5 km langer Fußpfad beginnt hinter dem Museum und führt durch die Weiden und Sümpfe des Hofes. Er bietet die seltene Gelegenheit, Landschaften und Kulturen eines typischen **Mas** der Camargue kennen zu lernen.

Autoknacker

Während der Saison kann man es in der Camargue kaum riskieren, das Fahrzeug auch nur für Minuten unbeaufsichtigt auf einem Parkplatz zu lassen, um ein Foto zu schießen!

Etwa 5 km weiter erreicht man **Albaron,** einen Weiler mit Festungsturm und Pumpstation, an der Petit Rhône. Kurz danach folgt links der Abzweig der D 37 zum **Étang de Vaccarès** (s. S. 173), auf den man gleich einbiegen kann, falls man nicht nach Stes.-Maries fahren will. Knapp 10 km von Albaron passiert man rechts der Straße das **Château d'Avignon** (Apr.–Okt. Mi.–Mo. 10–17 Uhr, stündliche Führungen, 4 €), eine mit 150 m Länge imposante aber nicht sonderlich interessante Schlossanlage aus dem 19. Jh. mit einem reizvollen botanischen Fußweg durch den großen Park. Auf der anderen Seite zweigt die Zufahrt zum Mas de la Cure mit dem **Maison du Cheval Camargue** (Mas de la Cur, Tel./Fax 0490977637) ab, eine Zuchtstation, die in Zusammenarbeit mit dem Park über die Camargue-Pferde informiert und einige Pfade durch verschiedene Biotope sowie Pferde- und Stierweiden bietet.

Rund 14 km nach Albaron zweigt links die Nebenstrecke D 85A nach Stes.-Maries ab. Geradeaus weiter auf der D 570 gelangt man etwa 4 km nach der Abzweigung zum **Centre d'Information de Ginès** (Apr.–Sept. 9–18 Uhr, sonst Sa.–Do. 9.30–17 Uhr; Eintritt frei, Tel. 0490978632), das zum Regionalpark gehört. Es informiert über Natur, Salinen und das Leben in der Camargue, bietet durch große Fenster Blicke auf den **Étang de Ginès** und seine Bewohner und macht auf die Empfindlichkeit seiner Ökosysteme aufmerksam. Besonders interessant ist der dazugehörende **Parc Ornithologique du Pont-de-Gau** * (April–Sept. 9 Uhr – sonst 10 Uhr – bis ca. 1 Std. vor Sonnenuntergang; 6,50 €, Tel. 0490978262, Fax 0490977477, parc.pont-de-gau@provnet.fr), der auf rund 60 ha mit Volieren und Freianlagen hervorragende Möglichkeiten bietet, die Vogelwelt der Sümpfe zu beobachten und mithilfe von Tafeln zu identifizieren. Im Sommer die Mittagszeit meiden, da es wenig Schatten gibt.

Das Camargue-Pferd

Die weißen halbwilden Pferde gehören unverzichtbar zum Bild der Camargue: Sie galoppieren durch das brackige Wasser der Sümpfe, über staubige Salzsteppen und dösen im Schatten der Tamariskensträucher. Die ersten Jahre ihres Lebens verbringen diese drahtigen, kleinen Pferde (Schulterhöhe nur 135–145 cm) tatsächlich in voller Freiheit wie echte Wildpferde – und verhalten sich ebenso vorsichtig und scheu – bis sie im Alter von etwa sechs Jahren eingefangen und zugeritten werden. Die zähen, trittsicheren Schimmel, die tagelang im Salzwasser stehen können ohne Schaden zu nehmen, sollen angeblich von den Przewalski-Wildpferden abstammen. Wie bei allen Schimmeln kommen ihre Fohlen schwarz oder braun zur Welt und werden erst mit fünf Jahren weiß. In der Hauptsaison sieht man dieses Symboltier der Camargue leider meist in langen Reihen gesattelt und angebunden in der Sonne stehen und auf Touristen warten.

Les Saintes-Maries-de-la-Mer

Etwa 4 km weiter und durch ein Spalier von imitierten Schilfdachhütten der Gardians und Mitleid erregenden Camargue-Pferden, die in der Hitze auf Reiter warten, erreicht man schließlich **Les Saintes-Maries-de-la-Mer** – sofern man nicht vom Rummel entsetzt bereits vorher kehrt macht. Das einst abgelegene Städtchen zwischen Sumpf und Meer ist heute – zumindest im Sommer – vor allem eines: ein rappelvoller **Badeort,** voller Souvenir-Shops, Restaurants und Menschenmassen.

Wer heute im Sommer den Trubel an den Stränden von Stes.-Maries erlebt, der wird sich kaum vorstellen können, dass der Ort vor hundert Jahren noch gar nicht am Meer lag. Doch zum Glück für den örtlichen Tourismus kam der Strand in diesem Fall zur Stadt. Das Meer fraß sich immer näher an den Ort heran. Und jetzt droht es gar, ihn anzuknabbern!

Information

Office de Tourisme:
5 Av. Van-Gogh, 13460 Les Stes.-Maries-de-la-Mer, Tel. 0490978255, www.saintesmaries.com, info@saintesmaries.com

› Landkarte Seite 182

▲ *So leer ist der Strand nur außerhalb der Saison*

Wer (weit!) außerhalb der Saison kommt oder gegen Gedränge unempfindlich ist, kann das **Musée Baroncelli** (Apr.–Sept. 10–12 und 14–18 Uhr, 2 €) mit recht faden Ausstellungen über Tiere und Menschen der Camargue besuchen oder die hübsche **Wehrkirche** besichtigen, bis in die **Krypta** mit den Reliquien vordringen (sofern er ganz sicher keine Platzangst hat!) und den sehr schönen **Ausblick von ihrem Dach** (53 Stufen!) genießen. Und wer sich im Gedränge gar wohl fühlt, der kann auch zu einer der **Wallfahrten** kommen (24./25. Mai zur Wallfahrt der Zigeuner mit der Statue der Sara oder Ende Oktober am Wochenende nächst dem 22. für die Wallfahrt der Marie Salomé). Außerdem hat Stes.-Maries zwei große Wohnmobil-Plätze, die – wiederum wenn einen das Dicht-an-dicht einer Wohnmobil-Stadt nicht stört – gut als Basis für Exkurse (z. B. auf den Digue à la Mer) dienen können oder auch für ein paar Tage Badeurlaub am Sandstrand – den man hier durchaus auch noch Ende September genießen kann.

Wohnmobil-Verbot

Für die Parkplätze entlang dem Strand gilt ein Wohnmobil-Verbot, sodass man entweder einen Platz in der strandnahen „Womo-Siedlung" ergattern oder mit dem Fahrrad pendeln muss.

Stellplatz

12 Aire Communale Saintes-Maries

UTM: 31 T 06 15 498 mE 48 12 392 mN
43,4555°N 4,4276°O

Eine wahre „Wohnmobil-Siedlung"; riesig, laut, ungemütlich, trost- und schattenlos. Nicht in Strandnähe. **Lage/Anfahrt:** Avenue d'Arles, am Ortseingang nach dem (nicht im!) ersten Kreisverkehr links; gute Teerstraße, beschildert und ohne Probleme; **Platzanzahl:** 100; **Untergrund:** Asphalt; **Ver-/Entsorgung:** Trinkwasser, Abwasser, Chemie-WC; **Sicherheit:** umzäunt, beleuchtet; **Preise:** 8 €/Fahrz./Tag, Ver-/Entsorgung inklusive (der Preis ist unabhängig von der Parkdauer, auch wenn man nur kurz parken will), während das Parken nachts kostenlos sein soll); **Max. Stand:** 48 Std.; **Geöffnet:** ganzjährig; **Kontakt:** Tel. 0490978005, Fax 0490977003.

13 Platz 2

UTM: 31 T 06 16 225 mE 48 12 169 mN
43,4534°N 4,4365°O

Einen zweiten etwas ähnlichen Platz mit 200 Stellplätzen – aber direkt hinter dem Strand! – findet man östlich von Stes.-Maries, wenn man durch den ganzen Ort bis ans Meer fährt und dann nach links (Osten) immer nahe dem Ufer entlang; ebenfalls 8 €/Tag; aber während der erste Platz meist offen ist und erst abends kassiert wird, bezahlt man auf dem zweiten gleich an der Schranke bei der Einfahrt. Dafür kann man dort ein Stück den Deich entlang weiterfahren.

Über beide Plätze hört man gelegentlich Beschwerden wegen Lärmbelästigung und unfreundlicher Kontrolleure.

Camping

La Brise ★★★, Rue Marcel-Carrière, Tel. 0490978467, labrise@laposte.net, 15. Nov.-15. Dez. geschl.; nahe dem Zentrum und dem Strand - aber riesige, schattenlose Anlage mit Pool und überwiegend jungem Publikum

14 **Le Clos du Rhône** ★★★★, Av. d'Aigues Mortes, Tel. 0490978599, leclos@laposte.net; zwischen Petit Rhône und Meer, ca. 2 km westlich via D 38; von Ostern bis Ende Okt. (für Juli/August schon im Winter reservieren!); etwas kleiner und familiärer aber auch teuer (ca. 25 €/Nacht mit Strom!); beheizter Pool

Le Clos Peyron, Route de Cacharel, Tel. 0490975631; einfacher, aber netter Platz, Camping auf dem Bauernhof, nördlich via D 85 A

Küstenschutz

Mehrere Pfade führen vom Deich zu Badestellen. Das Betreten der extrem empfindlichen Dünenlandschaft ist jedoch strikt untersagt!

Wandern

Ein interessanter und sehr lohnender Weg (der auch mit dem Mountainbike befahren werden kann) führt östlich von Stes.-Maries auf dem **Digue à la Mer** ★★ rund 12 km bis zum **Phare de la Gacholle** (Leuchtturm), Observatorium und Info-Stelle, Tel. 0490970097. Der Damm wurde 1857/58 zum Schutz der Küste gebaut und bietet eine der wenigen Möglichkeiten, zwischen Meer und Sümpfen ein Stück innerhalb der Kernzone zu wandern. Wer noch weiter gehen möchte, erreicht bald danach eine Piste, die nach Süden einem Deich folgt, der den **Étang de Galabert** vom **Étang de Fangassier** trennt. Hier liegt das Brutgebiet der Flamingos, auf dem sie ihre eigenartigen Hügelnester bauen und wo jedes Jahr Anfang Juni rund 8000 Küken schlüpfen. Zum Schutz der Vögel sind die meisten Wege gesperrt, aber vom **Observatorium** neben dem Parkplatz an der D 36C sind sie schön zu beobachten.

Étang de Vaccarès ★★

Von Stes.-Maries kann man alternativ zur Anfahrtstrecke der D 85A zurück nach Norden folgen, gelangt bei Pioch Badet wieder auf die D 570 und biegt bei Albaron rechts auf die D 37. Über eine weite Ebene mit vereinzelten Bäumen und isolierten Gehöften kommt man nach 15 km zum Weiler **Villeneuve** und biegt nach rechts auf die kleine Straße (C 134; Chemin de Fielouse) in Richtung „Étang de Vaccarès".

Nach einem kleinen Wäldchen erreicht der schmale Teerweg den von Schilf und Tamarisken gesäumten **Étang de Vaccarès** mit mehreren kleinen P Parkplätzen, schönen Ausblicken und Beobachtungspunkten, von denen aus man fast mit Sicherheit Flamingos, Silberreiher, Enten und andere Wasservögel sehen wird. Im Sommer kann es sowohl auf den Parkplätzen als auch auf der Straße sehr eng werden - aber außerhalb der Saison steht man dort herrlich ungestört und kann - direkt aus dem Wohnmobil-Fenster - beim Kaffee oder Picknick stundenlang dem Treiben auf dem Wasser zusehen, die einsame Schönheit der Landschaft genießen oder einen traumhaften Sonnenuntergang über dem Wasser erleben.

Der Étang de Vaccarès, von den Römern „Vaccarium Regio" (Gebiet der Kühe) genannt, umfasst eine weite Fläche von über 600 ha, ist aber mit einer maximalen Tiefe von 2 m sehr flach. Er ist durch den Digue à la Mer vom Mittelmeer abgetrennt und bildet zusammen mit dem südlich daran anschließenden Labyrinth aus Sumpfinseln und Wasser das streng geschützte Kernstück des Parks. Das brackige Flachwasser, dichtes Buschwerk und unzugängliche Inseln machen ihn zu einem Paradies für zahlreiche Vogelarten. Was dabei vielleicht überraschen mag: Man befindet sich hier immer noch auf dem Stadtgebiet von Arles, das vom Zentrum rund 30 km weit bis ans Meer reicht und den größten Teil der Camargue umfasst!

Knapp 5 km hinter der Abzweigung liegt links der Straße **La Capelière** *, das Infozentrum der **Réserve nationale de Camargue** (Apr.–Sept. Mo.–Sa. 9–13 und 14–18 Uhr, Okt.–März Mi.–Mo. 9–13 und 14–17 Uhr; Tel. 0490970097; 3 €) mit einigen Ausstellungen, vor allem aber mit wunderschönen Fußwegen (ca. 1,5 km) durch Dickicht und zu Teichen mit Beobachtungsstellen, die zu ruhigeren Zeiten gute Möglichkeiten zum Kennenlernen der Vogelwelt bieten (auch Eidechsen und Schlangen sieht man entlang der Pfade oft).

Etwa 7 km weiter und ca. 3 km nach dem Weiler Fiélouse gelangt man zur **Salin-de-Badon** *, einer ehemaligen Saline, die heute ebenfalls zur Réserve nationale gehört. Sie ist Ausgangspunkt sehr interessanter Fußwege mit Info-Tafeln und Observatorien durch ursprünglich erhaltene Landschaft mit besonders vielen Vogelarten. Diese Pfade dürfen nur zu bestimmten Tageszeiten (vor 10 Uhr oder nach 16 Uhr) und nur mit besonderer Genehmigung (erhältlich beim Infozentrum La Capelière, s. o.) betreten werden; die Besucherzahl ist auf max. 20/Tag begrenzt.

Engpass

Am Beginn des Deichs, über den man die illegale Hüttensiedlung Beaduc erreichen kann, gibt es für große Fahrzeuge nur begrenzte Wendemöglichkeiten.

3,5 km weiter erreicht man kurz nach einem scharfen Rechtsknick bei **Le Paradis** eine Abzweigung, bei der man der D 36C links nach Süden folgt. Geradeaus geht es noch einige Kilometer weiter bis zum Deich mit einem rauen unbefestigten Weg, der allenfalls für kleine und geländegängige Reisemobile befahrbar ist (im Sommer oft Stau und Probleme).

Stellplatz

15 Aire Communale de Salin de Giraud

UTM: 31 T 06 40 152 mE 48 08 061 mN
43,41234°N 4,73109°E

Ruhiger, kleiner Platz am Ortsrand, der natürlich von Lage und Ausblick her nicht mit dem Strandplatz von Piemanson (s. S. 177) konkurrieren kann. **Lage/Anfahrt:** Rue de la Bouvine; in Richtung Zentrum fahren und dann den Schildern folgen (einmal links, einmal rechts); problemlose Zufahrt; **Platzanzahl:** 5 Plätze mit Wasseranschluss (im Sommer); **Untergrund:** Schotterrasen; **Ver-/Entsorgung:** Trinkwasser, Chemie-WC, Mülltonnen, Entsorgungsstationen (Wasserspülung!); **Preise:** Übernachtung kostenlos, Wasser mit Jetons; **Max. Stand:** 1 Nacht; **Geöffnet:** April–Oktober (aber ganzjährig zugänglich; Entsorgungsmöglichkeit); **Kontakt:** Tel. 0442868212, Fax 0442488076, annexe-salin@ville-arles.fr. Idealer Platz, um am Strand von Piemanson (s. u.) Wasser zu bunkern und die WC-Kassette zu entleeren; Vorsicht: Moskitos!

Tanz der Flamingos

093pr Abb.: rh

Flamingos wird man auf einer Rundfahrt durch die Camargue fast mit Sicherheit sehen. Am schönsten sind sie im Flug, denn nur dann sind an den Flügeln die rosa Flecken zu erkennen. Sonst sind sie nahezu weiß. Tatsächlich ist dies ja die natürliche Färbung der „rosaroten Flammen", wie die Franzosen sie nennen. Nur in einigen Gegenden Afrikas ist ihr gesamtes Gefieder rosa getönt, weil sie sich dort von Kleintieren mit rötlichem Panzer ernähren. In unseren Zoos hilft man mit rotem Farbstoff als Futterzusatz nach, weil die Besucher nun mal rosafarbene Flamingos sehen wollen. Wenn Sie einer Gruppe zusehen, die im flachen Wasser der Étangs gelandet ist, so werden Sie sich vielleicht über die eigenartig tänzelnden Bewegungen dieser ungewöhnlichen Vögel wundern. Es ist kein Balzverhalten. Mit den „Tanz"-schritten wirbeln sie Kleingetier vom Grund des Wassers auf, das sie anschließend mit ihrem hochspezialisierten Seiherschnabel aus den Fluten filtern (ähnlich wie Wale mit ihren Barten den Krill).

Beauduc

Wer die eigenartige **Aussteigersiedlung** mit endlos langem Sandstrand, zwei kleinen Restaurants – aber ohne Strom und Wasser – besuchen will, der sollte besser zu Fuß gehen oder das Fahrrad nehmen. Besonders bei nassem Wetter ist die Piste sehr schwierig – und im Sommer ist sie oft verstopft! Viel besser ausgebaut und einfacher zu befahren ist der Zugang zum ebenfalls riesigen Sandstrand von Piemanson (s. S. 177)!

Salin-de-Giraud

Auf der D 36C und schließlich auf der D 36 erreicht man 8 km weiter das Städtchen **Salin-de-Giraud** nahe der Mündung der Grand Rhône. Die 1860 am Rand der Salzbecken gegründete Siedlung der Salinenarbeiter überrascht durch schnurgerade Straßen mit grünen Gärten und Reihen roter Ziegelhäuser, die so gar nicht in die Landschaft passen. Es ist die Wohnsiedlung für die größten Salinen Europas – und mit der für damalige Zeiten modernen Retortenstadt hat man Arbeiter aus ganz Europa in diesen abgelegenen Winkel gelockt. Neben Spaniern, Italienern und Türken lebten hier viele Griechen, an die noch eine kleine griechisch-orthodoxe Kirche erinnert.

Gleich außerhalb des Ortes ragen schon die weißen Salzberge in den Himmel, die aus der Nähe betrachtet allerdings nicht mehr gar so schneeweiß sind. Riesige Schaufelbagger, Planierraupen und Förderbänder türmen den Stoff, der einst die Frühstückseier würzen soll, zu gigantischen Bergen (den höchsten Erhebungen der Camargue!). Allerdings sind die jährlich „geernteten“ 800.000 Tonnen Meersalz nicht wirklich zum Würzen bestimmt, sondern dienen der chemischen Industrie für die Chlorgewinnung und zum Herstellen der berühmten Seifen von Marseille.

Salins du Midi

In Salin sollte man nicht kehrt machen, sondern auf der schmalen aber problemlos fahrbaren D 36D weiter nach Süden bis zum äußersten Zipfel der Camargue fahren (Beschilderung „Plage d'Arles“). Hier gelangt man in die **Salzfelder** der Salins du Midi: Bis zum Horizont erstreckt sich über eine Fläche von 11.000 ha das Labyrinth mosaikförmig angeordneter Becken, deren Wasser in verschiedensten rostroten Tönen schimmert. Nach ca. 2 km erreicht man einen Aussichtspunkt mit Blick auf die Salzberge *(camelles)* und Salinen (besonders schön bei Sonnenuntergang!). Im Sommer kann man von dort mit einem kleinen Zug eine Rundfahrt durch diese Mondlandschaft machen – im Schatten und ohne die Beine anzustrengen, aber zum stolzen Preis von 6 €! Info: Tel. 0442488187.

094pr Abb.: rh

Domaine de la Palissade **

Ein weiterer Stopp lohnt sich 9 km außerhalb von Salin bei der Domaine de la Palissade (Chemin des Allemands, Tel. 0442868128, Mitte Juni–Mitte Sept. täglich 9–18, sonst Mo.–Fr. 9–17 Uhr, 15. Nov.–28. Feb. Mo. und Di. geschl.; Tel. 0442868128; palissade@palissade.fr; 3 €), einem 700 ha großen Gebiet, das als einer der letzten Winkel der Camargue noch nicht durch Deiche gezähmt, sondern von ursprünglichen Sümpfen, Lagunen, Uferwäldern, Dünen und Salzsteppen bedeckt ist. Eine kleine **Ausstellung** mit Vögeln, Pflanzen und Aquarien gibt einen ersten Einblick; dann kann man auf verschiedenen Pfaden die Camargue und ihre Flora und Fauna so kennenlernen, wie sie früher einmal war: auf einem gut ausgebauten 1,5 km langen Lehrpfad und zwei weiteren Pfaden von 3 und 7,5 km Länge.

Von April bis Oktober werden im Schutzgebiet auch interessante **Ausritte** angeboten (entweder 1 Std. oder einen ganzen Tag und auf „echten“ Camargue-Pferden, nicht den traurigen „Touristen-Tieren“ an den Straßen), auf denen man sehr viel sehen und lernen kann.

095pr Abb.: rh

Der riesige Sandstrand von Piemanson ist einer der letzten Europas, auf dem man noch frei mit dem Wohnmobil stehen kann

Strand von Piemanson **

Weiter zieht sich das schmale Sträßchen auf dem Damm in Richtung Strand, mitten im Mosaik der Becken. Bei Mistral wird der weiße Salzschaum in dicken Flocken über die Fahrbahn getrieben. Links und rechts stelzen die Flamingos durch den Salzschlamm und dann steht man plötzlich auf einer riesigen Sandfläche: dem Strand von Piemanson (auch Plage d'Arles genannt). Eine Tafel weist darauf hin, dass hier 16 **„wildes Campen" ausdrücklich erlaubt ist!** (Ende 2007 war die Tafel nicht mehr da, vielleicht hatte sie aber auch nur ein Herbststurm mitgenommen.) Wo sonst in Europa findet man einen solchen Strand?! Ein „Geheimtipp" ist er allerdings nicht mehr. Heute drängen an manchen Sommerwochenenden buchstäblich Zehntausende an diesen Strand! Kommen Sie lieber im September!

Über den festen Sand kann man bis zum erträumten Stellplatz am Meer rollen – und einige Badetage genießen, wie sie an anderen Stränden Europas (und bald wohl überall) der Vergangenheit angehören. Welch grandiose Weite! Blickt man nicht gerade in nordöstlicher Richtung zum Horizont, wo sich hinter den Dünen die Schornsteine der Industrieanlagen von Fos-sur-Mer erheben, so kommt man sich auf dieser gigantischen Sandebene wie mitten in der Wüste vor. Im Sommer entsteht hier inzwischen eine mittlere Wohnmobil-Stadt – aber in der Vor- oder Nachsaison säumen meist nur vereinzelte Fahrzeuge und Wohnwagen den Rand der weit entfernten Dünen. Und wer die letzten Hüllen fallen lassen will, der findet dazu im östlichen Bereich Platz genug.

Untergrund

Der etwas dunklere Sand ist fest und kann problemlos befahren werden; aber hellere Stellen sollten Sie meiden wie der Teufel das Weihwasser!

Versorgungstipp

Der Strand ist hier (abgesehen vom Müll der Badegäste!) tatsächlich noch in weitgehend ursprünglichem Zustand – kein Restaurant, keine Toilette, keine Wasserversorgung (nur in der Hauptsaison zeitweise eine Imbissbude). Denken Sie daran, vorher Lebensmittel und Wasser zu bunkern, Abwasser und WC-Kassette zu entleeren (evtl. eine zweite mitnehmen), um für einige Tage in aller Ruhe stehen zu können.

Port-St.-Louis-du-Rhône

Für die Rückfahrt nach Arles kann man die D 36 wählen (ca. 30 km ab Salin-de-Giraud) und dabei das **Musée du Riz** besuchen (ca. 8 km nach Salin; wochentags 10–12 und 14–18 Uhr, Tel. 0490972029; 4 €), das – wie man wohl erwartet – über Geschichte und Methoden des Reisanbaus in der Camargue informiert.

Alternativ kann man mit der kostenpflichtigen **Fähre Bac de Bacarin** (von Salin-de-Giraud via D 35B den Schildern folgen; verkehrt alle 30 Min., 4 €) die Grand Rhône überqueren und ca. 2,5 km danach auf die D 35 biegen, um durch die Reisfelder der Grand Rhone nach Norden zu folgen. Nach Süden würde man rasch **Port-St.-Louis-du-Rhône** erreichen, das einen schönen Wohnmobilstellplatz etwas außerhalb des Orts mit Blick auf den Hafen besitzt.

Etwa 7 km südöstlich der Stadt gelangt man auf der kleinen D 36 D zum feinsandigen **Plage Napoléon,** den ich wegen seiner Nähe zu den Ölhäfen und Industrie-Anlagen nicht sehr verlockend finde.

Anschluss

Via N 268 (15 km) und N 568 (ca. 20 km) kann man über Fos-sur-Mer nach **Martigues** (s. S. 201) fahren, um an die **Route 5** anzuschließen. Die Fahrt dorthin ist aber eine wahre Gruselstrecke durch die flachen, öden, schauerlichen Industrielandschaften und Hafenanlagen rings um Fos!

Stellplatz

17 Aire Communale de Port St. Louis

UTM: 31 T 06 46 376 mE 48 05 000 mN
43,3836°N 4,8071°0

Schön gelegener, ruhiger Platz an der Klappbrücke mit Blick auf Hafentreiben und Schiffe. **Lage/Anfahrt:** Quai Bonnardel am Rhone-Ufer; auf der D 35 (Av. du Port) quer durch den Ort, beim Hafen rechts Richtung Office de Tourisme; **Platzanzahl:** ca. 10; **Ver-/Entsorgung:** Trinkwasser, Abwasser, Chemie-WC, kostenlose Jetons beim Office de Tourisme; **Preise:** kostenlos; **Max. Stand:** 2 Nächte; **Geöffnet:** ganzjährig; **Kontakt:** Tel. 0442869000, Fax 0442862131, ot.portstlouis@visitprovence.com. Fast immer hoffnungslos überlastet; zeitweise viele Moskitos! Wenige Meter weiter (andere Seite der Hubbrücke) gibt es links der Straße am Kanal einen unbefestigten Platz für Dutzende von Wohnmobilen (UTM: 31 T 64 65 68 mE 48 05 131 mN; 43,3847°N 4,8095°O)

Marais du Vigueirat

Fährt man die D 35 in Richtung Arles, so bietet sich die Möglichkeit, eine wenig bekannte und sehr ursprüngliche Sumpflandschaft der Camargue kennen zu lernen, die zwar außerhalb des Parks liegt, aber ebenfalls unter Schutz steht: die Marais du Vigueirat (Tel. 0490987091, marais-du-vigueirat@wanadoo.fr). Im Weiler Mas Thibert (bei der Abzweigung der D 24) folgt man den Schildern zunächst über eine kleine Teerstraße, dann knapp 3 km auf einem unbefestigten Weg (Achtung: Bodenwellen und dahinter „Wellblech"). Die 1000 ha große Sumpflandschaft bietet verschiedene Pfade (u.a. einen Lehrpfad für Kinder) und geführte Wanderungen zu Verstecken und Aussichtstürmen, von denen aus man hervorragend die sehr reiche Tier- und Vogelwelt beobachten kann. Wirklich lohnend!

Etwa 16 km weiter kommt man wieder nach Arles.

P *Marais du Vigueirat*

Der Besucherparkplatz liegt inmitten stiller, ursprünglicher Natur, bietet aber keinen Schatten. Parken über Nacht ist nicht ausdrücklich verboten – und zumindest außerhalb der Saison sicher kein Problem.
UTM: 43,53554°N 4,75191°O; 31 T 06 41 550 mE 48 21 779 mN; 8 m üNN

ABSTECHER NACH AIGUES-MORTES **

Auch wenn es ganz streng genommen nicht mehr in der Provence liegt, Aigues-Mortes gehört einfach zur Camargue und einen Abstecher dorthin wird man sich nicht entgehen lassen: von Stes.-Maries auf der breiten D 570 12 km nach Norden und dann nach links und 19 km auf der ebenfalls guten D 58. Oder aber in Stes.-Maries nach Westen an der Arena vorbei auf die D 38 an der Küste entlang und dann nach Norden der Petit Rhône folgend bis man auf die D 58 stößt (ca. 14 km). Alternativ kann man von der D 38 auch mit der Fähre (Bac Sauvage; kostenlos) über die Petit Rhône setzen und dann der noch schmaleren D 85 durch Reisfelder und am Rhone-Ufer entlang nach Norden bis zur D 58 folgen (ca. 7,5 km ab der Abzweigung; schmale Straße, aber gut fahrbar).

097pr Abb.: rh

▲ *Vom Wohnmobil-Stellplatz genießt man einen schönen Blick über den Hafen hinweg auf die mächtigen Stadtmauern*

Aigues-Mortes ist nicht nur eine hervorragend erhaltene mittelalterliche Stadt mitsamt vollständiger Stadtmauer (was schon ungewöhnlich genug wäre) – sondern zugleich eine am Reißbrett geplante Stadt mit rechtwinkligem Straßenmuster wie Manhattan! Ein Widerspruch? Nicht ganz. Aigues-Mortes („Tote Wasser") ist nicht historisch gewachsen (und hat daher auch nicht die verschachtelten Winkelgassen alter Städte), sondern wurde im 13. Jh. planmäßig angelegt, als *Ludwig IX., der Heilige,* zum Kreuzzug blies – aber dummerweise keinen Hafen am Mittelmeer besaß (die Provence gehörte ja noch nicht zu Frankreich!). Also erwarb er das billige, weil nutzlose Sumpfland nahe der Mündung der Petit Rhône, um Stadt und Hafen bauen zu lassen. Die Lage war strategisch günstig, doch hatte man die Rechnung ohne den Wirt (die Rhone!) gemacht. Der Hafen versandete rasch und wurde schließlich aufgegeben. Die Stadt in den Sümpfen verlor jegliche Bedeutung und versank in einen Dornröschenschlaf – der sie letztlich bis heute so hervorragend konserviert hat!

Bevor man aber ihre trutzig-abweisenden **Stadtmauern** erblickt, muss man den (vielleicht noch abweisenderen?) Sperrriegel der Vororte und Gewerbegebiete durchqueren. Aber umso reizvoller ist nachher der Bummel durch die Straßen und entlang der etwa 1,6 km langen und 11 m hohen Mauer mit ihren mächtigen Türmen. Besonders im Abendlicht bietet sich von Südwesten her ein fantastischer Blick auf die endlos lang erscheinende Bastion.

Lohnend ist neben dem **Stadtbummel** ** vor allem ein Besuch der **Festungsanlagen** * (Zugang vom Place Anatole-France bei der Port de la Gardette rechts; Mitte Mai–Mitte Sept. Di.–So. 10–19 Uhr, sonst 10–12.30 und 14–17 Uhr; 5,30 €, Tel. 0466536155, www.monuments-nationaux.fr) mit dem Festungsturm Tour de

Information

Office de Tourisme: Porte de la Gardette, 30220 Aigues-Mortes, Tel. 0466537300, info@ot-aiguesmortes.fr, www.ot-aiguesmortes.fr

Constance * (1240/49), hinter dessen 6 m dicken Mauern zeitweise die Hugenotten eingesperrt wurden. Von seiner 40 m hohen Spitze (die einst als Leuchtturm diente) genießt man einen weiten Ausblick über die Stadt und ihre Umgebung.

Feste

Fête de Saint-Louis (Fest des Heiligen Ludwig) letztes August-Wochenende mit mittelalterlichem Markt, Umzügen, Ritterturnier und nachgestellter Einschiffung zum Kreuzzug

Einkaufen

Domaines Listel, Quai de Jarras, Tel. 0466511700, www.listel.fr; Führungen und Weinprobe Apr.-Okt. 10-18 Uhr, sonst Mo.-Fr. 10-11.30 und 14-16.30 Uhr; seit über 100 Jahren traditioneller Produzent der berühmten Sandweine

Tipp

Um seine Kupplung zu schonen, kann man bei der Rückfahrt durch diese Straße nach links zur D 718 gelangen; sonst muss man vor der Brücke an einer sehr steilen Stelle anfahren.

Camping

Petite Camargue ****, D 62, Tel. 0466539898, Apr.-Sept., großer Platz mit Pool, im Sommer kostenloser Buszubringer zum Strand - aber happig teuer (38 € in der Hauptsaison!); Reservierung erforderlich.

Parken

Biegen Sie bei Ankunft vor dem Tor rechts und dann im Kreisverkehr bei der Tour de Constance gleich wieder rechts, um den Kanal zu überqueren. Dahinter dann gleich links und in die Rue du Port, der man folgt, bis man an ihrem Ende den sehr schön gelegenen Wohnmobil-Stellplatz erreicht. Oft sieht man auch vorher rechts am Square de la Ferme du Puits Neuf die Wohnmobile stehen.

Stellplatz

18 Station Municipale de Aigues-Mortes

UTM: 31 T 05 95 778 mE 48 24 393 mN
43,56635°N 4,18602°O

Wunderschön, ruhig und idyllisch am Kanal und Bootshafen gelegener Platz mit Blick auf die Stadtmauern. **Lage/Anfahrt:** vor dem Stadttor rechts und hinter dem Kreisverkehr über die Brücke; danach sofort links durch die Rue du Port bis zum Ende; problemlose Zufahrt; aber beim Verlassen Anfahren am steilen Berg (s. Tipp „Parken"); **Platzanzahl:** ca. 20; **Untergrund:** Schotter; **Ver-/Entsorgung:** Flot-bleu-Station (offensichtlich soll eine autom. Schranke errichtet werden); **Preise:** 7 €/Fahrz. (1.10.-14.3. 6 €), Kontrolleur kommt am Morgen (manchmal sehr früh und mit „militärischem Weckton") und Abend; 9-17 Uhr kostenloses Parken; **Max. Stand:** unbegrenzt; **Geöffnet:** ganzjährig

19 Intermarché Aigues-Mortes

UTM: 31 T 05 96 880 mE 48 25 716 mN
43,5781°N 4,1999°O

Kostenloser, aber gewiss nicht schön gelegener Parkplatz des Intermarché im Gewerbegebiet zwischen Straße und Müllcontainer. **Lage/Anfahrt:** von der D 46 kommend am Ortseingang nach dem großen Kreisverkehr am zweiten Kreisverkehr gleich rechts; kein Problem - (aber manchem wird es wichtiger sein, dass er schnell wieder weg kommt); **Platzanzahl:** ca. 4; **Untergrund:** Asphalt; **Sicherheit:** beleuchtet; **Preise:** kostenlos; **Max. Stand:** unbegrenzt; **Geöffnet:** ganzjährig

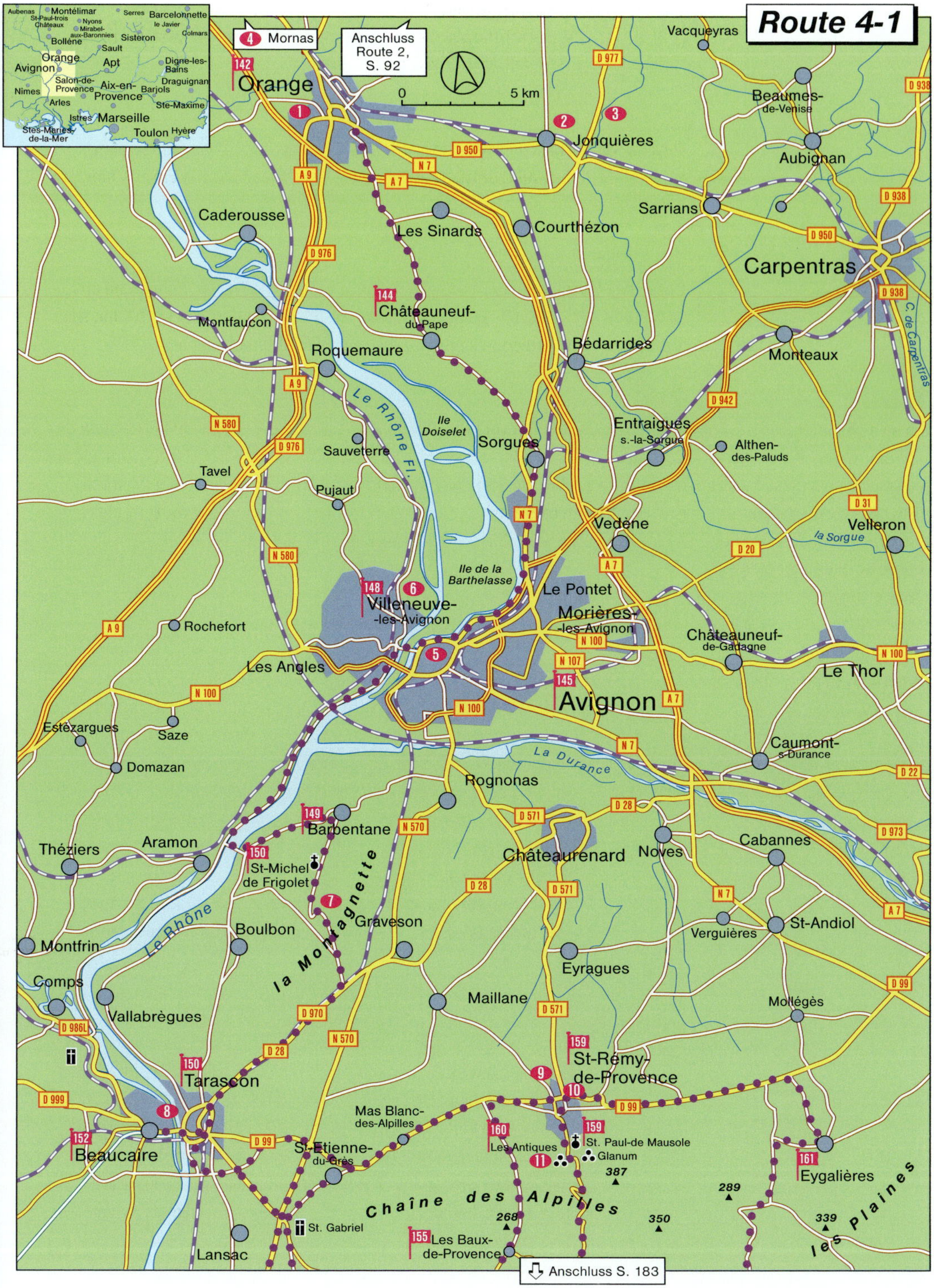

Route 4-1
Mornas
Anschluss Route 2, S. 92
0
5 km
Orange
Vacqueyras
Beaumes-de-Venise
Jonquières
Aubignan
Sarrians
Caderousse
Les Sinards
Courthézon
Carpentras
Châteauneuf-du-Pape
Montfaucon
Roquemaure
Bédarrides
Monteaux
C. de Carpentras
Le Rhône Fl.
Ile Doiselet
Sorgues
Entraigues s.-la-Sorgue
Althen-des-Paluds
Sauveterre
Tavel
Pujaut
Vedène
Velleron
la Sorgue
Ile de la Barthelasse
Villeneuve-les-Avignon
Le Pontet
Morières-les-Avignon
Rochefort
Châteauneuf-de-Gadagne
Les Angles
Le Thor
Avignon
Estézargues
Saze
Caumont-s-Durance
Domazan
La Durance
Rognonas
Barbentane
Châteaurenard
Noves
Cabannes
Théziers
Aramon
St-Michel de Frigolet
la Montagnette
Graveson
St-Andiol
Verguières
Boulbon
Montfrin
Le Rhône
Eyragues
Comps
Maillane
Mollégès
Vallabrègues
St-Rémy-de-Provence
Tarascon
Mas Blanc-des-Alpilles
Beaucaire
St-Etienne-du-Grès
Les Antiques
St. Paul-de Mausole
Glanum
Eygalières
Chaîne des Alpilles
les Plaines
St. Gabriel
Les Baux-de-Provence
Lansac
Anschluss S. 183

Route 4-2

Anschluss S. 181

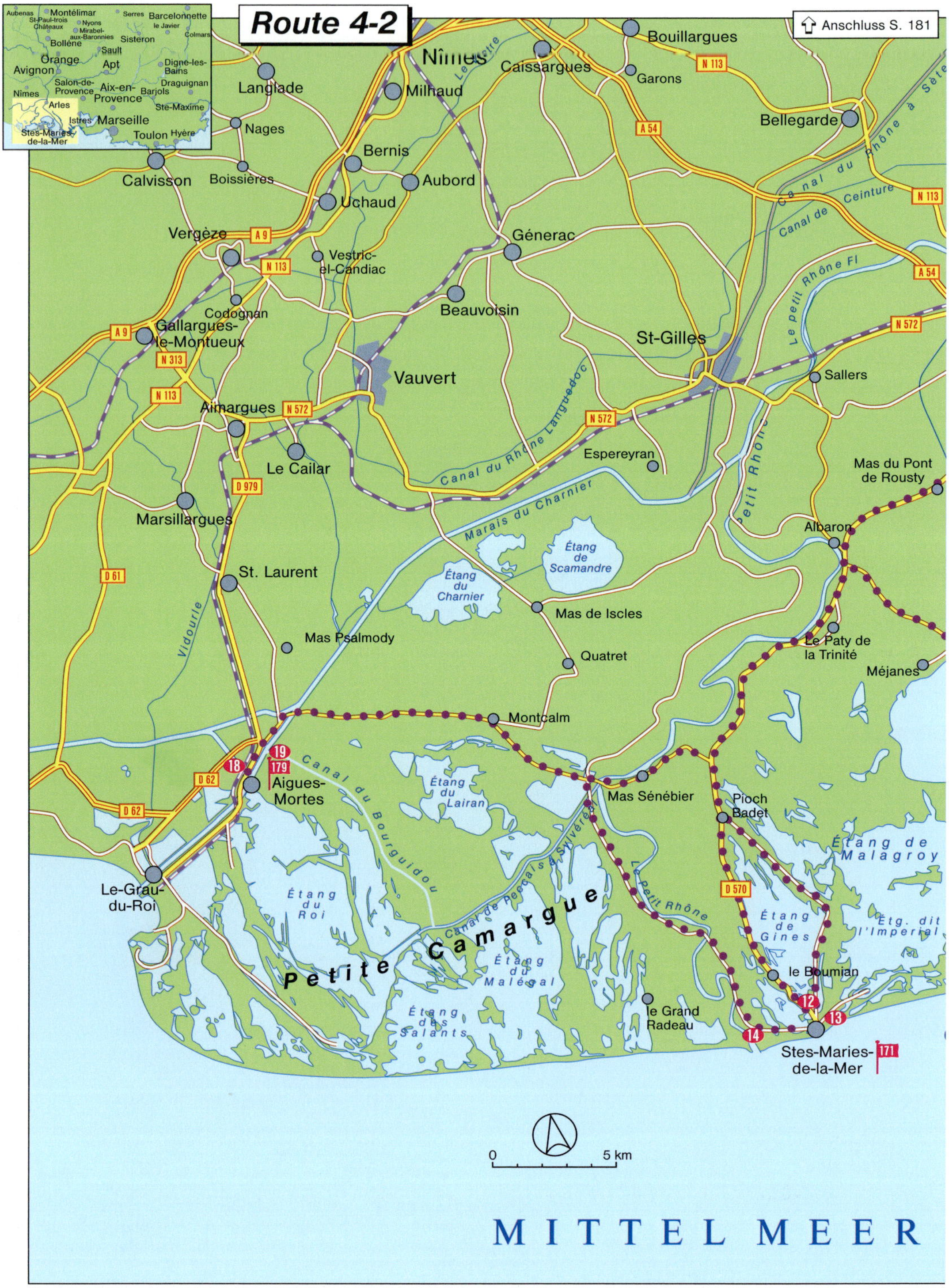

Route 4: Von Avignon zur Rhone-Mündung

Aix-en-Provence, das ist für viele der Traum. Es ist die Stadt, in der die meisten Franzosen am liebsten leben würden. „Wer hier geboren wurde, ist verloren. Nichts anderes gefällt ihm mehr!“ soll Cézanne ausgerufen haben.

Doch dabei hat er gewiss nicht nur die Stadt gemeint, sondern mehr noch ihre Umgebung – besonders die wahrhaft paradiesische Montagne Ste. Victoire, die gleich hinter den östlichen Vororten beginnt.

Aber auch im flacheren Land nach Westen gibt es Überraschungen und Entdeckungen: etwa im Vallée de l’Arc und rings um den Étang de Berre.

Ein wahrer Höhepunkt (wenngleich für größere Wohnmobile nicht ganz leicht zugänglich) sind die malerischen Küstenorte und Calanques entlang der Côte Bleue mit ihren engen Felsenbuchten.

106pr Abb.: rh

ROUTE 5

VON AIX-EN-PROVENCE ZUR CÔTE BLEUE:

› Landkarte Seite 186

Route 5
Anschluss Route 2, S. 102
Abbe de Silvacane
Les Plaines
272
293
Sénas
Mallemort
Charleval
La Roque-d'Anthéron
Bassin de St-Christophe
St. Estève-Janson
465
418
Canal de Marseille
Canal d'amenée
Grottes de Cales
Lamanon
Eyguières
Alleins
Cazan
Vernègues
Lambesc
Rognes
Chaîne de la
Canal de Craponne
Canal des Alpilles
La Jasse
Aurons
Salon-de-Provence
Pelissanne
Château de la Barben
St-Cannat
La Touloubre
Grans
Lancon-Provence
Eguilles
Coudoux
Ventabren
Aqueduc de Roquefavour
Miramas
Cornillon-Confoux
Miramas-le-Vieux
La Fare-les-Oliviers
Les Baïsses
Velaux
St-Chamas
Les Canaux Jumeaux
La Merindolle
Étang de l'Olivier
le Boucasson
Istres
Étang de Berre
Le Cros
Berre-l'Étang
Étang de Vaïne
Rognac
Chaîne de Vitrolles
Canal de Marseille
Magenta
Vitrolles
Aeroport de Marseille-Provence
Les-Pennes-Mirabeau
Étang de Lavalduc
St. Blaise
St-Mitre-les-Remparts
Fos-s-Mer
La Saladelle
Étang de l'Estomac
Étang de l'Engrenier
Étang du Pourra
Martigues
Marignane
Poseron
Pouane
Gignac-la-Nerthe
Chateauneuf-les-Martigues
Chaîne de l'Estaque
Le Rove
Port-de-Bouc
Les Ventrons
St-Julien
Ensuès-la-Redonne
Niolon
Golfe de Fos
Lauron
Carro
St-Croix
Sausset-les-Pins
Carry-le-Rouet
Rade de Marseille
N 7
A 7
D 509
N 538
D 17
N 113
A 54
D 69
D 569
D 572
D 10
D 5
N 569
D 543
A 8
D 65
D 20
N 113
D 21
D 9
D 47
A 55
N 544
N 588
N 568
D 9

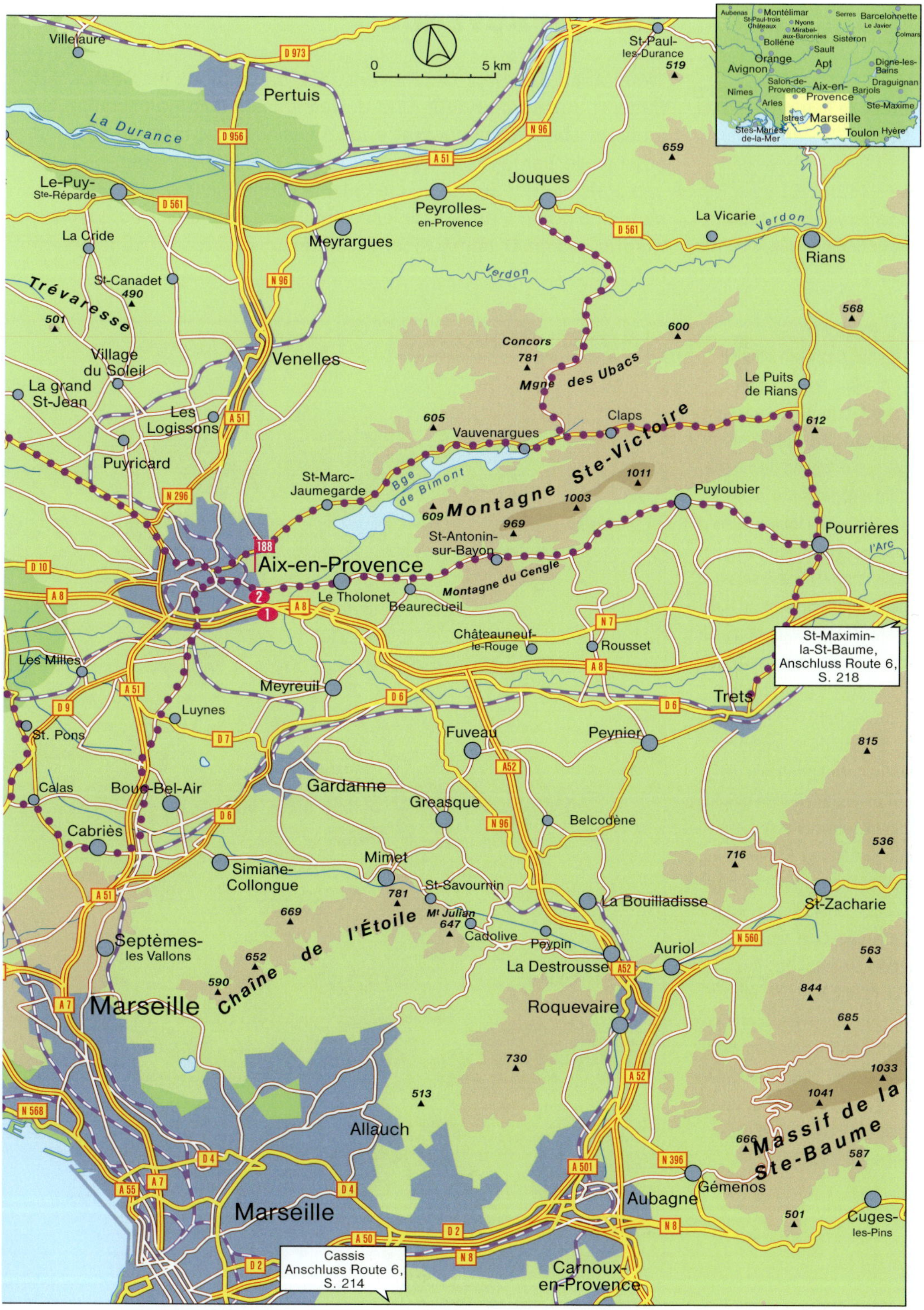

Villelaure
D 973
0 5 km
St-Paul-les-Durance
519
Pertuis
La Durance
D 956
N 96
A 51
659
Le-Puy-Ste-Réparde
D 561
Jouques
Peyrolles-en-Provence
La Cride
Meyrargues
D 561
La Vicarie
Verdon
Rians
St-Canadet
490
Trévaresse
Verdon
N 96
501
568
600
Concors
781
Village du Soleil
Venelles
Mgne des Ubacs
La grand St-Jean
Le Puits de Rians
Les Logissons
A 51
605
Claps
612
Vauvenargues
Montagne Ste-Victoire
Puyricard
St-Marc-Jaumegarde
Bge de Bimont
1011
N 296
Puyloubier
1003
609
Montagne
969
Pourrières
188
St-Antonin-sur-Bayon
l'Arc
D 10
Aix-en-Provence
Montagne du Cengle
A 8
2
1
Le Tholonet
A 8
Beaurecueil
N 7
Châteauneuf-le-Rouge
Rousset
St-Maximin-la-St-Baume, Anschluss Route 6, S. 218
Les Milles
A 8
Meyreuil
A 51
D 6
D 6
Trets
D 9
Luynes
St. Pons
D 7
Fuveau
Peynier
815
A52
Calas
Gardanne
Bouc-Bel-Air
Greasque
D 6
N 96
Belcodène
Cabriès
536
Mimet
716
Simiane-Collongue
A 51
St-Savournin
781
La Bouilladisse
St-Zacharie
669
Mt Julian
647
l'Étoile
Cadolive
N 560
Peypin
Septèmes-les Vallons
652
de
La Destrousse
Auriol
563
A52
590
Chaîne
844
A 7
Marseille
Roquevaire
685
730
A 52
1033
1041
513
N 568
Massif de la Ste-Baume
Allauch
666
D 4
587
A 501
N 396
A 55
A 7
D 4
Gémenos
Marseille
Aubagne
501
Cuges-les-Pins
A 50
D 2
N 8
Cassis Anschluss Route 6, S. 214
D 2
N 8
Carnoux-en-Provence
Aubenas
Montélimar
St-Paul-trois Châteaux
Nyons
Serres
Barcelonnette
Bollène
Mirabel-aux-Baronnies
Le Javier
Colmars
Sisteron
Sault
Orange
Avignon
Apt
Digne-les-Bains
Nîmes
Salon-de-Provence
Aix-en-Provence
Draguignan
Barjols
Arles
Ste-Maxime
Istres
Marseille
Stes-Maries-de-la-Mer
Toulon
Hyère

AIX-EN-PROVENCE ★★

Information

Office de Tourisme: 2 Pl. du Gen.-de-Gaulle (Rotonde), 13100 Aix-en-Provence, Tel. 0442161161, www.aixenprovencetourism.com, infos@aixenprovencetourism.com

Parken

„Ja, Aix, das wäre wirklich nett, wenn es nur einen Parkplatz hätt'!", mag mancher stöhnen. Reiseführer warnen dringend davor, mit dem eigenen Auto in die Innenstadt zu fahren (also erst recht nicht mit dem Wohnmobil!) – und selbst in den Randbezirken sind Parkplätze Mangelware. Stimmt! Ich habe (im Oktober!) gut eine Stunde lang gesucht – im Zentrum und in den Außenbezirken: vergebens! Wer als Wohnmobilist die Stadt kennen lernen möchte, der hat wirklich eigentlich nur zwei Möglichkeiten: Entweder er hat wirklich unverschämtes Glück – oder er quartiert sich auf einem der Campingplätze ein und nimmt den Bus! Die relativ besten Chancen hat man nach Auskunft des Office de Tourisme am Bahnhof – doch selbst wenn man dort einen freien Platz findet, besteht immer noch ein Sicherheitsrisiko!

Wenn Arles das Herz der Provence ist, dann ist Aix ihr Gemüt. Als Badeort, Künstler-, Kultur- und Universitätsstadt ist das sonnige Aix Inbegriff von Lebensqualität und „Savoir-vivre". Straßencafés und prachtvolle Barock-Fassaden, der grüne Tunnel der Platanen-Alleen und plätschernde Brunnen, die belebte Flaniermeile des Cours Mirabeau und bunte Märkte, Noblesse und Reichtum eines traditionellen Kurorts und die Dynamik einer Studentenstadt. Aix atmet Entspanntheit und Lebensfreude.

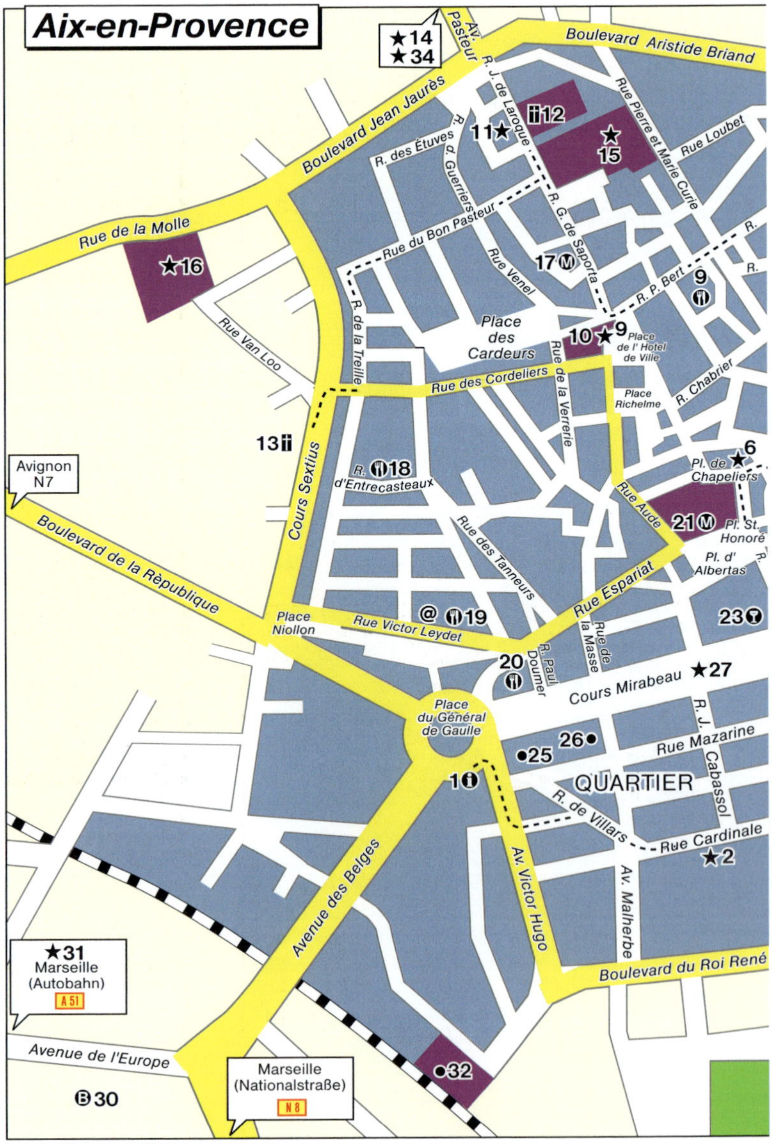

Was für viele Städte gilt, das gilt für Aix gleich doppelt: Um sie wirklich kennen zu lernen, reicht es nicht, ihre Sehenswürdigkeiten abzuklappern – wichtiger ist es, ihre Atmosphäre zu atmen, durch die Straßen zu bummeln und in den Cafés zu sitzen, um das Leben der Straßen zu beobachten; insbesondere entlang dem **Cours de Mirabeau** **. Das ist Aix – das ist die Provence, das Leben. Daneben und zwischendurch kann man natürlich auch einige ihrer Baudenkmäler besuchen. Etwa das romanische Cloitre St. Sauveur (tägl.

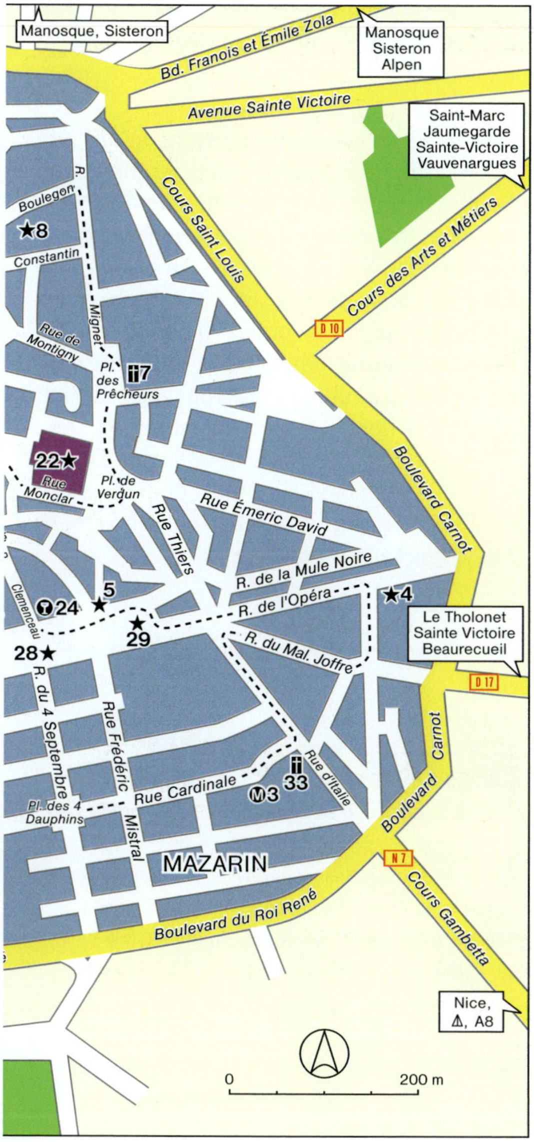

Cézanne-Rundgang: - - - - - -

- 1 Office de Tourisme
- ★ 2 Lycée Mignet
- 3 Musée Granet
- ★ 4 Geburtshaus Cézannes
- ★ 5 „Chapellerie Cézanne"
- ★ 6 Fontaine
- 7 Église de la Madeleine
- ★ 8 Haus, in dem Cézanne starb
- 9 Restaurant Chez Féraud
- ★ 10 Hôtel de Ville
- ★ 11 Ehemalige juristische Fakultät
- 12 Kathedrale St.-Saveur mit Kreuzgang und Baptisterium
- 13 Église St.-Jean-Batiste-du-Faubourg

Sonstiges:

- ★ 14 Atelier Cézanne
- ★ 15 Ehemaliger Erzbischofspalast und Musée des Tapisseries
- ★ 16 Pavillon Vendôme
- 17 Musée du Vieil Aix
- 18 Restaurant Le Petit Verdot
- 19 Restaurant L'Aixquis
- 20 Restaurant L'Amphitryon
- 21 Musée d'Histoire Naturelle
- ★ 22 Palais de Justice
- 23 Le Café Grillon
- 24 Bistro Les Deux Garçons
- • 25 Kino Cézanne
- • 26 Kino Mazarin
- ★ 27 Fontaine des Neuf-Canons
- ★ 28 Fontaine Mossue
- ★ 29 Fontaine du Roi René
- 30 Busbahnhof (= Gare routière)
- ★ 31 Espace Culturel und Bibliothèque Méjanes
- • 32 Bahnhof (= Gare S.N.C.F.)
- 33 Kirche St-Jean-de-Malte
- ★ 34 Oppidum Entremont

› Landkarte Seite 186

Calissons – die süße Verführung

Schon die Leckermäuler der Antike stellten aus Mandeln und kandierten Früchten eine Süßigkeit her, die in Griechenland kalistounia hieß und in Italien calisone. Ihren Siegeszug in Frankreich begann sie unter dem Namen „Calisson" 1473 in Aix-en-Provence. Die junge Braut des Königs Réné, so heißt es, sei erst damit zur Hochzeit verführt worden. Seinen großen Siegeszug feierte das zu je einem Drittel aus Mandeln, kandierten Melonen und Zucker gefertigte Konfekt mit seiner typischen „Schiffchenform" im 19. Jh. Und da Aix-en-Provence das weltbekannte Zentrum des Mandelanbaus ist, war und ist es auch bis heute die Stadt der Calissons.

Traditionelle Calissons-Hersteller:
Confiserie Léonard Parli, *35 Av. Victor Hugo, leonard-parli@wanadoo.fr, www.leonard-parli.com (Mo.–Fr. 8–19 Uhr, So. 9–12.30 Uhr)*
Confiserie Brémond, *16 Rue d'Italie, Tel. 0442380170 (Mo. und Sa. 9.30–12.30 und 14.30–19 Uhr, Di.–Fr. 8.30–19 Uhr*

9–12 und 14–18 Uhr, Nov.–Apr. 10–12 und 14.30–17.30 Uhr) und die Cathédrale de St. Sauveur *, den Place de l'Hôtel de Ville (Rathausplatz) mit seinem Tour de l'Horloge (Uhrturm) oder die Thermen des Sextius, die renoviert wurden und innerhalb der heutigen Badeanlagen zu besichtigen sind.

Außerhalb des Zentrums liegt das sehenswerte Museum der **Fondation Vaserély,** das von Gordes hierher verlegt wurde (Av. Marcel Pagnol; zu erreichen mit der Buslinie 4; täglich 10–13 und 14–18 Uhr, www.fondationvasarely.fr; 7 €).

Reizvoll ist auch ein Spaziergang auf den Spuren von *Paul Cézanne,* dem berühmtesten Sohn der Stadt. Das [i] Office de Tourisme hat eine Route *(Circuit Paul Cézanne)* zusammengestellt, auf der man die Orte besuchen kann, die auch der Meister einst frequentiert hat –und die ihn inspiriert haben. Zentraler Punkt ist natürlich das **Atelier Paul Cézanne** (9 Av. Paul Cézanne; nördl. der Altstadt und etwas östl. der D 14, via Av. Pasteur; Mi.–Mo. 10–12 und 14–18 Uhr, Okt.–März bis 17 Uhr; 5,50 €) – aber die Route führt über die Stadt hinaus und in die buchstäblich „malerischen" Montagnes Ste. Victoire.

Internet

Pl@net Web, 20 Rue Victor-Leydet; nördlich der Rotonde via Rue Espariat, dann links.

Camping

1 **Arc en Ciel ★★★★,** Pont des Trois-Sautets; 2 km südöstl. via A 8 Ausfahrt Trois-Sautets oder via N 7; Tel. 0442261428; Apr.–Sept.; schöner Platz in einer Parkanlage am Fuß der Berge mit Pool, Bach und Stadtbus-Haltestelle; nur die nahe Autobahn stört etwas.

2 **Chantecler ★★★,** Av. du Val-St.-André; 2 km südöstl. via A 8 Ausfahrt Val-Saint-André; Tel. 0442261298, www.airotel-chantecler.com; ganzjährig; großer schattiger Komfort-Platz mit Pool und ebenfalls guter Busverbindung ins Zentrum (Linie 3); im Sommer sollte man vorher reservieren!

Stellplatz

Einen Wohnmobil-Stellplatz hat Aix-en-Provence leider immer noch nicht zu bieten. Den nächstgelegenen findet man in dem kleinen Städtchen **Pélissane,** ca. 30 km nordwestl. via N 7 und D 572 (s. S. 196).

098pr Abb.: rh

RUNDFAHRT DURCH DIE MONTAGNE STE.-VICTOIRE ★★★

Entfernung: ab/bis Aix-en-Provence ca. 75 km
Dauer: etwa ½ bis 1 Tag

Das malerische Massiv der **Montagne Sainte Victoire,** das unmittelbar vor den Toren von Aix mit weißen Zacken tausend Meter hoch in den blauen Himmel ragt, gehört für mich zu den schönsten Landschaften der gesamten Provence. Und da bin ich sicher nicht der einzige. *Cézanne* hat diese Berge immer wieder und wieder durchstreift, um ihre Farben und Formen, ihre wechselnden Lichtstimmungen und ihren unfassbaren Zauber auf die Leinwand zu bannen. *Peter Handke* („Die Lehre der Sainte-Victoire") hat – magisch von ihnen angezogen – „beseligende Momente in der rauen Einsamkeit" dieser Kalkberge erlebt. Und schon die Saurier haben dort bevorzugt ihre Eier gelegt!

Man verlässt Aix auf der D 17 nach Osten in Richtung Le Tholonet und folgt dabei der so genannten „Route Paul Cézanne". Dies ist *nicht* der Straßenname, sondern eine thematische Bezeichnung für diese Strecke, die auch der Künstler immer wieder einschlug, um seine geliebten Berge zu besuchen und zu malen. Wer nicht sowieso von Aix her kommt, kann die Stadt umgehen und von der N 7 via D 46C oder D 64E nach Le Tholonet fahren. Die Straße schlängelt sich durch parkartige Pinienwälder, in denen sich die traumhaft gelegenen Wochenendhäuser wohlhabender Bewohner von Aix verbergen.

Le Tholonet, ein reizvoller kleiner Ort voller Wochenend-Atmosphäre, besitzt ein Schloss aus dem 17. Jh. (das man allerdings nicht besichtigen kann) und einige schöne, große, ruhige und schattige [P] Parkplätze (von denen man allerdings Wohnmobile mit allen Mitteln auszusperren versucht). Am Ortsende links erblickt man die **Cézanne**

Windmühle, – leider ohne Flügel – und etwa 2 km weiter passiert man neben zerfurchter roter Lehmerde einen großen und sehr schön unter Eichen und Pinien gelegenen **Park- und Picknickplatz** (UTM 31 T 07 04 250 mE, 48 21 834 mN; 43,5215 °N 5,5273 °O, links der Straße, unbefestigt, nicht ganz eben).

Dann windet sich die Straße höher hinauf, verlässt allmählich die Wälder und eröffnet immer noch schönere Blicke auf die weißen Zackengipfel, die wie der Rücken eines urweltlichen Monsters aus dem Grün aufragen.

Rund 3 km hinter Le Tholonet passiert man die Abzweigung nach **Beaurecueil,** zu einem kleinen Ort, von dem aus man einen der schönsten Blicke auf die Südflanke der Berge hat. Aber noch schöner ist es, wenn man noch etwa 4,5 km weiter fährt, vorbei am Ausflugsgebiet von **Roques-Hautes** und heraus aus den Wäldern, um droben kurz hinter der Abzweigung nach **St. Antonin** auf den Bergwiesen sein Wohnmobil schließlich auf einen der wunderschönen, ruhigen Plätze zu stellen (z. B. bei UTM 31 T 07 09 208 mE 48 21 867 mN; 43,5207 °N 5,5886 °O).

Dort kann man dann im Schatten einiger Büsche und in aller Gemütsruhe beim Kaffee oder Rotwein die wechselnden Lichtstimmungen auf den Felsen beobachten – vielleicht sogar bis zur *„Heure Cézanienne“,* der Cézanne-Stunde, zu der die untergehende Sonne die Landschaft in ein weiches, warmes Licht taucht.

In **St.-Antonin-sur-Bayon** befindet sich das Maison de la Sainte-Victoire (tägl. 10–18 Uhr; 4 €) mit Ausstellungen und einer Multimedia-Show über Flora, Fauna und Geschichte der Berge. Weiter informiert es über die Wiederaufforstung nach dem verheerenden Brand von 1989 und besitzt einige der in der Umgebung des Ortes gefundenen Saurier-Eier.

Weiter nach Osten folgt man der Kette auf einer flacheren Bergschulter und vorüber an einigen idyllisch gelegenen Gehöften zwischen Obstgärten und Weinbergen.

Man passiert den kleinen Ort **Puyloubier** mit seinen hübschen Fassaden und erreicht bald die Weinbaugebiete um **Pourrières.** Von dort kann man auf der D 23 und D 6E einen kurzen Abstecher von 8 km einfach hinunter nach **Trets** im Tal der Arc machen, das eine hübsche mittelalterliche Altstadt mit Stadtmauer, Schloss und Synagoge besitzt und einen schönen Blick auf die Ste. Victoire Berge bietet.

Die Rundstrecke folgt der D 23 nach Norden in Richtung Rians und schlängelt sich dabei etwa 7 km durch die östlichen Ausläufer der Berge, ehe man links auf die D 223 bzw. D 10 biegt und durch die traumhaften Wälder an der Nordseite des Massivs in Richtung Vauvenargues fährt – zunächst über eine trockene Plateau-Landschaft, dann durch den Col des Portes zwischen Felsen steil hinunter (15 %) in die wildromantischen **Gorges de l'Infernet** (wirklich schön, auch wenn sie nicht mit sonstigen „Gorges“ zu vergleichen sind).

Wandern

Eine Reihe schöner Wanderwege führen hinauf in die Felsen und zur Refuge Cézanne; darunter der GR 9, den man über einen Pfad kurz vor der Abzweigung nach Beaurecueil erreicht und der dem Kamm folgend bis nach Puyloubier führt.

Anschluss

via St. Maximinan zu Route 6

Abstecher

Kurz vor (östlich von) Vauvenargues zweigt nach Norden die schmale und besonders im ersten Teil sehr reizvolle D 11 ab, die sich durch eine enge Schlucht in die **Montagne des Ubacs** * hinaufführt und nach 17 km **Jouques** errreicht, von wo es via D 265 knapp 12 km in Richtung Osten bis nach **Rians.**

099pr Abb.: rh

◀ *Vauvenargues: Das Schloss, in dem einst Picasso residierte*

Vauvenargues ist ein hübsches kleines Städtchen, das man zunächst oberhalb passiert, um dann nach links auf der Einbahnstraße zurück durch den Ort zu fahren (nicht in der Hauptsaison). Am Ortsende findet man einen ruhigen [P] Parkplatz mit Blick auf das **Renaissance-Schloss,** das *Pablo Picasso* sich 1958 gekauft hat und in dessen Park er begraben liegt (nicht zu besichtigen).

Kurz darauf passiert man den Stausee **Barrage de Bimont** (keine Bademöglichkeit), ehe man durch den Vorort St. Marc Jaumegarde zurück nach Aix gelangt.

Wandern

Kurz hinter dem Ort, beim Hof Les Cabassols führt von einem kleinen Parkplatz links der Straße der GR 9 hinauf zum Gipfel **Croix de Provence** ** (945 m), der ringsum einen weiten Panoramablick bietet (hin und zurück gut 3 Std.).

RUNDFAHRT ZWISCHEN ÉTANG DE BERRE, ALPILLES UND LUBERON

Westlich und nördlich von Aix erstreckt sich ein weites, flaches Beckenland, heute durchzogen von Schnellstraßen, Autobahnen, Kanälen und TGV-Linien. Das Land selbst ist wenig spektakulär. Aber dazwischen verbirgt sich immer noch ländliche Idylle mit Parks und Bastides (den Herrenhäusern der Adeligen von Aix), mit römischen Ruinen – und den Überraschungen, auf die man in der Provence immer wieder so unerwartet stößt.

Man verlässt Aix via N 8 nach Süden in Richtung Marseille und fährt zunächst via Luynes durch wenig reizvolle Landschaft entlang der Autobahn. Nach etwa 10 km erreicht man westlich von Bouc-Bel-Air bei dem Weiler Croix-d'Or die **Jardins d'Albertas** (Mai–Okt. 15–19 Uhr; an Wochenenden und Feiertagen 14–18 Uhr; 3,50 €), eine Gartenanlage aus dem 18. Jh., die italienische und provenzalische Traditionen verbindet.

Entfernung:
ab/bis Aix: ca. 145 km
Dauer: mind. 1 Tag, bei vielen Besichtigungen besser 2 Tage

100pr Abb.: rh

▲ *Das Aqueduc de Roquefavour kopiert den römischen Pont du Gard*

Etwa 1,5 km weiter biegt man rechts auf die D 8 und fährt unter der Autobahn hindurch nach **Cabriès,** ein hübsches Provence-Dorf mit einem Schloss, das eine kleine archäologische Sammlung und das Edgar-Mélik-Museum beherbergt. Weiter über die D 8 gelangt man auf die D 543, biegt in Calas links auf die D 9B und dann wieder links auf die D 9.

Hinter dem Stausee **Réservoir du Réaltour** biegt man rechts auf die D 65D und folgt dem Kanal de Marseille durch die flache aber reizvollere Landschaft nach Norden. Hinter Mérindole biegt man links auf die D 65 und erreicht etwa 1 km weiter das **Aqueduc de Roquefavour** *, eine 1842–47 erbaute Anlage, mit deren Hilfe der Canal du Marseille das Tal des Arc überqueren konnte und zugleich (bis 1973!) die Hafenstadt mit Wasser versorgte. Ähnlichkeiten mit dem Pont du Gard sind sicherlich nicht zufällig – und wenn das drei Etagen und über 80 Bogen umfassende Monument auch die Grazie und die Bedeutung des antiken Vorbilds nicht ganz erreichen mag, so ist es mit 83 m Höhe und 375 m Länge nicht nur deutlich größer als dieser (49 m hoch und 275 m lang), sondern der größte Aquädukt der Welt.

Abkürzung

Wer sich für Gärten, Schlösser und den Maler Edgar Mélik nicht sonderlich interessiert, kann von Aix gleich über die D 64 (Route de Galice und Route de Roquefavour) zum Aquädukt gelangen (ca. 10 km).

Unter dem Aquädukt hindurch erreicht man nur 500 m weiter rechts die Abzweigung der D 64 hinauf nach **Ventabren** *, das mit seinen malerischen Gassen und der Ruine mit Ausblick auf den Étang de Berre eines der schönsten und ältesten Dörfer des Départements ist (wer allerdings ein Fahrzeug mit mehr als 3,30 m Gesamthöhe fährt, passt nicht unter die Eisenbahnbrücke und muss weiter bis zur D 64A oder D 10, um den Ort von Norden her zu erreichen).

Bei Ventabren gelangt man auf die gut ausgebaute D 10 und folgt ihr ca. 20 km nach Westen zum Nordufer des **Étang de Berre** (s. u. „Rundfahrt Étang de Berre“).

St.-Chamas *

Am Ortseingang von St.-Chamas (ca. 24 km von Ventabren) sollte man die **Pont Flavien** * nicht übersehen, eine römische Brücke aus dem frühen 1. Jh. mit zwei repräsentativ verzierten Torbogen an beiden Enden.

Auch der Ort selbst mit der reizvoll-ruhigen Atmosphäre seiner Altstadt und des Uferparks, seinem kleinen Aquädukt und seinen eigenartigen Felsenwohnungen in einem Sandsteinriegel, der sich quer durch den Ort zieht, seiner barocken Stadtkirche und den Resten der mittelalterlichen Stadtmauer ist durchaus einen Bummel wert - umso mehr als man hier ein Provence-Städtchen ohne Touristengedränge kennen lernen kann.

Information

Office de Tourisme: Grand Rue, 13122 Ventabren, Tel. 0442287647

Parken

Einen sehr schön und ruhig gelegenen Platz findet man am kleinen Bootshafen zwischen Ort, Park und Ufer (dort haben wir auch schon ungestört übernachtet).

Stellplatz

3 Weingut „Domaine de Lunard“

UTM: 31 T 06 65 757 mE 48 25 837 mN
43,5671°N 5,0526°O

13140 Miramas, Tel. 0490509344, dlunard@cario.fr; idyllischer, ruhiger Platz für 3–4 Fahrzeuge kurz vor dem Weingut rechts unter alten Bäumen (viele Pfaue!); Anfahrt (nicht beschildert!): von St.-Chamas auf der D 10 Richtung Miramas, dann rechts auf die D 16, wieder rechts auf die D 16B und hinter der Auberge des Cavaliers dann links einem schmalen Fahrweg folgen, der 2–3 km kurvig durch einen herrlichen Wald führt; Kellerbesichtigung und Weinproben Mi.–Sa. 9–12 und 15–19 Uhr

4 Weingut „Domaine de Suriane“

FRANCE PASSION

Auf der D 10 in Richtung La Fare-les-Oliviers, Einfahrt 30 m vor der Bahnbrücke; zwei Stellplätze mit Schatten, Wasser und Müllcontainer. (Diesen Platz kenne ich bislang leider noch nicht.)

Abstecher/Anschluss

Von St.-Chamas kann man zunächst eine Runde um den Étang de Berre (s. S. 199) und zur Côte Bleu ** (s. S. 202) einflechten.

Château de La Barben *

Von St.-Chamas folgt man der D 15 in Richtung Nordosten (Abstecher nach **Cornillon-Confoux** s. S. 199) bis man nach ca. 15 km auf die D 572 stößt. Anstatt gleich links nach Salon-de-Provence zu fahren, kann man dieser Straße zunächst rechts in Richtung Osten durch schöne Pinienwälder folgen; beim ersten Kreisverkehr geradeaus, beim zweiten rechts fahren und dann die nächste Abzweigung links, um das prachtvolle **Château de La Barben** (10–12 und 14–18 Uhr, 45-Min.-Führungen 7 €; Di. und im Jan. geschl.; Tel. 0490552541), das mit Türmen und Zinnen auf seinem Felsen idyllisch aus den grünen Wäldern emporragt und nicht nur prunkvolle Innenräume, sondern auch eine weite Aussicht bietet.

An der Zufahrt zum Schloss passiert man den **Zoo mit Safaripark** (10–18 Uhr, 9 €), der mit ca. 35 ha und über 600 Tieren zu den größten in Südfrankreich zählt.

Einen **Wohnmobil-Stellplatz** findet man in Pélissane 2,5 km westlich der Abzweigung zum Schloss via D 572A.

Parken und Picknick

Einen großen, sehr schön gelegenen und außer der Saison sehr ruhigen Parkplatz auf flachem, festem Wiesengrund mit Schotter findet man gegenüber vom Zoo an der Zufahrt zum Schloss La Barben (UTM: 31 T 06 77 945 mE 48 32 458 mN; 43,6238°N 5,2056°O).

Auch an der D 572 gibt es nahe der Abzweigung zum Schloss einen sehr schönen, großen und ruhigen Parkplatz unter Pinien; Erdgrund nicht ganz eben; kein Feuer!!! (UTM: 31 T 06 75 870 mE 48 32 575 mN, 43,6254°N 5,1799°O)

Stellplatz

5 *Aire Communale de Pélissane*

UTM: 31 T 06 73 731 mE 48 32 832 mN
43,6282°N 5,1535°0

Kommunaler Parkplatz in relativ ruhigem Außenbezirk am Stadion. **Lage/ Anfahrt:** beim Stade de la Provengue, von Osten kommend vor der Innenstadt links, dann zweite Straße rechts; beschildert; **Platzanzahl:** 4; **Untergrund:** Asphalt; **Ver-/Entsorgung:** Strom, Trinkwasser, Abwasser, Chemie-WC; **Preise:** kostenlos; **Max. Stand:** 36 Std.; **Geöffnet:** 1. März–31. Okt.; bei Frost kein Wasser; **Kontakt:** Tel. 0490551152, Fax 0490550085, E-Mail: mairie@pelissane.com; **Anmerkung:** Stellplatz und Parklätze sind häufig von „gens de voyage“ (Sinti/Roma) belegt und auch sonst muss man früh da sein, um einen zu ergattern.

Salon-de-Provence ★ – die Nostradamus-Stadt

Information

Office de Tourisme:
56 Cours Gimon, 13300 Salon-de-Provence,
Tel. 0490562760,
www.salon-de-provence.org

Der Name des hübschen Provence- (und Provinz-)Städtchens ist untrennbar mit dem des Arztes und Astrologen *Nostradamus* (bürgerlich: *Michel de Notre Dame*) verbunden, der zwar nicht hier geboren wurde, aber eingeheiratet hat und rund 20 Jahre in Salon lebte und wirkte. 450 Jahre danach sind seine Prophezeiungen noch ebenso gefragt und umstritten wie zu seinen Lebzeiten. Was allerdings auch *Nostradamus* nicht vorhersagen könnte: Wo gibt es einen freien Parkplatz?! Doch trotz Parkproblemen und nicht sehr einladender Außenbezirke – ein Rundgang durch die Innenstadt lohnt sich, denn man findet dort mehr als den Riesen-Nostradamus an der Fassade. Mit seinen Brunnen und Straßencafés, schattigen Boulevards und belebten Fußgängerzonen ist es eine Provence-Stadt wie man sie sich vorstellt – und dabei jung und lebendig wie Aix.

Neben einem Stadtbummel kann man sich das **Château de l'Emperi** (Juni–Sept. tägl. außer Di. 10–18 Uhr, sonst 10–12 und 14–18 Uhr;

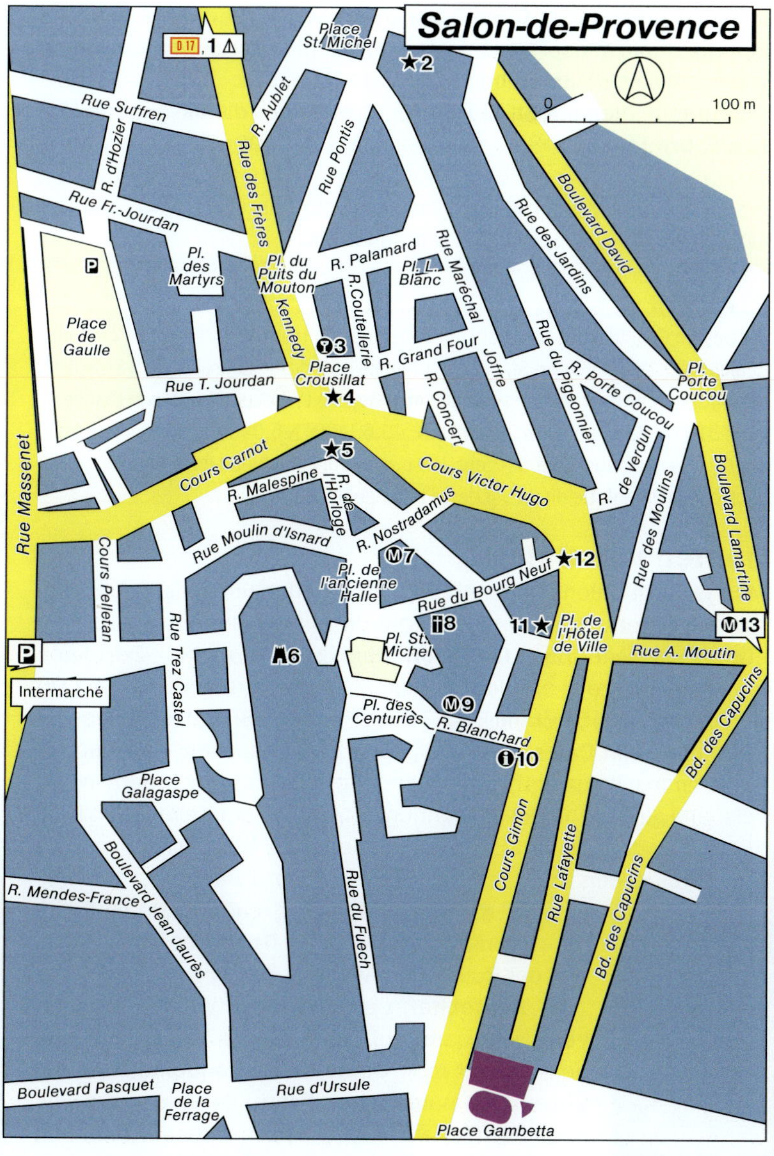

1 Camping Nostradamus
2 Collégiale St-Laurent
3 Café des Arts
4 Fontaine Moussue
5 Porte de l'Horloge
6 Château de l'Empéri, Musée de l'Empéri
7 Musée de Nostradamus
8 Kirche St-Michel
9 Musée Grévin
10 Office de Tourisme
11 Hôtel de Ville
12 Porte du Bourg Neuf
13 Musée de Salon et de la Crau

4 €; Tel. 0490562236) anschauen, eine mächtige Festung auf einem Felsen über der Altstadt, die eine riesige Militaria-Sammlung beherbergt, das **Musée Grévin** (Place des Centuries, 9–12 und 14–18 Uhr, Sa., So. nur 14–18 Uhr, 4,50 €), das mit Wachsfiguren die Geschichte der Provence darstellt, oder (natürlich!) das **Maison de Nostradamus** (Nostradamus-Haus, 11 rue Nostradamus; 9–12 und 14–18 Uhr; Tel. 0490566431; 4 €) mit nachgestellten Szenen aus seinem Leben.

Seit dem 15. Jh. ist Salon eines der wichtigsten Zentren der Erzeugung von Olivenöl der Provence – und im 19. Jh. wurde es für seine daraus hergestellten kostbaren Seifen berühmt. Ein mit blauen Pflas-

▼ *Nostradamus als Hausschmuck*

101pr Abb.: rh

tersteinen markierter **Circuit des Savonneries** führt zu verschiedenen Orten, die mit der Geschichte und Tradition der Seifenherstellung verknüpft sind (Faltblatt beim Office de Tourisme).

Eine sehr interessante Möglichkeit bietet auch die **Savonnerie Marius Fabre Jeune,** 148 Av. Paul-Bourret, Tel. 0490532477, www.marius-fabre.fr; Mo.-Fr. 9.30-11.30 und 14-17 Uhr (Fr. bis 16 Uhr), mit einem kleinen Museum, Sehr interessante Führungen Mo. und Do. 10.30-11 Uhr und Seifenverkauf ab Fabrik.

Einkaufen

Markt ist mittwochvormittags auf dem Place Morgan.

Camping

6 Camping Nostradamus ***, Route d'Eyguières (5 km nordwestlich der Stadt via D 17), Tel. 0490560836, März-Okt.; großer, teils schattiger Wiesenplatz entlang einem Kanal; Schwimmbad.

Parken

Die besten Chancen hat man wohl auf dem Place Morgan (südwestlich der Altstadt und nördlich des Cimetière St. Roch), sofern kein Markt ist; sonst auf dem Parkplatz des Intermarché (von Westen via D 16 von Osten via D 64A und Blv. Reine Jeanne, UTM: 31 T 06 68 672 mE 48 33 358 mN; 43,63409°N 5,09099°O), von dem man aber gut 1 km bis zum Zentrum geht. Die o. g. Savonnerie bietet ihren Besuchern auch einige Parkplätze direkt auf dem Firmengelände.

Höhlen von Cales ★

Man verlässt Salon auf der N 538 nach Norden und biegt nach 8 km beim Kreisverkehr nach Westen auf die D 17D (dritte Ausfahrt), die etwa 1 km weiter nach **Lamanon** führt (zweimal rechts). Dort kann man sein Fahrzeug auf dem Parkplatz bei der Kirche (UTM: 31 T 06 67 910 mE 48 407 66 mN; 43,70092°N 5,08386°O) abstellen, um die **Höhlen von Cales** (Juli/Aug. geschl.!) zu besuchen – ausnahmsweise einmal keine prähistorischen Steinzeit-Grotten, sondern in den Felshang gegrabene Höhlenwohnungen, die von der Keltenzeit bis ins 16. Jh. bewohnt waren. Ein blau markierter Wanderweg (ca. 1 ½ Std.) führt zu den verschiedenen Höhlen und zur Burgruine; ein zweiter, grün markierter Rundweg (ca. 2 ½ Std.) führt zu der malerischen Kapelle **St. Denis** aus dem 12. Jh. und der Ruine einer weiteren Kapelle.

102pr Abb.: rh

Abstecher: Ca. 6 km nach Westen bis **Eguyères** und dann auf der D 569 ca. 2 km nach Norden erblickt man **Castelas de Roquemartine,** ein Ensemble malerischer Festungsruinen, die wie ein Adlernest auf einem Felsen thronen und nicht nur nach Räubergeschichten aussehen, sondern tatsächlich Schlupfwinkel der Bande des berüchtigten *Raymond de Turenne* waren! Bislang konnte ich allerdings keine Zufahrt zu den Ruinen entdecken und weiß auch nicht, ob sie zu besichtigen sind.

Von Lamanon auf der D 17D nach Osten erreicht man via **Alleins** nach ca. 9,5 km die N 7, der man rechts nach Süden folgt. Nach 3 km rechts auf die D 22, von der 1 km weiter die Zufahrt zum Parkplatz von **Château-Bas** abzweigt. Dort kann man inmitten der Weinberge die Ruinen eines **römischen Tem-**

pels und der romanischen **Kapelle St. Césaire** bewundern (Eintritt frei; beim Weingut Château-Bas fragen, Tel. 0490591313, Parkplatz rechts der Einfahrt zum Weingut, UTM: 31 T 06 76 878 mE 48 39 112 mN, 43,68396° N 5,19453° O).

Auf der N 7 passiert man nach 9,5 km **Lambesc** mit einigen prachtvollen Herrenhäusern und einer imposanten Kirche, kommt nach 14 km durch **St.-Cannat** und erreicht nach 23,8 km den Kreisverkehr, in dem man links (erste Ausfahrt) auf die D 63 nach Osten biegt. 3,5 km weiter geht es rechts auf die D 14 und dann links auf den Weg zum Plateau d'Entremont, am Stadtrand von Aix, wo man die Überreste des **Oppidum d'Entremont** (Mi.–Mo. 9–12 und 14–18 Uhr, kostenlos) besichtigen kann. Fundstücke aus dieser einstigen Hauptstadt des keltischen Stammes der Saluvier sind im **Musée Granet** von Aix zu besichtigen (Place St. Jean-de-Malte, neben der Kirche Jean-de-Malte, Mi.–Mo. 10–12 und 14–18 Uhr, 2 €).

Abstecher/ Anschluss

An der Einmündung in die N 7 kann man ostwärts der D 561 nach **Roque d'Anthéron** und zum Kloster **Silvacane** folgen, wo man Anschluss an die Route 2, s. S. 102 hat.

FP-Stellplatz

3 km nördlich von Aurons; den Schildern „Petit Sonnailler“ und „Hostellerie de la Reynaude“ folgen; 3 Stellplätze, Wasserversorgung

RUNDFAHRT UM DEN ÉTANG DE BERRE

Étang de Berre *

Gesamtstrecke: ab/bis St.-Chamas ca. 110 km
Dauer: ca. 1 Tag

Mit einer Fläche von ca. 160 km² ist der Étang de Berre der größte See Südfrankreichs. Sein salzhaltiges Wasser hat nur eine Tiefe von etwa 5 m. Mehreren Zuflüssen, an deren Mündungen sich Sümpfe und Lagunen dehnen, steht nur eine schmale Verbindung zum Meer gegenüber. Touristisch ist er ein weißer Fleck – was nicht verwundert, steht sein Name doch für eines der größten Industriegebiete Frankreichs. Eingesäumt von gigantischen Erdölraffinerien, mehreren Militär- und Zivilflughäfen, den Hafen- und Industrieanlagen von Fos und dem Geflecht der Verkehrswege ist seine Attraktivität auf den ersten Blick gewiss sehr begrenzt. Tatsächlich jedoch kann man trotz aller Zerstörungen und manchmal in nächster Nachbarschaft zur Industriewüste auch einige ganz unerwartet schöne Überraschungen entdecken: malerische Dörfer, ursprüngliche Uferlandschaften, römische Bauwerke und provenzalischen Charme. Und vor allem: fast immer ganz ohne Touristengedränge! Für einen Badeurlaub indes ist der See kaum zu empfehlen, denn durch die hohe Umweltbelastung ist das Wasser so stark verschmutzt, dass die Fische für den Verzehr zu gifthaltig sind – sofern sie nicht sowieso in Massen der Vergiftung zum Opfer fallen. Die Werte sollen sich zwar bessern – doch für eine Entwarnung scheint es noch zu früh.

Cornillon-Confoux *

Von **St.-Chamas** * lohnt sich zunächst ein kurzer Abstecher (ca. 5,5 km) via D 15 und D 70A nach **Cornillon-Confoux.** Das kleine Bergdorf mit einem hübschen Rundweg bietet provenzalischen Charme ohne Touristenrummel und einige sehr schöne Ausblicke auf den See und die Ebene bis zum Ventoux und zum Luberon.

› Landkarte Seite 186

Miramas-le-Vieux

Weiter folgt man der D 70A nach Norden und dann der D 70 und der D 16 nach Südwesten (ca. 8 km) bis **Miramas-le-Vieux,** ein weiteres hübsches und überraschend ruhiges Städtchen mit einer gut erhaltenen Stadtmauer und einem Schloss aus dem 13. Jh.

Im Ort nimmt man die D 16 nach Süden, die rund 7 km entlang einer der schönsten Uferstrecken des Sees bis nach Istres führt. Im ersten Kreisverkehr gleich rechts (Route de St. Chamas) und dann nach knapp 300 m die übernächste wieder rechts (D 53, Rue des Oliviers) kann man zunächst eine kleine Rundfahrt um den **Étang de l'Olivier** einflechten, ehe man nach **Istres** hineinfährt.

Stellplätze

Siehe S. 195

Istres

Trotz seines schlechten Rufes hat der Ort eine hübsche provenzalische Altstadt und ein **Museum** (tägl. 14–18 Uhr, 1,50 €), das über Geschichte und Tierwelt der Region informiert.

Ausgrabungsgelände von St. Blaise

Für die Weiterfahrt folgt man zunächst der D 569 in Richtung Fos und biegt am Ortsausgang kurz nach dem Centre Commercial links auf die D 52. Nun am Ufer eines kleinen Sees entlang, 2 km danach geradeaus weiter auf die D 52A (Rt. de St. Blaise), die wenig später in die D 52 übergeht.

Zwischen dem Étang de Lavalduc und dem Étang de Citis führt die Straße zum Ausgrabungsgelände von St. Blaise (ca. 5,5 km von Istres; Apr.–Sept. Mi.–So. 9.30–12.30 und 13.30–17.30 Uhr, sonst nur bis 16.30 Uhr, letzter Einlass eine Stunde früher; kostenlos). Vom Parkplatz führt ein Fußweg zu den Ausgrabungen, die mit einem kelto-ligurischen ↗Oppidum aus dem 7. Jh. v. Chr. beginnen und weiterhin eine griechische sowie eine frühchristliche und mittelalterliche Siedlung umfassen. Auf dem Hügel steht die schöne romanische Kapelle St. Blaise, nach der das Gelände benannt ist.

Oppidum

(lateinisch) – bezeichnet eine durch Ringwälle befestigte Siedlung der Kelten, die bereits Jahrhunderte vor unserer Zeitrechnung in vielen Teilen Europas verbreitet waren und die ältesten Stadtsiedlungen nördlich der Alpen sind. In diesen ausgedehnten Anlagen lebten Bauern, Handwerker und Händler; einige Siedlungen waren zugleich Sitz eines Stammesfürsten.

St. Mitre-les-Remparts

Weiter entlang der D 51 und beim Kreisverkehr über die D 5 erreicht man St. Mitre-les-Remparts, das die letzten Bewohner von St. Blaise gegründet haben, nachdem ihre Stadt 1390 zerstört worden war. Ihre Befestigungen aus dem 15. Jh. sind noch erhalten und schaffen somit die direkte Fortsetzung zu den Ausgrabungen.

Martigues *

Weiter auf der D 5 nach Süden gelangt man wieder zum Étang de Berre und nach ca. 7,5 km in das Städtchen Martigues. Der als „provenzalisches Venedig“ gepriesene einstige Fischerort zwischen Étang de Berre und dem Meer ist einen kleinen Bummel allemal wert. Auch wenn das schwärmerische Etikett sicher übertreibt, der **Miroir aux**

Oiseaux * („Spiegel für die Vögel“) mit kleinen Booten und bunten provenzalischen Fassaden hat seinen ganz eigenen Reiz!

Information

Office de Tourisme: 2 Quai Paul-Doumer, 13500 Martigues, Tel. 0442423110

Parken

Gute gebührenpflichtige Parkmöglichkeiten findet man kurz vor dem Zentrum links in Richtung Ufer.

Essen

Le Miroir aux Oiseaux, 4 Rue Marcel-Galdy, im Herzen der Altstadt auf der Insel nahe der Église de la Madeleine, Tel. 0442805045; mit einer sonnigen Terrasse am Kanal, mehrfach ausgezeichneter Küche und vernünftigen Preisen (Menüs zu ca. 15, 20 und 30 €; hier kann man ↗Poutargue kosten!)

103pr Abb.: rh

Poutargue – der Kaviar von Martigues

Poutargue, die traditionelle Spezialität von Martigues gibt es nur hier und nirgendwo sonst. Und es sind nur noch zwei oder drei Fischer, die sie herstellen. Dazu wird ein riesiges Netz quer über den ganzen Kanal Galiffet gespannt, in dem dann alle Fischeier hängen bleiben, die von der Strömung durch den Kanal zwischen Meer und Étang gespült werden. Sie werden gereinigt und tüchtig gesalzen, mehrere Tage zwischen schweren Steinen gepresst und dann an der Luft getrocknet. Man isst sie als Vorspeise auf einem Stück Landbrot. Aber in geringen Mengen – denn das Kilo kostet über 150 Euro!

Marignane

Ab Martigues folgt man zunächst durch ein wenig einladendes Labyrinth von Verkehrsadern und Raffinerie-Anlagen der N 568, die zwischen dem Étang und der **Chaîne de l'Estaque** * nach Osten führt, und biegt dann auf die D 9 nach Nordosten via **Marignane,** das ein Schloss besitzt sowie das interessante kleine Musée des Arts et Traditions popularies (Di. und Sa. 9–11 Uhr, Mi. 14–16 Uhr), das über Fischerei, Jagd und das traditionelle Leben rings um den Étang informiert.

Vitrolles

Weiter fährt man auf der D 9 am Flughafen Marseille-Provence entlang und biegt dann im Verkehrsknoten östlich des Gewerbegebietes La Bastide Blanche nach Norden auf die D 55F (Avenue de Marseille) und östlich an der Altstadt von Vitrolles entlang.

Auf dem Parkplatz vor dem Friedhof kann man sein Fahrzeug abstellen und die Treppen zum **Rocher de Vitrolles** hinaufsteigen, um den ganzen Kontrast des Ortes und des gesamten Étang de Berre zu erleben: den Panoramablick auf die glitzernde Fläche des Salzsees, aber auch auf die Schlote der Raffinerien, auf endlose Industrieviertel und über die öden Hochhaussiedlungen der Neustadt von Vitrolles, die mit ihren Fabriken, Wohnsilos, Schnellrestaurants, Supermärkten und von breiten Straßen zerschnitten zum Synonym für

Variante

Route entlang der **Côte Bleue** ** s. S. 202

Parkplatz

Etwa 4 km östlich von St. Chamas befindet sich an der D 10 ein großer Parkplatz oberhalb des Sees.

Landschaftszerstörung und die Fehler moderner Stadtplanung wurde. Diese anonyme und seelenlose Landschaft bildet einen krassen Gegensatz zum alten Vitrolles mit seinem Hügel, seinen Festungsanlagen und dem Sarazenen-Turm aus dem 11. Jh.

Weiter geht es auf der N 113 an der Raffinerie von Berre-l'Étang vorbei, bis man nach ca. 12 km auf die D 10 stößt, der man nach Westen folgt. Knapp 3 km weiter biegt rechts die D 21 ab, der man ca. 1,7 km weit folgen kann bis zu einem ungeteerten Weg, der nach links zu einer Erddeponie führt. Dort kann man sein Fahrzeug abstellen und einen hübschen Spaziergang (ca. 15 Min.) hinauf zum **Aussichtspunkt von Lançon** * machen.

Stellplatz
Domaine de Suriane, s. Seite 195

Weiter über die D 10 nach Westen trifft man 10 km nach der Abzweigung der D 21 wieder in St.-Chamas (s. S. 195) ein.

RUNDFAHRT AN DER CÔTE BLEUE **

Entfernung: ab/bis Martigues ca. 65 km
Dauer: ½ Tag; mit Kaffee- und Badepause leicht auch ein ganzer Tag

Die Côte Bleue **

Von der überraschend ursprünglichen und reizvollen Bergkette **Chaîne de l'Estanque** * gegen den Étang de Berre und seine Industriegebiete abgeriegelt erstreckt sich zwischen Fos und Marseille über ca. 25 km die wunderschöne Côte Bleue mit ihren traumhaften Buchten, die kobaltblau und saphirgrün zwischen den weißen Felsen hervorleuchten. Hinter trockenen Karstkämmen und teils in steilen, schwer zugänglichen ↗**Calanques** verborgen ist sie bisher von ausländischen Touristen noch kaum entdeckt – und hauptsächlich Naherholungsgebiet der Bewohner von Marseille. Die Zufahrt zu einigen der in sehr steilen und eng eingeschnittenen Calanques gelegenen Fischer- und Badeorte ist allerdings für größere Wohnmobile schwierig oder ungeeignet. Stellen Sie – zumindest in der Hauptsaison – das Fahrzeug lieber oben ab und gehen Sie zu Fuß hinunter.

Engpässe

Am Ende manch enger Serpentinenstraße in den Calanques östlich von Carry-le-Rouet gibt es praktisch keine Wendemöglichkeit!

Die Calanques

an der Felsenküste östlich und westlich von Marseille sind fjordartige, enge Buchten und Kanäle zwischen steil aufragenden weißen Kalkfelsen – urprünglich Flusstäler, die durch den Anstieg des Meeresspiegels unter Wasser gerieten (s. Exkurs S. 214)

Tipp

Wer ein zu großes Wohnmobil fährt (oder eine Schwäche für nette kleine Bähnchen hat!), der kann die Côte Bleue auch mit dem kleinen **Bummelzug** * entdecken, der auf einer sehr reizvollen bis atemberaubenden Trasse zwischen Felsen und Meer von Marseille bis nach Fos die Küste und Calanques erschließt.

Für die Rundfahrt verlässt man **Martigues** auf der D 49E (wer auf der Autobahn von Westen kommt, nimmt die Ausfahrt 12 und hält sich dann immer links) entlang dem Südufer des Kanals nach Westen und biegt im zweiten Kreisverkehr (kurz vor der Autobahnbrücke) auf die D 9 nach Südosten (dritte Ausfahrt). Das Straßengeflecht in dieser

Gegend ist etwas verwirrend! Rund 800 m weiter biegt man bei der ersten richtigen Kreuzung rechts und folgt nach Süden in Richtung Carro der D 5 (Route de St.-Pierre), die bald über die Autobahn und in die von weißen Felsen durchsetzte Trockensteppe der **Chaîne de l'Estaque** * hinaufführt.

▲ *Blick über die Calanque de Niolon auf den Hafen von Marseille*

Carro

Nach etwa 3 km geht sie in die D 49 über und weitere 4 km danach biegt man rechts auf die D 9B, der man in das hübsche Küstenstädtchen Carro folgt. Einen ersten kleinen [P] Parkplatz über einer netten, sandigen Badebucht findet man gleich am Ortseingang links.

Fährt man durch den kleinen Ort hindurch und nach links um das Hafenbecken herum, so gelangt man zu einem herrlich gelegenen und auf drei Seiten vom Meer umspülten Stellplatz, der bislang offenbar noch nirgends verzeichnet ist.

Sausset-les-Pins

Entweder auf der besser ausgebauten D 9 oder auf der schmaleren, aber strandnäheren D 49 geht es zurück und in Richtung Osten nach Sausset-les-Pins. Der Fischereihafen und Badeort besitzt längere Strände und eine schöne Hafenpromenade, ist aber im Sommer ebenfalls recht voll.

Stellplatz

7 Aire Parking du Port de Carro

UTM: 31T 06 65 350 mE 47 99 472 mN
43,3299°N 5,0395°O

Herrlich gelegener und bislang fast nur bei Insidern bekannter Platz zwischen Hafenbucht und Meer, auf dem man sich wie mitten auf dem Wasser fühlen kann. **Lage/Anfahrt:** Quai Jean Vérandy, in Carro, am Ende der D 49B; jenseits des Hafens links halten; Anfahrt auf guter Teerstraße; **Platzanzahl:** ca. 35; **Untergrund:** Asphalt; **Ver-/Entsorgung:** Trinkwasser, Abwasser, Chemie-WC; **Sicherheit:** umzäunt, beleuchtet, bewacht, im Sommer den ganzen Tag, im Winter vormittags; nicht in der Nacht; **Preise:** 6 €/Fahrz. für 24 h; automatische Schranke; **Max. Stand:** unbegrenzt; **Geöffnet:** ganzjährig; Super in der Vor- und Nachsaison (auch um früh am Morgen den Fischmarkt zu besuchen!); im Sommer sehr viele Badegäste aus der Umgebung.

Cabanons

Cabanons („Hüttchen") sind ursprünglich kleine Geräteschuppen direkt am Meer, in denen die Fischer ihr Bootszubehör, Netze etc. aufbewahrten – und in denen sie nach der Rückkehr vom Fang gerne bei einem Pastis oder Rotwein zusammensaßen. Mit dem Rückgang der Fischerei dienen sie zunehmend letzterem Zwecke und sind dann so etwas wie ein maritimes Gegenstück zu unseren Schrebergarten-Häuschen. Obwohl kaum so groß wie eine Garage und oft auch nicht viel besser ausgestattet, sind sie doch als Wochenendhäuschen äußerst gefragt.

Abstecher zum Strand

In La Couronne zweigt beim Restaurant „Le Phare" der Chemin du Phare nach rechts von der D 49D ab und führt 1,4 km zum **Cap Couronne** mit Leuchtturm, sehr schöner Aussicht und Badestränden, die im Sommer vor allem von der Jugend von Marseille frequentiert werden.

Carry-le-Rouet

Entlang der D 5 geht Sausset fast nahtlos in den nächsten Badeort mit Fischerhafen über: Carry-le-Rouet, das nach Osten an der Bucht von Rouet-Plage einige schöne Strände besitzt und gespickt ist mit schönen Villen (und im Sommer mit Badegästen!).

[P] Strandparkplatz

UTM: 31 T 06 68 882 mE 47 99 607 mN; 43,33034°N 5,08313°O

Kurz vor Sausset im Kreisverkehr nach Süden auf den Chemin des Paluds abbiegend, erreicht man nach 1 km einen schönen Strandparkplatz. Er ist zwar durch eine 1,90-m-Barriere abgeriegelt, aber auch vor der Barriere gibt es Parkmöglichkeiten nahe dem Strand.

[P] Strandparkplatz Carry Plage

Am Ostende von Carry kann man im Kreisverkehr rechts abbiegen und gelangt zu einem großen gebührenpflichtigen Parkplatz (6 €), der 8–24 Uhr offen ist.

[X] Zufahrt gesperrt

Im Sommer ist die Zufahrt zu einigen Calanques (darunter diejenigen bei Redonne und die von Niolon) auch für Pkw gesperrt.

Calanque de la Madrague

Danach verlässt man die Küste wegen steiler Felsen und fährt über die D 9 – oder schöner via D 5 durch das Vallon de l'Aigle mit Pinien- und Eichenwäldern – nach **Ensuès-la-Redonne** hinauf.

Hier zweigt rechts die D 48D ab, die (steil: 18 %!) in die sehr schöne (und sehr enge!) **Calanque de la Madrague** hinunterführt. Nichts für größere Fahrzeuge – und auch für kleine nur außer der Saison. Sonst besser oben parken und spazieren, denn unten wird das Wenden schwer! Wer ganz hinunterfahren möchte, sollte sich links halten und via D 48E zur Calanque de la Redonne fahren, denn rechts in der Calanque de la Madrague gibt es für größere Fahrzeuge keine Wendemöglichkeit.

Calanque de Redonne **

Die Zufahrt zur **Calanque de la Redonne** via D 48E ist zwar ebenfalls sehr steil, aber da es unten einen etwas größeren [P] Parkplatz gibt, kann man sich (außerhalb der Saison!) auch mit dem Wohnmobil hinunter trauen – wenn es entsprechend motorisiert ist, um wieder heraufzukommen!

Der (zur richtigen Zeit!) geruhsame kleine Hafenort vor weißen Felsen und einem Bahnviadukt spiegelt sich im faszinierend blaugrünen Wasser der Bucht. Er ist ein bekanntes Tauchzentrum – aber im Frühjahr und Herbst auch ein netter Ort für einen Stopp und gemütlichen Kaffee am Hafen.

Calanque de Niolon *

Ca. 2 km östlich von Ensuès zweigt von der D 5 nach rechts die D 48 ab, die durch ein malerisches Felsental mit Ausblick auf Marseille in eine der schönsten Calanques der Côte Bleu hinunterführt: die Calanque de Niolon.

105pr Abb.: rh

◀ *Blick auf die Calanque de Redonne mit dem Eisenbahnviadukt*

Die Zufahrt bis kurz vor die Ortschaft ist problemlos. Unmittelbar vor dem letzten steilen Stück (20 %!) befindet sich rechts der Straße ein Parkplatz mit sehr schönem Ausblick über den ganzen Ort bis nach Marseille. Weiter sollte man mit dem Wohnmobil lieber nicht fahren, da unten (nach der Bahnbrücke) die Wendemöglichkeiten sehr schlecht sind!

Wieder zurück auf der D 5 erreicht man bald die N 568, der man nach Osten noch einige Kilometer durch schöne Landschaft in Richtung Marseille folgen kann, ehe man beim einst malerischen Fischerdorf, aber heute stark zersiedelten Industrie-Vorort **L'Estaque** kehrt macht und via N 568 nach **Martigues** zurückkehrt – oder über Marignane an die Runde um den **Étang de Berre** anschließt (s. S. 199).

Anschluss

Quer durch Marseille und via D 559 nach **Cassis** (Route 5, s. S. 212)

Wandern

Zwischen Carry und Niolon gibt es einen Wanderweg entlang der Küste, der eine schöne Möglichkeit bietet, die Calanques kennenzulernen. Allerdings ist er nicht immer gut beschildert. Zwischen Carry und der Calanque de Redonne führt er recht oft durch kleine Ortschaften und Feriensiedlungen. Ab der Calanque de Mejean verläuft er durch die Felsen und wird auch für Naturfreunde sehr reizvoll. Bis kurz vor Niolon ist er gut ausgebaut, dann passiert er einen kleinen Tunnel, kreuzt die Bahnlinie und verliert sich zu einem Pfad durch sehr steiles Gelände. Wir haben an dieser Stelle gewendet und sind das Tal hinauf von der Küste weggewandert – und oben auf dem Plateau dann zurück nach Ensuès (eine lange Durststrecke!). Falls der letzte Abschnitt bis Niolon nicht besser ausgebaut ist, wäre es sicher besser, auf dem gleichen Weg nach Mejean zurückzukehren.

Achtung: Reichlich Getränke und einen Imbiss mitnehmen. Außerhalb der Saison hat auch in den Ortschaften fast alles geschlossen, sodass man nirgends einkehren oder etwas kaufen kann.

Auch wenn jede Route durch die Provence reich an Kontrasten ist – diese ist in ganz besonderem Maße voller Gegensätze. Nicht nur zwischen Strand und Bergen – auch zwischen buntem Leben und rauer Einsamkeit, zwischen den Schwindel erregenden Klippen der Route des Crêtes und den atemberaubenden Märchenbuchten der Calanques, zwischen dem kargen Felsenland des Massif de la Sainte Baume und den unwegsamdichten Wäldern aus Kastanien und Korkeichen des Massif des Maures, mit abschreckend verbauten Städten voller chaotischem Straßenlabyrinth und der Harmonie romanischer Klosteranlagen in ländlicher Idylle.

Daher ist diese Route auch in sich weniger homogen und konsequent als die anderen. Das heißt: Sie bietet durchaus Möglichkeiten, einzelne Abschnitte auszulassen, abzukürzen, zu variieren oder Teilstrecken daraus in andere Routen zu integrieren. Auf solche Möglichkeiten wird an entsprechender Stelle der Streckenbeschreibung verwiesen.

107pr Abb.: rh

ROUTE 6

KÜSTE UND HINTERLAND:

ZWISCHEN STRANDLEBEN UND FELSEN-EINSAMKEIT

› Landkarte Seite 208

Route 6

Aix-en-Provence
Trolonet
Beaurecueil
Montagne du Cengle
Pourrières
l'Arc
Ollières
Seillons-Sce-d'Argens
St-Maximin-la-Ste-Baume
Porcieux
Châteauneuf-le-Rouge
Rousset
Anschluss Route 5, S. 192
Fuveau
Peynier
Trets
Mont Aurelien
Crête de Recours
Greasque
Belcodène
les Adrels
La Chaumette
Rougiers
Mimet
St-Savournin
Mt Julian
Cadolive
La Bouilladisse
St-Zacharie
Nans-les-Pins
Peypin
La Destrousse
Auriol
Roquevaire
Plan d'Aups-Ste-Baumes
Hôtellerie de la Ste. Baume
Massif de la Ste-Baume
Signes
Riboux
Allauch
Marseille
Gémenos
Aubagne
Cuges-les-Pins
Mounoi
Le Camp
Le Lion d'Or
Carnoux-en-Provence
La Penne-sur-Huveaune
Font Blanche
Le Garnd Caunet
Ste-Anne du Castellet
La Reymonnette
Le Castellet
Le Beausset
Ceyreste
Cassis
St-Cyr-sur-Mer
Evenos
Cap Canaille
Montagne de la Canaille
La Ciotat
Les Lecques
Bandol
Les Calanques
Baie de la Ciotat
La Madrague
Le Port d'Alon
Ile Verte
Cap de l'Aigle
Ile Verte Pnte du Déffend
Baie de Bandol
Ile de Bendor
Pnte de la Cride
Sanary-sur-Mer
Le Brusc
MITTELMEER
0 5 km
2,5t zGG
Avignon
Orange
Nîmes
Arles
Salon-de-Provence
Aix-en-Provence
Marseille
Toulon
Istres
Stes-Maries-de-la-Mer
Montélimar
Bollène
Apt
Sault
Sisteron
Digne-les-Bains
Barjols
Draguignan
Ste-Maxime
Barcelonnette

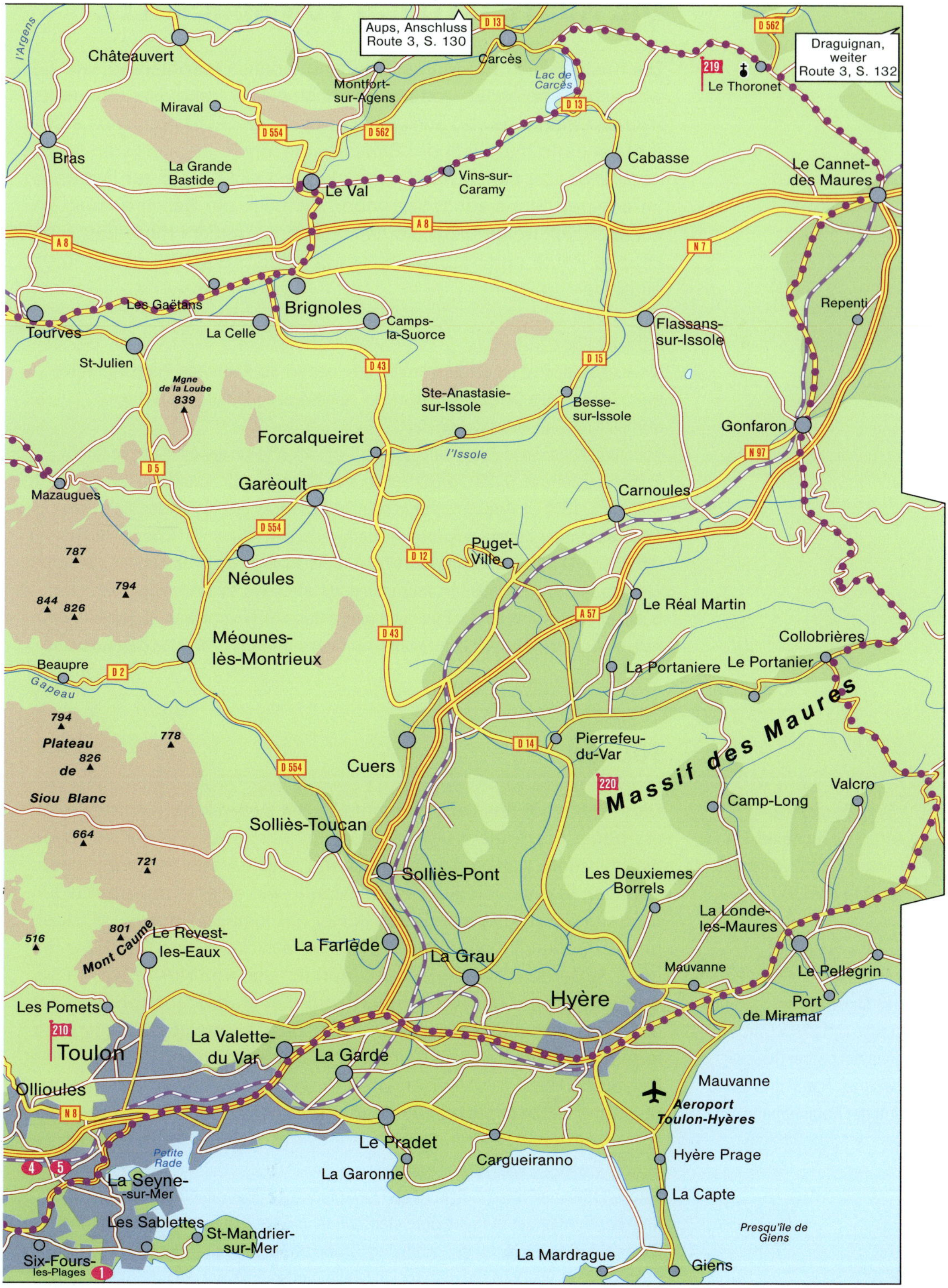

Aups, Anschluss Route 3, S. 130
Draguignan, weiter Route 3, S. 132
Châteauvert
Montfort-sur-Agens
Carcès
Lac de Carcès
Le Thoronet
Miraval
Bras
La Grande Bastide
Le Val
Vins-sur-Caramy
Cabasse
Le Cannet-des Maures
Les Gaëtans
Tourves
Brignoles
La Celle
Camps-la-Suorce
St-Julien
Flassans-sur-Issole
Repenti
Mgne de la Loube 839
Ste-Anastasie-sur-Issole
Besse-sur-Issole
Forcalqueiret
l'Issole
Gonfaron
Mazaugues
Garèoult
Carnoules
Néoules
Puget-Ville
Le Réal Martin
Méounes-lès-Montrieux
Collobrières
Beaupre
La Portaniere
Le Portanier
Gapeau
Plateau de Siou Blanc
Massif des Maures
Pierrefeu-du-Var
Cuers
Camp-Long
Valcro
Solliès-Toucan
Solliès-Pont
Les Deuxiemes Borrels
La Londe-les-Maures
Mont Caume
Le Revest-les-Eaux
La Farlède
La Grau
Mauvanne
Le Pellegrin
Les Pomets
Hyère
Port de Miramar
Toulon
La Valette-du Var
La Garde
Ollioules
Mauvanne
Aeroport Toulon-Hyères
Le Pradet
Petite Rade
Cargueiranno
Hyère Prage
La Garonne
La Seyne-sur-Mer
La Capte
Les Sablettes
St-Mandrier-sur-Mer
Presqu'île de Giens
Six-Fours-les-Plages
La Mardrague
Giens

DIE KÜSTE ÖSTLICH VON MARSEILLE

Die Küste östlich von Marseille beginnt ebenso faszinierend, wie sie westlich davon endet - oder sogar noch etwas grandioser: mit malerischen Calanques und Schwindel erregenden Felsklippen. Ab La Ciotat folgt dann die Küste der Badestrände, die Reisemobilisten kaum noch etwas zu bieten hat, - und die auch nicht mehr zur Provence im engeren Sinne zählt. Wir haben dennoch die Beschreibung ein kurzes Stück weiter bis Toulon ausgedehnt - und im Hinterland eine knappe Route durch das wahrhaft fantastische Massif des Maures eingefügt.

Anfahrt

Als Ausgangspunkt für die Beschreibung haben wir **Six-Fours-les-Plages** gewählt, weil es der einzige Ort ist, an dem man - zumindest außerhalb der Saison - offiziell direkt am Meer stehen darf.
Aber man kann diese Route sehr gut auch von **Aix-en-Provence** her an die Runde Mt. Ste.-Victoire (s. S. 191) anschließen, nach einer Rundfahrt um den Lac de Ste. Croix (s. S. 130) via **Aups** ansteuern oder im Anschluss an eine Verdon-Fahrt von **Castellane** oder **Comps-s-Artuby** auf den landschaftlich wunderschönen Routen D 955 oder D 25 via Draguinan erreichen. Oder sogar an eine Fahrt entlang der Côte Bleue (s. S. 202) anschließen, falls man durch Marseille hindurchfahren will.
Sucht man hingegen eine schöne und ruhige Basis für einen etwas längeren Aufenthalt, so sind Orte etwas im Hinterland wie **Cuges-les Pins** (s. S. 215) besonders zu empfehlen.

TOULON

Information

Office de Tourisme: Place Raimu, 83000 Toulon, Tel. 0494185300

Parken

Am ehesten auf dem **Parking des Lices** nördlich der Altstadt (43,127°N 5,936°O), etwa auf halber Strecke zwischen Hafen und Talstation der Kabinenbahn

Die Hauptstadt des Départements Var ist zugleich der wichtigste Militärhafen Frankreichs - aber nicht unbedingt ein Ferienort! Schon die Vorstädte mit ihrem chaotischen Labyrinth von Verkehrswegen, häufigen Staus und öden Betonfassaden wirken eher abweisend. Ein Bummel durch das alte Hafenviertel mit kleinen Gassen, Märkten und Läden kann sich trotzdem lohnen (falls man einen Parkplatz findet!). Außerdem kann man das Marinemuseum (Musée Naval) besuchen oder mit der Kabinenbahn auf den Mont Faron fahren. Aber dass Toulon in diesem Buch erscheint, obwohl es eigentlich gar nicht mehr zur Provence zählt, verdankt es vor allem der Tatsache, dass Reisemobilisten in seiner engeren Umgebung eine ganze Reihe interessanter **Stellplätze** und Einrichtungen finden.

Park-/Picknickplatz

Einen großen und traumhaft schönen Parkplatz hoch über dem Meer und von Wäldern gesäumt findet man auf dem stadtnahen und doch überraschend ursprünglichen (1) **Cap Sicié,** an der schmalen Straße zur **Kapelle N. D. du Mai.** Von La Seyne geht es via D 18 nach Süden, in Les Sablettes links auf die D 816 (Richtung

„N. D. du Mai") und im nächsten Kreisverkehr (ca. 1,6 km weiter) die erste Ausfahrt „Corniche Varoise" (immer noch D 816) hinauf. Der Parkplatz mit herrlicher Aussicht über das Meer ist zumindest außerhalb der Saison überraschend ruhig (und ohne Verbotstafeln).

Mit kleineren Fahrzeugen und außerhalb der Saison kann man auch eine reizvolle **Runde** fahren, indem man von der anderen Seite kommend ab **Sanary** via D 616 in Richtung Brusc fährt, am Kreisverkehr kurz nach dem Restaurant „St.-Pierre-Chez-Marcel" auf die D 16 (dritte Ausfahrt) nach Osten biegt, dann 1 km weiter auf die D 816 (Chemin de Mourret) der man in Richtung „N. D. du Mai" durch den Wald aufwärts folgt (Route Forestier W 46), bis man nach ca. 6 km auf die oben beschriebene „Corniche Varoise" stößt.

Stellplatz

2 Six-Fours-les-Plages: Marina Coudoulière

UTM: 31 T 07 28 804 mE 47 75 469 mN

43,0974°N, E5,8115°O

Stellplätze am Bootshafen direkt am Meer mit schönem Blick über die Bucht. **Lage/Anfahrt:** Six-Fours-les-Plages, westlich von Toulon; D 616 (Corniche de la Coudoulière) nach Süden in Richtung Brusc; dann hinter dem Hügel rechts (ggf. Schranke öffnen); problemlose Zufahrt; **Platzanzahl:** ca. 12; **Untergrund:** Asphalt; **Ver-/Entsorgung:** beim Office de Tourisme (s. u.); **Sicherheit:** umzäunt, beleuchtet, die ganze Nacht bewacht; **Preise:** 8 €/Fahrz.; zu bezahlen vor Abreise bei der Capitainerie; **Max. Stand:** unbegrenzt; **Geöffnet:** Okt.-April. Die ist der einzige uns bekannte Platz, auf dem man östlich von Marseille direkt am Meer stehen kann. Nur etwa 400 m weiter südlich liegt der Plage de la Coudoulière (Badestrand).

3 Aire Communale de Six Fours-les-Plages

Station direkt neben dem Office de Tourisme und vom Meer nur durch die (allerdings sehr stark befahrene!) Straße getrennt. **Lage/Anfahrt:** an der Uferstraße zwischen Six Fours und Sanary; problemlose Anfahrt - aber enge Parkbuchten; **Platzanzahl:** 2-3 (der Platz ist eigentlich für Ent-/Versorgung gedacht; zum Übernachten besser auf den Platz der Marina Coudoulière fahren); für die Zeit Mai-Sept. gibt es leider bisher praktisch keine offiziell genehmigten Stellplätze; **Untergrund:** Asphalt; **Ver-/Entsorgung:** Trinkwasser, Abwasser, Chemie-WC, kostenlose Jetons im Office de Tourisme (Kfz-Schein mitnehmen); **Sicherheit:** beleuchtet; **Max. Stand:** s. o.; **Geöffnet:** ganzjährig; **Kontakt:** Tel. 0494070221, Fax 0494251336, E-Mail: tourisme@six-fours-les-plages.com. Auch wenn es nicht so gedacht ist, sieht man manchmal (mangels anderer Möglichkeiten) Wohnmobile über Nacht dort stehen.

Ver-/Entsorgung

4 Aire Privée de Six-Fours-les-Plages

UTM: 31 T 07 31 238 mE 47 77 729 mN

43,1170°N 5,8423°O

Private Station im Gewerbegebiet. **Lage/Anfahrt:** 1031 Chemin des Negadoux; Autobahn Toulon-Marseille Ausfahrt Nr. 13, dann via D 26 und D 63; ca. 1,25 km nach Abzweigung (rechts) der D 63 wieder rechts auf den Chemin des Negadoux; **Ver-/Entsorgung:** Strom, Trinkwasser, Abwasser, Chemie-WC, 4,50 € für Ver-/Entsorgung; **Kontakt:** Tel. 0494108210, Fax 0494108211

Stellplatz

5 La Seyne: Hypermarché Auchan

UTM: 31 T 07 32 420 mE 47 77 458 mN

43,1142°N 5,8567°O

Privater Stellplatz mit Ver-/Entsorgung am Parkplatz des Supermarkts Auchan. **Lage/Anfahrt:** La Seyne sur Mer, Boulevard de l'Europe (D 26); Autobahn Toulon-Marseille, Ausfahrt Nr. 13; **Platzanzahl:** 1; **Untergrund:** Asphalt; **Ver-/Entsorgung:** Strom, Trinkwasser, Abwasser, Chemie-WC; **Preise:** 4,57 €/Fahrz., Jetons im Supermarkt; **Max. Stand:** 1 Nacht; **Kontakt:** Tel. 0494103939, Fax 0494103938

108pr Abb.: rh

▲ *Baie des Anges: einer der wenigen (noch?) für Wohnmobile zugänglichen Parkplätze am Meer*

DIE KÜSTE ZWISCHEN TOULON UND CASSIS

Um etwas Meeresluft zu schnuppern, kann man von Toulon auf der Küstenstraße D 559 in Richtung La Ciotat fahren. Sie ist gut ausgebaut, aber landschaftlich nicht gerade berauschend. Unterwegs hat man einige schöne Blicke aufs Meer und passiert einige verlockende Sandstrände – aber Reisemobile sind in den meisten Orten bislang offenbar nicht sonderlich willkommen:

Sanary – besitzt einige Parkplätze zwischen Straße und Meer, die bislang nicht ausdrücklich für Wohnmobile gesperrt sind.

Bandol – hat zwar einen gebührenpflichtigen Parkplatz am Strand östlich des Ortes; der aber mit einer 190-cm-Schranke ausgestattet und zudem für Wohnmobile ausdrücklich verboten ist.

Les Lecques – hat einen gebührenpflichtigen [P] Parkplatz am Jachthafen, auf dem auch Reisemobile stehen dürfen.

St. Cyr-sur-Mer – besitzt eine ganze Reihe gebührenpflichtiger Parkplätze am Meer, die aber meist mit Höhenschranke ausgestattet sind.

La Ciotat – hier konnten wir keinen Parkplatz für Wohnmobile finden; doch nach Auskunft anderer Wohnmobilisten soll der [P] **Parking des Pétanques** (am Friedhof) für Reisemobile zugelassen und kostenlos sein.

Baie des Anges – am Ortsende von La Ciotat in Richtung Toulon findet man bei der Ausfahrt Arène de Cres/Baie des Anges (Einbahnstraße) einige (bislang!) auch für Reisemobile zugängliche [P] Parkplätze am Meer (UTM: 31 T 07 15 138 mE 47 85 141 mN; 43,1884 ° N 5,6475 ° O).

Cassis – ist komplett für Wohnmobile gesperrt!

DIE CORNICHE DES CRÊTES ***

Diese fantastische Küstenstrecke über die **Montagne de la Canaille** sollte man sich keinesfalls entgehen lassen. Sie gehört zu den eindrucksvollsten Küstenrouten Europas und führt über die höchsten Klippen Frankreichs (Cap Canaille 362 m; Grande Tête 399 m!). Von zahlreichen Aussichtspunkten mit Parkmöglichkeit genießt man atemberaubende Ausblicke über das tiefblaue Meer. Die Strecke ist gut ausgebaut, umfasst jedoch viele Serpentinen, einige schmalere Stellen und einige sehr steile Abschnitte (besonders hinunter nach Cassis!). Wenn möglich sollte man die Route außerhalb der Saison oder zu einer ruhigeren Tageszeit fahren.

Entfernung: La Ciotat – Cassis ca. 12 km
Dauer: etwa 2 Std.

Sturmwarnungen
Bei Mistral oder sonstigen Sturmwarnungen die Strecke meiden! Die Böen sind wahrhaft enorm!

In La Ciotat biegt man nahe dem westlichen Ortsende von der D 559 im Kreisverkehr (dritte Ausfahrt) links auf die D 141 und folgt den Schildern „Corniche des Crêtes". Etwa 2 km nach dem Kreisverkehr biegt die D 141 scharf rechts (Av. M. Camusso) und führt den Berg hinauf durch karges Felsenland – mit einigen fantastischen Ausblicken auf die Stadt und das Meer sowie auf eine Naturbrücke, die von der Erosion aus dem Kalkfels modelliert wurde. Etwa 3,5 km weiter erreicht man den Grat und kann links via D 141B einen kurzen Abstecher zum **Aussichtspunkt Sémaphore** ** machen.

Fahren Sie nicht bis zum Ende der Straße, sondern halten Sie kurz nach der Abzweigung am Parkplatz links – sonst stehen Sie vor dem Tor der Militärstation und haben nur wenig Raum zum Wenden!

› Landkarte Seite 208

109pr Abb.: rh

Ein weiterer Stopp empfiehlt sich am **Cap de la Canaille*****, wo der Fels 362 m tief senkrecht ins Meer abfällt.

Ab dem **Pas de la Colle** mit schönem Blick auf Cassis, die Felsen und das Meer geht es dann sehr steil (ca. 20 %!) hinunter in Richtung Cassis.

ÜBER DEN CALANQUES

Am Ortsrand von **Cassis** stößt man auf die D 559, die einen um den Ort herum führt (für Reisemobile ist die Zufahrt ins Zentrum gesperrt!) – und auf der anderen Seite wieder hinauf in die karge Felslandschaft über den ↗**Calanques** in Richtung Marseille. Die Straße (Cassis-Marseille ca. 14 km) ist ebenfalls reizvoll, entfernt sich jedoch von der Küste und ist nicht mit der Corniche des Crêtes zu vergleichen. Die Calanques sind von der Straße aus nicht zu sehen, sondern nur auf Fußwegen (oder von unten per Boot!) zu erreichen.

Die Calanques – Karstfjorde und Pflanzenparadiese

Die Calanques gehören zu den eigenartigsten und faszinierendsten Küstenlandschaften Europas: fjordartige, enge Buchten und Kanäle mit kobaltblauem und smaragdgrünem Wasser zwischen steil aufragenden weißen Kalkfelsen. Eine bizarre Landschaft von unirdisch exotischer Schönheit. Gegraben wurden diese engen Canyons zu einer Zeit der Erdgeschichte, als der Meeresspiegel noch tiefer lag. Als das Meer dann nach der letzten Eiszeit durch das Abschmelzen der Gletscher anstieg, ertranken die Täler und ihre steinzeitlichen Höhlenwohnungen in den Fluten.

Die nach Süden gerichteten Felswände sind vor dem eisigen Mistral geschützt, von der Sonne durchglüht, karstig und sehr trocken. Ihr ganz eigenes, extremes Klima mit Temperaturen, die um 10 Grad höher sein können als wenige Kilometer weiter nördlich, hat hier eine einzigartige Flora und Fauna erhalten: Wärme liebende tropische Pflanzenarten, die andernorts in Europa längst ausgestorben sind, Eidechsen von mehr als einem halben Meter Länge, die bis zu 2 m lange Montpellier-Natter und der äußerst seltene Bonelli-Adler.

Die bis zu 1,5 km langen Felsenbuchten sind ein Paradies für Naturfreunde, Kletterer, Skipper und Badegäste. Aber durch verheerende Brände und Überlastung sind sie zunehmend gefährdet – obwohl die meisten nur zu Fuß oder per Boot zugänglich sind.

Aktivitäten

Wandern: *Der Wanderweg GR 98 führt von Cassis bis Callelongue ca. 28 km durch die Felsen und Buchten der Calanques (10–12 Std.). Von Callelongue kann man in ca. 2 ½–3 Std. bis zur Calanque de Sormiou wandern oder von Cassis in gut einer Stunde zum Calanque de Port-Pin. Die Wege (zu denen meist schon der Zugang bis zum Parkplatz für Wohnmobile gesperrt ist) sind von Juli bis Mitte Sept. wegen Brandgefahr gesperrt. Am besten im Frühjahr; feste Schuhe, Sonnenschutz und reichlich Trinkwasser(!)*

Geführte Touren: *Excursionnistes Marseillais, 16 Rue Rotonde, 13001 Marseille, Tel. 0491847552, www.excurs.com*

Klettern: *CAF Marseille-Provence, 12 Rue Fort-Notre-Dame, 13007 Marseille, Tel. 0491542584*

Bootstouren: *ab Ciotat, Quai Ganteaume, Tel. 0609352568 mit Katamaranen mit Glasboden (Touren zu ca. 12–18 €)*

Am Ortseingang von Marseille kann man entweder wenden, um die Runde weiter fortzusetzen, oder durch Marseille nach **L'Estaque** fahren, wo man Anschluss an die Route entlang der Côte Bleue (s. S. 202) hat.

Zurück bei Cassis kann man auf der D 559 durch ein reizvolles Tal nach La Ciotat fahren und dort beim zweiten Kreisverkehr nach Nordosten (dritte Ausfahrt) auf die D 40A in Richtung **Ceyreste** biegen. Rasch liegen Küstentrubel und Straßengewirr hinter einem und man folgt dem (in die D 3 übergehenden) Sträßchen hinauf in die malerischen Berge. Etwa 5,5 km nach dem Zentrum von Ceyreste zweigt links die schmale D 3D ab und führt 5 km durch reizvolle Berg- und Waldlandschaft, ehe sie auf die N 8 stößt.

Picknickplatz

Kurz vor Erreichen der D 1 liegt rechts ein schöner, schattiger Parkplatz unter Pinien mit Picknicktischen und festem, ebenem Grund. Einige sehr große und schöne Picknickplätze mit Pinien und festem Waldboden findet man auch östlich von Cuges an der D 2 in Richtung Signes.

Hier lohnt es sich – falls man einen netten Übernachtungsplatz sucht – zunächst nach rechts zu biegen und direkt nach Cuges-les-Pins zu fahren. Oder man fährt eine hübsche kleine Runde zunächst 7 km auf der D 3 und D 2 (Route de Garrigue) bis zur N 8 und dort links nach **Cuges-les-Pins,** das einen der sympathischsten und am schönsten gelegenen **Stellplätze** der Region besitzt.

110pr Abb.: rh

▲ *Der reizvoll gelegene Stellplatz von Cuges les Pins*

Stellplatz

6 *Aire Communale de Cuges-les-Pins*

UTM: 31 T 07 19 551 mE 47 95 606 mN
43,28127°N 5,70592°O

Super-schön gelegener und sehr sympathischer Platz mit Terrassen in einem lichten Waldtal mit Pinien am Ortsrand, der sich hervorragend als Basis für Exkursionen eignet – per Fahrzeug, zu Fuß oder mit dem Fahrrad. **Lage/Anfahrt:** von Westen kommend in Cuges kurz vor der Kirche links via Blvd. Gambetta; gut ausgeschildert; schmale Straße aber ohne Probleme; **Platzanzahl:** 25; **Untergrund:** Schotter, Schotterrasen; **Ver-/Entsorgung:** Trinkwasser, Abwasser, Chemie-WC; **Sicherheit:** umzäunt, bewacht; **Preise:** 3 €/Fahrz., inkl. Ver-/Entsorgung, Ver-/Entsorgung allein 1,50 €; **Max. Stand:** unbegrenzt; **Geöffnet:** ganzjährig; **Kontakt:** Tel. 0442738537, Fax 0442738110; **Tipps:** Versuchen Sie, vor 20 Uhr anzukommen (im Sommer vor 21 Uhr), ehe die Schranke geschlossen wird. Von 21.30 bis 7.30 Uhr ist Nachtruhe; außerhalb dieser Frist kann man die Schranke auch selbst öffnen. Falls M. Cayrol, der sympathische Platzwart, Sie nicht bemerkt, klingeln Sie an dem kleinen Häuschen links hinten. Er wird Sie fachkundig einweisen und erklären, warum Ihr Fahrzeug so und nicht anders stehen sollte (lassen Sie ihm die Freude). Er kennt übrigens die Gegend sehr genau und kann viele nützliche Tipps geben.

111pr Abb.: rh

DURCH DAS MASSIF DE LA SAINTE-BAUME ★★★

Tipp

Von der Straße aus wirkt der Wald meist gar nicht sonderlich beeindruckend. Daher lohnt sich ein kleiner Spaziergang unbedingt, z. B. auf dem Pilgerweg zur Grotte (s. S. 217).

Gleich hinter dem oben genannten sympathischen Wohnmobilplatz von Cuges steigt das Massif de la Sainte Baume empor, ein über 1000 m hohes Waldgebirge, das zu den romantischsten und einsamsten Landschaften der Provence gehört – und so dicht am Küstentrubel (nur 15 km vor den Pforten von Marseille!) eine wahre Überraschung darstellt. Ursprüngliche Landschaften, gekrönt von weißen Felsenzinnen. Und mit seinen urigen Mischwäldern, Bergweiden und Garrigue-Hängen, mit Steineichen und Kiefern sowie mit malerischen Wacholderheiden besitzt es zudem sehr vielfältige Landschaften und Ökosysteme. Besonders überraschend und charakteristisch sind aber seine riesigen urwüchsigen Wälder mit ihrem reichen Bestand an alten Buchen, Ulmen und Eichen, Linden, Ahornbäumen, Eschen, Fichten und Tannen, unter deren Dach üppige Farne, Stauden und Efeuranken wuchern. Eine märchenhaft-verwunschene Waldlandschaft, die seit Jahrhunderten streng geschützt wird – und die man hier in der sonnigen Provence so gar nicht erwartet. Zu verdanken ist sie dem hohen Bergrücken des Massivs, das schattige Kühle spendet und für reichlich Regen, Nebel und Bodenfeuchtigkeit sorgt.

Schon den Kelten waren diese Nebelwälder heilig und ein Ort der Spiritualität – und auch in christlicher Zeit haben sie ihre mythische Kraft nicht verloren. Der Legende nach soll die Heilige Maria-Magdalena – bei den ersten Christenverfolgungen aus Palästina vertrieben – mit einem Boot über das Meer bis zur Küste der Camargue gelangt sein und dann 33 Jahre in einer Höhle (provenzalisch *Baume*) in den Wäldern dieses Massivs verbracht haben.

Um in die Berge hinauf zu gelangen, fährt man von Cuges auf der N 8 nach Westen über den **Col des Anges** und biegt nach 7 km rechts auf die D 396 nach **Gémenos** (2,5 km). Das hübsche kleine Städtchen am Zugang zum grünen Tal von St. Pons hat keine großen

Attraktionen – aber eine sympathische Atmosphäre und einen hübschen **Wohnmobil-Stellplatz,** der im Zentrum liegt – und dennoch ruhig und fast wie im Grünen.

Man verlässt Gémenos auf der D 2 (Schilder „Vallée de la Baume") nach Norden und fährt nach Osten biegend durch ein malerisches Tal, in dem man nach ca. 2 km den **Parc de St.-Pons** erreicht. Dort konnte man bisher sein Fahrzeug auf einem schönen Waldparkplatz abstellen (inzwischen ist er leider durch eine 2-m-Barriere abgesperrt und daneben gibt es kaum Platz) und dem Fußpfad am Bach entlang folgen. Nach einem kurzen Spaziergang stößt man inmitten malerischer Wälder auf eine verlassene Mühle, nahe der ein kleiner Wasserfall plätschert, sowie auf die Reste einer Zisterzienserabtei aus dem 13. Jh. und die Kapelle St.-Martin.

Nach dem Parc de St.-Pons windet sich die Straße höher und höher in die Berge hinauf, verlässt allmählich den Wald und eröffnet immer neue Blicke auf Zinnen und schroff gezackte Felsenrücken.

Stellplatz

7 Aire Communale de Gémenos

UTM: 31 T 07 13 272 mE 47 97 244 mN
43,2978°N 5,6292°O

Zentrumsnaher und doch relativ ruhiger Parkplatz bei der Post (an schönen Abenden ist es allerdings mit der Ruhe leicht vorbei – dann ist hier Jugendtreff!). **Lage/Anfahrt:** Richtung Vallée de la Baume (D 2), dann links auf den großen Parkplatz, den man ganz überquert(!) um dahinter wieder links hinter die Häuser zu fahren; gut beschildert; etwas versteckt, aber problemlose Anfahrt; **Untergrund:** Asphalt; **Platzanzahl:** 3; **Ver-/Entsorgung:** Strom; Trinkwasser, Abwasser, Chemie-WC sollen vorhanden sein, wurden aber nicht gefunden; **Preise:** Parken, Strom und Ver-/Entsorgung kostenlos; **Max. Stand:** 24 Stunden; **Geöffnet:** ganzjährig; **Kontakt:** Office de Tourisme, Tel. 04423218; **Tipp:** Gut, preiswert und in gemütlicher Atmosphäre isst man im nahen Restaurant „Fer à Cheval" (Hufeisen), Rue Maréchal des Logis Planzol, Tel. 442322097.

Man passiert den **Col del'Espigoulier** (728 m) mit einem der besten Ausblicke der Provence und erreicht 15 km hinter Gémenos die D 80, auf die man nach rechts biegt. Etwa 3 km hinter der Einmündung folgt der kleine Ort **Plan d'Aups** mit einer romanischen Kirche.

Beachten

Die D 2 zwischen Gémenos und der Kreuzung vor Plan d'Aups ist inzwischen für Fahrzeuge über 2,5 t gesperrt. Alternative: Anfahrt über Auriol und die D 45

Etwas weiter erreicht man den **Forêt Dominale de la Ste.-Baume,** fantastisch verwachsene Urwälder mit alten Eiben, Eichen, Farnen, Efeu und Stechpalmen. Bevor er sich ganz von beiden Seiten schließt (ca. 3 km nach Plan d'Aups), steht rechts der Straße die **Hôtellerie de la Ste.-Baume,** eine ehemalige Pilgerherberge und bis heute beliebter Ausgangspunkt für Wanderungen zur **Grotte** und zum Gipfel des **St. Pilon.**

Gegenüber der Hôtellerie befindet sich das **Écomusée de la Sainte-Baume** (Apr.–Okt. 9–12 und 14–18 Uhr, sonst 14–17 Uhr und an Wochenenden 10–12 und 14–17 Uhr; 3 €, Tel. 0442625646), das nicht nur über die verschiedenen Ökosysteme dieser Berge informiert, sondern auch über die traditionellen Aktivitäten ihrer Bewohner.

Hinter der Abzweigung der D 80 nach Nans schlängelt sich die D 95 weitere 15 km

Wandern

Der **„Chemin du Canapé"** (1 ½ Std. zur Grotte und zurück) beginnt links der Gebäude und führt durch ein großes Blockfeld. Ein zweiter etwa gleich langer Weg, der **„Chemin des Rois",** beginnt ca. 500 m weiter östlich an der Gabelung der D 95 und D 80 (Carrefour de Trois Chênes). Beide treffen sich beim Carrefour d'Oratoire, einem Oratorium, das der Erzbischof von Arles 1516 errichten ließ und von dem eine Treppe mit 150 Stufen bis zur Grotte hinaufführt. Wer noch weiter gehen (und sehen!) will, der kann vor dem Oratorium rechts dem rot-weiß markierten GR 9 folgen, der an einer zerfallenden Kapelle vorbei und im Zickzack zum 994 m hohen Gipfel des **St. Pilon** hinaufführt (ab/bis Oratorium knapp 2 Std.).

Parken

Auf den Parkplätzen **bei der Hôtellerie** (UTM: 31 T 07 23 688 mE 48 01 737 mN) stehen oft Wohnmobile über Nacht. Schön ruhig ist auch der **Wanderparkplatz „Trois Chênes"** ein kurzes Stück weiter. In Richtung Mazauges folgt nach einigen Kilometern links im Wald ein schöner **Picknickplatz.** UTM 31 T 07 31 138 mE 48 03 993 mN, 43,35323° N 5,85208° O

durch einsame Berglandschaft. Kurz nachdem links ein schmales Sträßchen in Richtung Rougiers weggeht, beginnt rechts ein Waldweg zur **Glacière de Pivaut,** einer unlängst restaurierten Anlage zur Erzeugung von Eis. Auf dem Weg nach **Mazaugues** findet man weitere idyllische Waldparkplätze (z. B. UTM: 43,35353° N 5,85395° O; 31 T 07 31 288 mE 48 04 031 mN; 612 m üNN) und in der Stadt selbst kann man das **Musée de la Glace** (Juni–Sept. Di.–So. 9–12 und 14–18 Uhr, sonst sonn- und feiertags 9–12 und 14–17 Uhr oder auf Anfrage; Tel. 0494863924; 2,40 €) besichtigen, um zu erfahren, wie in der Zeit vor Kühl- und Gefrierschränken dafür gesorgt wurde, dass die Bewohner von Marseille bei Sommerhitze Lebensmittel frisch halten und Bier kühlen konnten.

Von Mazaugues gelangt man über die schmale, aber reizvolle D 64 rund 15 km nördlich nach **St. Maximin-la-Ste.-Baume.**

112pr Abb.: rh

ENTDECKUNGEN IM HINTERLAND

ST. MAXIMIN-LA-STE.-BAUME

Die kleine provenzalische Stadt ist vor allem wegen ihrer mächtigen gotischen **Basilika Ste.-Madeleine** ** (tgl. 9–18 Uhr) ein Ziel von Kunstfreunden und Wallfahrern. Diese größte gotische Kirche der Provence birgt die Reliquien der Hl. Maria Magdalena und des Hl. Maximin, die in der noch aus dem 4. Jh. stammenden Krypta beigesetzt sind.

Information

Office de Tourisme: Hôtel de Ville, 83470 St. Maximin, Tel. 0494598459, office.tourisme.stmaximin@wanadoo.fr, www.ville-stmaximin.com

Camping

8 **Le Provençal** ***, Route de Mazaugues (ca. 3 km südlich des Zentrums), Tel. 0494781697, Apr.–Sept.; schattiger, großzügiger Platz mit sauberen Sanitäranlagen, Pool, Laden und Restaurant

Park-/Stellplatz

Auf dem großen Parkplatz bei der Busstation (rechts der N 7 in Richtung Aix) dürfen nach Auskunft des Office de Tourisme Wohnmobile auch über Nacht stehen – wenngleich der Platz nicht als Stellplatz gekennzeichnet ist. (UTM: 31 T 07 31 290 mE 48 15 185 mN, 43,45384° N 5,85869° O)

ABSTECHER NACH ST. ZACHARIE

Via N 560 in Richtung Südwesten kann man einen Abstecher nach St. Zacharie machen, das ein sehenswertes **Arboretum** besitzt (Arboretum du Parc du Moulin Blanc, am Ortsausgang in Richtung Aubagne, im Sommer Di–So. 14–19 Uhr, www.parcdumoulinblanc.fr; 4 €). Bereits um 1850 angelegt, umfasst es neben sämtlichen Baumarten des Sainte-Baume-Massivs auch viele exotische Arten. Von St. Zacharie führt die schmale D 85 durch ein enges Tälchen zum **Pas de la Couelle** (eine sehr reizvolle Strecke aber doch nicht so imposant wie die Strecke durch die Ste.-Baume-Berge), geht über in die D 12 und erreicht nach 14 km das Städtchen **Trets** (Anschluss an Route 5 durch die großartige Landschaft der **Montagne Ste. Victoire** ***, s. S. 191). Von Trets gelangt man über die D 6 und die N 7 (ca. 21 km) wieder nach St. Maximin.

Von St. Maximin fährt man ca. 14,5 km auf der N 7 nach Osten und biegt dann rechts auf die D 54 und sofort wieder links auf die D 405, um nach **La Celle** zu gelangen, wo man am Ortsrand die **Abbaye de la Celle** anschauen kann. Das einstige Kloster beherbegt heute teils ein Nobelhotel, teils einen Wein-Vertrieb, hat aber noch einen schönen Garten und eine schlichte romanische Kirche.

9 Camping

La Gantesse **, St. Zacharie; 7 km östlich der Zone Artisanale von St. Zacharie; auf dem schmalen Chemin Forestier immer geradeaus den kleinen Schildern folgen; Tel. 0442729138; sympathischer kleiner Wiesenplatz im Wald; Ver-/Entsorgung und Strom pauschal 3 €, Übernachtung 10 €

ABBAYE DE THORONET ***

Via D 43 gelangt man zurück zur N 7, der man bis **Brignoles** folgt. Wo die N 7 in Brignoles nach rechts biegt, fährt man geradeaus weiter auf der D 554 und hält sich sofort danach rechts, um auf die D 24 zu gelangen, der man etwa 13 km durch eine reizvoll-stille Landschaft bis zum **Lac de Carcès** folgt. Nun kann man entweder den See sofort wieder verlassen und via D 13 und D 79 knapp 5 km bis zum Kloster Thoronet fahren.

Wer aber kleine Sträßchen nicht scheut und das richtige Fahrzeug dafür hat, kann vorher einen wunderschönen kleinen Abstecher machen, indem man zunächst der D 13 am Seeufer entlang nach Norden folgt und dann nach 5 km rechts auf die kleine D 279 biegt, die sich durch idyllische Wein- und Wald-Landschaft etwa 6 km bis zur Abbaye de Thoronet schlängelt.

Das **Kloster Thoronet** sollte man sich nicht entgehen lassen – es lohnt auch eine längere Anfahrt. Thoronet ist die älteste und wohl schönste Zisterzienserabtei der Provence – vielleicht nicht ganz so populär wie Sénanque, aber dafür sicher noch etwas formvollendeter und zudem ganz idyllisch im Forêt de la Darboussière gelegen und (zumindest in der Vor- und Nachsaison) deutlich ruhiger.

113pr Abb.: rh

Abstecher/Anschluss-Route

Folgt man der D 13 weiter nach Norden, so gelangt man via Carcès nach Cortignac und ab dort auf der D 22 nach **Sillans-la-Cascade** (ca. 13 km ab Carcès). Dort findet man vor dem Ort gegenüber dem Schloss einen schattigen Parkplatz (vor Diebstahl wird gewarnt), von dem aus man einen Spaziergang (ca. 800 m) zu dem höchst romantischen Wasserfall machen kann, dem der Ort seinen Beinamen verdankt.

Von Sillans gelangt man weiter via D 22 nach **Aups** (9 km) und dann auf der D 957 7,5 km weiter nördlich zur Rundstrecke um den **Lac de Ste. Croix** (s. S. 130).

Von Carcès nach Osten 3 km der D 562 folgend, dann nach links und 5 km auf der schmalen D 61, findet man den Weg nach **Entrecasteaux** * mit dem berühmten **Château d'Entrecasteaux** **, einem der imposantesten Schlösser der Provence, das manche sogar der Abtei von Thoronet gleichstellen.

Parken

Der **Parkplatz** mit kleinem Imbiss – wenige Schritte vom Kloster entfernt auf der anderen Seite des wenig befahrenen Sträßchens – liegt angenehm ruhig zwischen den Bäumen.

Anschluss

Vom Kloster über Le Thoronet, dort links auf die D 17 und dann rechts auf der D 562 via Lorgues gelangt man nach **Draguignan** (27 km), von wo man über die D 25 oder die D 955 (beide sehr schön!) nach **Comps-s-Artuby** fahren kann (32–36 km), um an die Route 3 zur **Verdon-Schlucht** anzuschließen.

Tipp

Wer mit einem großen Fahrzeug reist und ganz kleine Sträßchen nicht mag, erhält auf der D 558 einen guten Eindruck von der Natur des Massif des Maures. Wenn man kleine Sträßchen bevorzugt, ist neben der D 39 und der D 41 (s. u.) auch die D 75 östlich von Gonfaron ein Leckerbissen. Sie führt durch schöne Heidelandschaft mit vielen Parkmöglichkeiten und idyllischen Picknickplätzen.

Parkplatz

UTM: 43,18813°N 6,32962°O; 32 T 02 83 002 mE 47 85 169 mN; 360 m üNN
Relativ großer, ruhiger und idyllischer Wiesenplatz zwischen den Korkeichen.

Vom Kloster Thoronet führt die weitere Rundstrecke über den kleinen Ort Le Thoronet und die D 17 auf die dicke N 7 und dort rechts biegend nach **Le Cannet des Maures** (ca. 16 km). Etwa 2,5 km weiter biegt man im Kreisverkehr vor Le Luc auf die N 97 (zweite Ausfahrt), der man ca. 9 km bis **Gonfaron** folgt.

Wie weiter? Ab hier kann man weiter durch eine recht monotone Landschaft der N 97 folgen – bis kurz hinter Cuers oder bis ganz nach Toulon. Diese Gegend – eine flache, stark zersiedelte Tallandschaft – hat dem Besucher nicht viel zu bieten. Es sei denn, er habe ein kompaktes Reisemobil und ein abenteuerliches Gemüt. Dann kann er in Gonfaron nach links in die kleinen Gassen biegen und über teils wahrhaft abenteuerliche Sträßchen eine „Expedition" durch das **Massif des Maures** unternehmen.

DAS MASSIF DES MAURES ★★

Der rund 60 km lange Gebirgszug im Hinterland der überlaufenen Côte d'Azur ist eine überraschend abgeschiedene, einsame und ganz eigene Welt: Ein abenteuerliches Labyrinth aus Bergzügen und dichten Wäldern, das man so nahe bei den überfüllten Städten und Stränden sicher nicht erwarten würde. Sein Name hat übrigens nichts mit der Volksgruppe der Mauren zu tun, sondern leitet sich vom provenzalischen Wort *maouro* ab, das einen dichten, undurchdringlichen Wald bezeichnet. Und genau das wird man in diesen Bergen kennen lernen: dichte, dunkle, undurchdringliche Buschwälder, die sich grundlegend von den Wäldern des Massif de la Ste.-Baume oder der Montagne Ste. Victoire unterscheiden. Verwachsene Kastanien- und Korkeichenwälder mit Ginsterdickicht und Stechpalmen. Eine sehr dünn besiedelte Waldwildnis durchzogen von einem Labyrinth von kleinen und kleinsten Sträßchen und Forstwegen, auf denen man sich tatsächlich noch verirren kann.

Eine schöne Möglichkeit, diese Waldwildnis zu durchqueren, bietet die schmale D 39, die von Gonfaron nach Südosten hinaufklettert und kurz vor **Collobrières** in die D 14 mündet. Der kleine Ort in einem Bachtal, in dem sich das Dickicht nach langer Strecke erstmals lichtet, sieht aus, als würden dort Hänsel und Gretel leben. Man feiert dort im Herbst ein großes Kastanienfest und lebt von Maronenmus, eingemachten Kastanien und Korkprodukten. Kurz hinter Collobrières kann man dann links hinauf der D 41 folgen, die über den **Col de Babaou** führt, weiter durch verwunschene Wälder und dann hinunter zur Küste bei Lavandou. (Besonders diese letzte Strecke ist schmal, aber frisch asphaltiert und in sehr gutem Zustand – und ein Traum für Radfahrer!)

Daneben gibt es ein ganzes Geflecht winziger Sträßchen, auf denen, wer Spaß daran hat, diese Berge tagelang kreuz und quer durchfahren kann. Allerdings: Die wenigsten davon wurden für Wohnmobile

114pr Abb.: rh

gebaut – und die meisten sind nur für Fahrzeuge im Kaliber zwischen „Bulli“ und Geländewagen mit Wohnkabine geeignet. Was die Bezeichnung „D plus Ziffer“ trägt, kann man damit noch in Angriff nehmen; aber was mit „RF“ (= Route Forestière!) bezeichnet ist, sollte man auch mit kompakten Fahrzeugen nur behutsam angehen.

Taucht man an der Küste aus den Kork-Urwäldern wieder auf, so fährt man rechts 14 km via N 98, biegt kurz vor Hyères erneut rechts via D 559 auf die D 12, die nach 15 km in die D 14 mündet (links biegen). Über die D 14 schließlich, die 7 km weiter (bei Cuers) in die N 97 mündet, gelangt man wieder auf die eigentliche Rundstrecke zurück – und denkt sich nichts dabei, dass man vorübergehend die Provence verlassen hat (oder die vertraute „Mutter Erde“ überhaupt?!).

Von **Cuers** könnte man nun auf der N 97 direkt und auf kürzestem Wege durch den Straßendschungel von Toulon zurück zum Ausgangspunkt gelangen (ca. 35 km) – es lohnt sich jedoch, zunächst noch einen Abstecher über die landschaftlich reizvolle D 554 zu machen (bei Solliès Pont rechts, erste Ausfahrt im Kreisverkehr und unter der Autobahnbrücke durch), die in Richtung Norden nach Méounes-Lès-Montrieu führt. Nach ca. 11 km kann man links auf die D 202 biegen, die etwas später in die D 2 übergeht und via **Signes** durch mediterranes Hügelland mit Pinien und einigen herrlichen Parkplätzen im lichten Wald nach Westen führt. Etwa 21 km nach Abzweigung der D 202 kreuzt man die N 8 und kann nun entweder rechts zu dem herrlichen Stellplatz nach **Cuges** (s. S. 215) fahren (6 km) oder links auf der N 8 via Le Beausset und Ollioules zum Stellplatz am Jachthafen von **Six-Fours-Plage** (s. S. 211; ca. 28 km).

Abstecher zu den Schildkröten

Von Gonfaron lohnt sich ein Abstecher via D 75 nach Osten in Richtung Les Mayons. Schon allein die Strecke durch einsame Heidelandschaft ist malerisch, doch etwa 4 km östlich von Gonfaron stößt man plötzlich auf ein ungewohntes Verkehrszeichen (Vorsicht Schildkröte!) und auf das Village des Tortues (Tel. 0494782641, www.villagetortues.com; März–Nov. tgl. 9–19 Uhr) mit einem schönen, schattigen Parkplatz, der allerdings nachts geschlossen wird. Hier kann man nicht nur die in der Region heimische Unterart der griechischen Landschildkröte (die Hermannschildkröte, Testudo hermanni hermanni) sondern auch zahlreiche weitere Schildkröten aus aller Welt bewundern. Einen schönen und ruhigen Park- und Picknickplatz findet man nur ein kurzes Stück weiter östlich, rechts der Straße, mit schattigen Bäumen, Picknicktischen und einer Infotafel zur Herrmannschildkröte.
UTM: 43,31908°N 6,32188°O; 32 T 02 82 839 mE 47 99 733 mN; 151 m üNN

038pr Abb.: rh

ANHANG

STELLPLATZLISTE

GPS-Koordinaten der im Buch beschriebenen Stellplätze (Kartendatum WGS84)

Route/Nr.	Ort	UTM-Koordinaten	Länge/Breite
1/1	Montbrison	32 T 660596 4922339	N44,43652 E5,017894
1/4	Lumian	31 T 657997 4916485	N44,38443 E4,98352
1/5	Nyons	31 T 670414 4913878	N44,35816 E5,13844
1/8	Mirabel	31 T 667466 4908791	N44,31308 E5,09984
2/1	Vaison-la-Romaine	32 T 665613 4901331	N44,24638 E5,07425
2/2	Cairanne	31 T 654041 4899234	N44,23006 E4,92878
2/3	Séguret	31 T 661667 4896911	N44,20750 E5,02350
2/4	Sablet	31 T 659410 4895338	N44,19385 E4,99479
2/6	Gigondas	32 T 661315 4891798	N44,16157 E5,01753
2/9	Carpentras	31 T 663591 4880131	N44,05601 E5,04279
2/12	Malaucène	31 T 670230 4893825	N44,17779 E5,12961
2/14	Bédoin	31 T 673826 4888031	N44,12482 E5,17265
2/18	Sault	32 T 693270 4885197	N44,09444 E5,41444
2/19	Sault	31 T 688679 4880981	N44,05771 E5,35563
2/26	Fontaine-de-Vaucluse	31 T 670693 4865370	N43,92167 E5,12621
2/27	Gordes	32 T 676456 4864764	N43,91485 E5,19775
2/33	Puyvert	31 T 688219 4846458	N43,74726 E5,33770
2/36	Oppède-le-Vieux	32 T 673593 4855373	N43,83105 E5,15906
3/2	Sisteron	31 T 735261 4898338	N44,20032 E5,94426
3/3	St. Michel	31 T 718121 4866151	N43,91618 E5,71673
3/4	Dauphin	31 T 723581 4864595	N43,90055 E5,78400
3/5	Villeneuve	31 T 729827 4864320	N43,89615 E5,86156
3/6	Seyne	31 T 292128 4910949	N44,32205 E6,39312
3/7	Barcelonnette	32 T 309583 4917491	N44,38569 E6,60943
3/8	La Foux	32 T 306084 4907585	N44,29566 E6,56923
3/9	Allos	32 T 310143 4901161	N44,24298 E6,62224
3/10	St. André	32 T 300009 4871040	N43,96530 E6,50702
3/12	Riez	32 T 266128 4855595	N43,81643 E6,09195
3/13	Moustiers	32 T 276424 4858262	N43,84360 E6,21871
3/14	Les Salles-sur-Verdon	32 T 275668 4850666	N43,81643 E6,09195
3/15	Les Salles-sur-Verdon	32 T 275076 4850426	N43,77272 E6,20525
3/16	Ste. Croix	32 T 270700 4849172	N43,76010 E6,15148
3/17	Trigance	32 T 294117 4848453	N43,76051 E6,44236
3/19	Castellane	32 T 300280 4857770	N43,84601 E6,51537
3/20	Comps-sur-Artuby	32 T 299143 4842219	N43,70581 E6,50706
3/21	Bastide	32 T 308819 4845505	N43,73793 E6,62588
3/22	Draguinan	32 T 293923 4823055	N43,53230 E6,44970
3/23	Les Arcs	32 T 295928 4814443	N43,45508 E6,47766
4/12	Stes. Maries	31 T 615498 4812392	N43,45553 E4,42759
4/13	Stes. Maries	31 T 616225 4812169	N43,45341 E4,43653
4/15	Salin de Giraud	31 T 640152 4808061	N43,41234 E4,73109
4/17	Port St. Louis	31 T 646376 4805000	N43,38360 E4,80710
4/18	Aigues Mortes	31 T 595778 4824393	N43,56635 E4,18602
4/19	Aigues Mortes Intermar.	31 T 596880 4825716	N43,57811 E4,19990

Route/Nr.	Ort	UTM-Koordinaten	Länge/Breite
5/3	Miramas	31 T 665757 4825837	N43,56707 E5,05257
5/5	Pélissane	31 T 673731 4832832	N43,62820 E5,15349
5/7	Port de Carro	31 T 665350 4799472	N43,32991 E5,03955
6/2	Six Fours	31 T 728804 4775469	N43,09741 E5,81149
6/4	Six Fours	31 T 731238 4777729	N43,11700 E5,84230
6/5	La Seyne	31 T 732420 4777458	N43,11420 E5,85670
6/6	Cuges-les-Pins	31 T 719551 4795606	N43,28127 E5,70592
6/7	Gémenos	31 T 713272 4797244	N43,29781 E5,62924

Ort	UTM-Koordinaten	Länge/ Breite
Aigues Mortes	31 T 595778 4824393	N43,56635 E4,18602
Aigues Mortes Interm.	31 T 596880 4825716	N43,57811 E4,19990
Allos	32 T 310143 4901161	N44,24298 E6,62224
Barcelonnette	32 T 309583 4917491	N44,38569 E6,60943
Bastide	32 T 308819 4845505	N43,73793 E6,62588
Bédoin	31 T 673826 4888031	N44,12482 E5,17265
Cairanne	31 T 654041 4899234	N44,23006 E4,92878
Carpentras	31 T 663591 4880131	N44,05601 E5,04279
Castellane	32 T 300280 4857770	N43,84601 E6,51537
Comps-sur-Artuby	32 T 299143 4842219	N43,70581 E6,50706
Cuges les Pins	31 T 719551 4795606	N43,28127 E5,70592
Dauphin	31 T 723581 4864595	N43,90055 E5,78400
Draguinan	32 T 293923 4823055	N43,53230 E6,44970
Fontaine-de-Vaucluse	31 T 670693 4865370	N43,92167 E5,12621
Gémenos	31 T 713272 4797244	N43,29781 E5,62924
Gigondas	32 T 661315 4891798	N44,16157 E5,01753
Gordes	32 T 676456 4864764	N43,91485 E5,19775
La Foux	32 T 306084 4907585	N44,29566 E6,56923
La Seyne	31 T 732420 4777458	N43,11420 E5,85670
Les Arcs	32 T 295928 4814443	N43,45508 E6,47766
Les Salles-sur-Verdon	32 T 275668 4850666	N43,81643 E6,09195
Les Salles-sur-Verdon	32 T 275076 4850426	N43,77272 E6,20525
Lumian	31 T 657997 4916485	N44,38443 E4,98352
Malaucène	31 T 670230 4893825	N44,17779 E5,12961
Mirabel	31 T 667466 4908791	N44,31308 E5,09984
Miramas	31 T 665757 4825837	N43,56707 E5,05257
Montbrison	32 T 660596 4922339	N44,43652 E5,017894
Moustiers	32 T 276424 4858262	N43,84360 E6,21871
Nyons	31 T 670414 4913878	N44,35816 E5,13844
Oppède-le-Vieux	32 T 673593 4855373	N43,83105 E5,15906
Pélissane	31 T 673731 4832832	N43,62820 E5,15349
Port de Carro	31 T 665350 4799472	N43,32991 E5,03955
Port St. Louis	31 T 646376 4805000	N43,38360 E4,80710
Puyvert	31 T 688219 4846458	N43,74726 E5,33770
Riez	32 T 266128 4855595	N43,81643 E6,09195
Sablet	31 T 659410 4895338	N44,19385 E4,99479
Salin de Giraud	31 T 640152 4808061	N43,41234 E4,73109

Ort	UTM-Koordinaten	Länge/ Breite
Sault	32 T 693270 4885197	N44,09444 E5,41444
Sault	31 T 688679 4880981	N44,05771 E5,35563
Séguret	31 T 661667 4896911	N44,20750 E5,02350
Seyne	31 T 292128 4910949	N44,32205 E6,39312
Sisteron	31 T 735261 4898338	N44,20032 E5,94426
Six-Fours	31 T 728804 4775469	N43,09741 E5,81149
Six Fours	31 T 731238 4777729	N43,11700 E5,84230
St. André	32 T 300009 4871040	N43,96530 E6,50702
St. Michel	31 T 718121 4866151	N43,91618 E5,71673
Ste.Croix	32 T 270700 4849172	N43,76010 E6,15148
Stes.-Maries	31 T 615498 4812392	N43,45553 E4,42759
Stes.-Maries	31 T 616225 4812169	N43,45341 E4,43653
Trigance	32 T 294117 4848453	N43,76051 E6,44236
Vaison-la-Romaine	32 T 665613 4901331	N44,24638 E5,07425
Villeneuve	31 T 729827 4864320	N43,89615 E5,86156

AUTOBAHN-RASTSTÄTTEN

Département 83 VAR

Raststätte	Autobahn	Wasser	Abwasser	Chemie-WC	Strom	Toilette
CAMBARETTE NORD	AUTOROUTE A 8 Richtung Italien/Aix en Provence	Ja	Ja	Ja	Nein	Nein
LE ROUSSET	AUTOROUTE A 8 Richtung Italien/Aix en Provence	Ja	Ja	Ja	Nein	Nein
CAMBARETTE SUD	AUTOROUTE A 8 Richtung Aix en Provence/Italien	Ja	Ja	Ja	Nein	Nein
VIDAUBAN SUD	AUTOROUTE A 8 Richtung Aix en Provence/Italien	Ja	Ja	Ja	Nein	Nein
L'ARC	AUTOROUTE A 8 Richtung Aix en Provence/Italien	Ja	Ja	Ja	Nein	Nein
LA BIGUE-VALGORA	AUSFAHRT Toulnein West Richtung Nice	Ja	Ja	Nein	Nein	Ja

Département 84 VAUCLUSE

MORNAS VILLAGE OUEST	AUTOROUTE A 7 Richtung Lyon/Marseille	Ja	Ja	Ja	Nein	Nein
ORANGE LE GRES	AUTOROUTE A 7 Richtung Lyon/Marseille	Ja	Ja	Ja	Nein	Nein
MORIERES	AUTOROUTE A 7 Richtung Lyon/Marseille	Ja	Ja	Ja	Nein	Nein
ORANGE LE COUDOULET	AUTOROUTE A 7 Richtung Lyon/Marseille	Ja	Ja	Ja	Nein	Ja

Département 13 BOUCHES DU RHONE

LANCON OUEST	Autobahn A 7 Richtung Lyon/Marseille	Ja	Ja	Ja	Nein	Nein
LANCON EST	Autobahn A 7 Richtung Marseille/Lyon	Ja	Ja	Ja	Nein	Nein
ROUSSET / AIX-EN-PROVENCE	Autobahn A8, Aire de l'Arc	Ja	Ja	Ja	Nein	Nein

KLEINE SPRACHHILFE FRANZÖSISCH

WÖRTERLISTE RUND UMS WOHNMOBIL

(übersetzt mit Unterstützung von Pacôme Fayot, Yanne Trénel und Étienne Branque)

Abblendlicht .... *feux de croisement*
abdichten .... *étancher*
Abschleppen.................... *tracter, dépanner*
Abschleppseil .... *remorquage*
Abschleppwagen............. *dépanneuse*
Achse .... *essieux*
Ampel.............................. *feu rouge*
Anlasser.......................... *démarreur*
Antriebsräder .... *roues motrices*
Auspuff........................... *tuyau d'échappement*
Batterie........................... *batterie*
Batterie laden .... *charger la batterie*
befahrbar........................ *praticable*
Benzin .... *essence*
Benzinpumpe.................. *pompe à essence*
beschädigt....................... *en panne*
Blinker............................ *clignotant*
Bremsbelag .... *plaque de frein*
Bremse............................ *frein*
Bremsflüssigkeit.............. *liquide de frein*
Chemie-Toilette............... *WC chimique*
dicht................................ *étanche*
Dichtung.......................... *joint*
Diesel .... *diesel, gasoil*
Differential...................... *différentiel*
Einspritzpumpe............... *pompe d'injection*
eng, schmal .... *étroit*
entleeren .... *vider, vidange*
Ersatzrad .... *roue de secours*
Ersatzteil......................... *pièce de rechange*
Feder............................... *ressort*
Fernlicht.......................... *feux de route*
Feuerlöscher.................... *extincteur*
Frostschutz .... *antigel*
Führerschein.................... *permis de conduire*
Gang................................ *vitesse*
gebrochen .... *cassé*
Geschwindigkeit.............. *vitesse*
gesperrt........................... *fermé, barré*
Getriebe........................... *boîte des vitesses*
Gewicht .... *poids*
Glühbirne......................... *ampoule*
Grauwasser...................... *eaux usées*
Haarnadelkurve .... *virage en épingle à cheveux*
Handbremse.................... *frein à main*
Hebel............................... *Levier*
Heizung........................... *chauffage*
Hupe .... *klaxon*
Kabel............................... *câble*
Kanister (Benzin-)............ *bidon (d'essence)*
Kardanwelle..................... *cardan*
Karrosserie .... *carrosserie*
Keilriemen .... *courroie*
Kfz-Kennzeichen............. *plaque d'immatriculation*
Kolben............................. *piston*
Kugellager....................... *roulement à billes*
Kühler.............................. *radiateur*
Kühlschrank..................... *frigidaire, frigo*
Kupplung......................... *embrayage*
Kurve............................... *virage*
Kurzschluss..................... *court circuit*
langsame Fahrzeuge .... *véhicules lents*
Lastwagen .... *poids lourd*
leer.................................. *vide*
Lenkung........................... *direction*
Lenkrad .... *volant*
Licht einschalten .... *allumer les phares*
Lichtmaschine................. *générateur*
Luftfilter.......................... *filtre à air*
Lüftung........................... *ventilation*
Massekabel .... *câble de masse*
Messstab......................... *jauge*
Motor............................... *moteur*
Motoröl........................... *huile de moteur*
Mutter............................. *boulon*
Nabe .... *pivot*
niedrig............................ *bas, basse*
Ölwechsel .... *vidange*
Panne .... *panne*
Parkplatz......................... *parking*
Propangas .... *GPL (gaz propane liquide)*
Rad.................................. *roue*

Radkappe .... *enjoliveur*
Radkreuz .... *clé en croix*
Radmutter .... *boulon*
Radwechsel .... *changement de roue*
Rastplatz .... *aire*
Reifen .... *pneu*
Reifendruck .... *pression*
reparieren .... *réparer*
Reserverad .... *roue de secours*
Rücklicht .... *Feux arrière*
Rückspiegel .... *rétroviseur*
Schalter .... *interrupteur*
Scheibenwischer .... *essuie-glace*
Scheinwerfer .... *phares*
Schlauch .... *chambre à air*
Schlüssel .... *clé*
Schneeketten .... *chaînes*
Schraubenschlüssel .... *clé*
Schraubenzieher .... *tournevis*
Sicherung .... *fusible*
Starthilfe-Kabel .... *câble*
Stecker .... *prise mâle*
Steckdose .... *prise de courant*
steil .... *pentue*
Stoßstange .... *par choc*
Stoßdämpfer .... *amortisseur*
Strom .... *courrant électrique*
Tank .... *réservoir*
Tankstelle .... *station d'essence*
Tempolimit .... *vitesse limitée*
Überbrückungskabel .... *câble*
undicht .... *perméable*
Unfall .... *accident*
Ventil .... *valve*
Ventilator .... *ventilateur*
Ver-/Entsorgung .... *eau/vidange*
Vergaser .... *carburateur*
Versicherung .... *assurance*
voll tanken .... *faire le plein*
Vorfahrt .... *priorité*
Wagenheber .... *cric*
Wassertank .... *réservoir d'eau*
Werkstatt .... *garage*
Werkzeug .... *outil*
Windschutzscheibe .... *pare-brise*
Wohnmobil .... *camping-car*
Wohnmobilist .... *camping cariste (CC)*
Wohnmobil-Stellplatz .... *aire (de camping-car), aire naturelle*
Zündkerze .... *bougie*
Zündschlüssel .... *clé de contact*
Zündung .... *allumage*
Zylinder .... *cylindre*
Zylinderkopf .... *tête de cylindre*

HÄUFIGE FRANZÖSISCHE BEGRIFFE

Abbaye .... Abtei
Arc .... Bogen
Bastide .... Landsitz
Beffroi .... Turm
Borie .... Steinhaus aus trocken aufgeschichteten Platten (s. S. 89)
Campanile .... freistehender Glockenturm
Château .... Schloss
Cloître .... Kloster
Église .... Kirche
Étang .... Teich (s. S.169)
Gorge .... Schlucht
Hôtel de ville .... Rathaus
Hôtel particulier .... Stadtresidenz
Île .... Insel
Lac .... See
Mairie .... Rathaus
Marché .... Markt
Mas .... Bauernhof, Gutshof
Montagne .... Berg, Gebirge
Oppidum .... Siedlung aus keltischer Zeit (s. S. 200)
Plage .... Strand
Plaine .... Ebene
Plateau .... Hochebene
Port .... Hafen
Rue .... Straße
Vallée .... Tal
Village .... Dorf
Village perché .... Felsendorf (s. S. 96)
Ville .... Stadt

Praxis-Ratgeber für Wohnmobilisten

Rainer Höh

Clever reisen mit dem Wohnmobil

Kauf, Ausbau oder Miete? Welches Reisemobil? Einrichtung und Beladen. Reiseplanung. Fahrtechnik. Mobile Küche. Sicherheit. Reisen mit Kindern. Die schönsten Reiseländer und Routen. Wintercamping.

Bernd Büttner

Fernreisen mit dem eigenen Fahrzeug

Fahrzeugpapiere. Carnet de Passage. Fahrzeug anschaffen und ausstatten. Wohneinbauten. Kraftstoff und Gas unterwegs. Ersatzteilbeschaffung. Verhalten bei Unfall. Sicherheit. Umgang mit Behörden. Bergehilfen. Wasserdurchfahrten. Extreme Temperaturen. Fahrzeugverschiffung.

Rainer Höh

Handbuch Wohnmobil-Ausrüstung

Tipps und Ratschläge, um das richtige Wohnmobil und die passende Ausrüstung zu finden. Alle Fragen rund um die Ausstattung und Installationen. Hilfe bei Störungen. Optimieren des Fahrzeugs.

Frank Herbst

Routenbuch Nordkap

Routen durch Norwegen, Finnland und Schweden, Informationen zu Land und Leuten, Währungen, Klima und Reisezeit, Anreise, Reiseausrüstung, Verkehrsbestimmungen, Straßenbedingungen, Campingplätzen und Einkaufsmöglichkeiten.

Martin Zimmer

Wohnwagen Handbuch

Alle wichtigen Informationen zur Auswahl des Reisegefährts, spezielle Hinweise zum Camperleben und viele Tipps für Reise, Ausrüstung und Zubehör: z. B. Gespannfahren, Dauer- und Wintercamping, Schlafkomfort, Kochen, Bad und WC.

Alle Titel: 8,90 Euro, ca. 160 Seiten, viele farbige Abbildungen, kompaktes Taschenformat, robuste Ausstattung, Register, textbegleitendes Glossar

Reise Know-How Verlag, Bielefeld

Know-How auf einen Blick

Tschechien
Türkei, Hotelführer
Türkei, Mittelmeerküste

Ukraine, der Westen
Umbrien
Usedom

Venedig

Wales
Wangerooge
Warschau
Wien

Zypern, der Norden
Zypern, der Süden

Wohnmobil-Tourguides

Dänemark
Kroatien
Provence
Sardinien
Sizilien
Südnorwegen
Südschweden

Edition RKH

Durchgedreht – Sieben Jahre im Sattel
Eine Finca auf Mallorca
Geschichten aus dem anderen Mallorca
Mallorca für Leib und Seele
Rad ab!

Praxis

All inclusive?
Bordbuch Südeuropa
Canyoning
Clever buchen, besser fliegen
Clever kuren
Drogen in Reiseländern
Expeditionsmobil
Feste Europas
Fiestas Spanien
Fliegen ohne Angst
Frau allein unterwegs
Geolog. Erscheinungen
Gesundheitsurlaub in Dtl. Heilthermen
GPS f. Auto, Motorrad
GPS Outdoor-Navigation
Handy global
Höhlen erkunden
Inline Skating
Islam erleben
Kanu-Handbuch
Kartenlesen
Kreuzfahrt-Handbuch
Küstensegeln
Langzeitreisen
Marathon-Guide Deutschland
Mountainbiking
Orientierung mit Kompass und GPS
Paragliding-Handbuch
Pferdetrekking
Radreisen
Reisefotografie
Reisefotografie digital
Reisekochbuch
Reiserecht
Schutz vor Gewalt und Kriminalität
Schwanger reisen
Selbstdiagnose unterwegs
Sicherheit in Bärengebieten
Sicherheit Meer
Sonne, Wind, Reisewetter
Spaniens Fiestas
Sprachen lernen
Survival-Handbuch Naturkatastrophen
Tauchen Kaltwasser
Tauchen Warmwasser
Transsib
Trekking-Handbuch
Volunteering
Vulkane besteigen
Wann wohin reisen?
Wildnis-Ausrüstung
Wildnis-Backpacking
Wildnis-Küche
Winterwandern
Wohnmobil-Ausrüstung
Wohnmobil-Reisen
Wohnwagen Handbuch
Wracktauchen
Zahnersatz, Reiseziel

REISE KNOW-HOW

KulturSchock

Familienmanagement im Ausland
Finnland
Frankreich
Irland/Nordirland
Italien
Leben in fremden Kulturen
Polen
Rumänien
Russland
Schweiz
Spanien
Türkei
Ukraine
Ungarn

Europa

Wo man unsere Reiseliteratur bekommt:
Jede Buchhandlung Deutschlands, der Schweiz, Österreichs und der Benelux-Staaten kann unsere Bücher beziehen. Wer sie dort nicht findet, kann alle Bücher über unsere **Internet-Shops** bestellen.
Auf den Homepages gibt es **Informationen** zu allen Titeln:

www.reise-know-how.de oder **www.reisebuch.de**

REGISTER

M

N

O

P

122pr Abb.: rh

ÜBER DEN AUTOR

Rainer Höh, 1955 geboren, ist durch seine Bücher und Artikel zu Outdoor-Themen bekannt. Seit nunmehr über 15 Jahren ist er aber auch für verschiedene Wohnmobil- und Allrad-Zeitschriften tätig. Er hat ein Buch zum Thema „Wohnmobil-Reisen in den USA" verfasst und zusammen mit seinem Bruder Peter eine Reihe spezieller Wohnmobil-Reiseführer herausgebracht. Für die Reihe PRAXIS des Reise Know-How Verlags verfasste er neben zahlreichen Outdoor-Büchern u. a. das „Handbuch Wohnmobil-Ausrüstung", „Clever reisen mit dem Wohnmobil" und den Titel „GPS Navigation für Auto, Motorrad und Wohnmobil".

In seiner Jugendzeit war er überwiegend zu Fuß, mit Rucksack, auf Schneeschuhen, per Hundeschlitten oder im Kanu unterwegs. Als er Anfang der 1980er-Jahre eine Familie gründete, musste er nach neuen Reisemöglichkeiten suchen, um auch mit kleinen Kindern und einem Minimum an Komfort flexibel und naturnah reisen zu können. Dabei entdeckte er das Wohnmobil. Zunächst war es ein einfacher VW-Bus, der durch eine Matratze, Klappmöbel und einen Spirituskocher zum „Reisemobil" aufgebessert wurde. Wenige Jahre danach folgte der Selbstausbau eines gebrauchten Peugeot-Kastenwagens mit Serienhochdach und langem Radstand – und als die Familie weiter wuchs schließlich ein geräumiges Alkoven-Reisemobil.

Während der Arbeit als Reisejournalist erwies sich die mobile Wohnung rasch als unverzichtbar: für den Besuch von Messen und Veranstaltungen und für die Recherchearbeit unterwegs.

Mit seinem eigenen Mobil bereiste der Autor zu allen Jahreszeiten Europa vom Mittelmeer bis zum Polarkreis und von Irland bis zum Baltikum. Einer seiner Schwerpunkte war dabei von jeher Frankreich, inbesondere der Süden des Landes – und inzwischen wohnt er in einem Blockhaus im Vercors, nur eine gute Autostunde nördlich der Provence.